MINERVA
はじめて学ぶ教職
2

吉田武男
監修

教 職 論

吉田武男
編著

ミネルヴァ書房

監修者のことば

　本書を手に取られた多くのみなさんは，おそらく教師になることを考えて，教職課程をこれから履修しよう，あるいは履修している方ではないでしょうか。それ以外にも，教師になるか迷っている，あるいは教師の免許状だけを取っておく，さらには教養として本書を読む方も，おられるかもしれません。

　どのようなきっかけであれ，教育の営みについて，はじめて学問として学ぼうとする方に対して，本シリーズ「MINERVA はじめて学ぶ教職」は，教育学の初歩的で基礎的・基本的な内容を学びつつも，教育学の広くて深い内容の一端を感じ取ってもらおうとして編まれた，教職課程向けのテキスト選集です。

　したがって，本シリーズのすべての巻によって，教職に必要な教育に関する知識内容はもちろんのこと，それに関連する教育学の専門領域の内容もほとんど網羅されています。その意味では，少し大げさな物言いを許していただけるならば，本シリーズは，「教職の視点から教育学全体を体系的にわかりやすく整理した選集」であり，また，このシリーズの各巻は，「教職の視点からさまざまな教育学の専門分野を系統的・体系的にわかりやすく整理したテキスト」です。もちろん，各巻は，教育学の専門分野固有の特徴と編者・執筆者の意図によって，それぞれ個性的で特徴的なものになっています。しかし，各巻に共通する本シリーズの特徴は，文部科学省において検討された「教職課程コアカリキュラム」の内容を踏まえ，多面的・多角的な視点から教職に必要な知識について，従来のテキストより大きい版で見やすく，かつ「用語解説」「法令」「人物」「出典」などの豊富な側注によってわかりやすさを重視しながら解説されていることです。また教職を「はじめて学ぶ」方が，「見方・考え方」の資質・能力を養えるように，さらには知識をよりいっそう深め，そして資質・能力もよりいっそう高められるように，各章の最後に「Exercise」と「次への一冊」を設けています。なお，別巻は別の視点，すなわち教育行政官の視点から現代の教育を解説しています。

　この難しい時代にあって，もっと楽な他の職業も選択できたであろうに，それぞれ何らかのミッションを感じ，「自主的に学び続ける力」と「高度な専門的知識・技術」と「総合的な人間力」の備わった教師を志すみなさんにとって，本シリーズのテキストが教職および教育学の道標になることを，先輩の教育関係者のわれわれは心から願っています。

2018年

吉　田　武　男

はじめに

　公教育において教師の資格を得るための学習内容を規定する教育職員免許法と同法施行規則が，2017（平成29）年に改正された。本書は，「MINERVA はじめて学ぶ教職」のシリーズの一巻として編まれるとともに，新たな教職課程の必修科目「教職の意義及び教員の役割・職務内容（チーム学校運営への対応を含む。）」にも対応するテキストとして刊行された。その意味で，本書は，教師を志す者にとっては，教職に関する理解を多角的に深めながら，教職のあり方とともに，教職に対する自らの意欲や適正を考えるためのものである。したがって，本書の内容は，教師の役割や資格能力および職務内容などの教職に関する基礎的知識をはじめ，教師の現実のあり方やあるべき姿，さらには教師生活など，教師や教職に関するさまざまな事柄を取り扱っている。つまり，本書の編集は，一般的な教職論のテキストの内容として言及されるような基礎的知識を確実に押さえたものとなっている。

　ただし，その際に，数多く出版されている教職論の類書のなかにあって，本書は，教職論のテキストであると同時に，教師に関する幅広い教育学的な知識・情報や知見を盛り込んだ教育学の入門的な著作物でもあるように工夫した。とりわけ，本書のアイデンティティを示すために，以下の３点をとくに配慮した。

　第１は，理論と実践のバランスである。具体的にいうと，理論や理念に偏ると，教育の実践が見えてこない。それでは，本書の内容は，教育学に関する理念や言葉の知的遊戯に終始してしまい，教育の実践に対して何ら貢献し得ないであろう。また，それとは真逆に，実践に偏り，小手先の方法や技法ばかりが強調されると，大きな理念や哲学が見失われ，方法が目的化するだけであろう。つまり，そこでは，教師は，学者や教育行政機関が提示したプログラムの単なる執行人になりさがってしまうことになる。したがって，本書全体として，理論と実践のどちらかに偏らないように，章同士のあいだで，あるいは章のなかで，そのバランスが重要であると考えた。

　第２は，理想と現実のバランスである。理想ばかりが語られても，現実と乖離していては，現実への対処ができない。しかし，理想が忘れられ今の現実ばかりが語られても，それでは過去の反省もなければ，未来のよりよい展望も描けないであろう。この点でも，理想と現実のバランスを考えた。

　第３は，上の二つのようなバランスではなく，むしろ「教師」という言葉への偏りである。「教師」の類語には，「教員」「教職員」「教諭」などがあるが，「教師」はそれらと比べて広くあいまいな意味で使われるだけでなく，正式な法律用語でもない。「教師」という言葉は，教育に携わる職業人を広くさしており，学校組織の一員というニュアンスの強い「教員」「教職員」「教諭」とはかなり違っている。つまり，「教師」という言葉には，とりわけ「師」という語には，制度的で法的な言葉の「教員」「教職員」「教諭」では語り尽くせない人間的な価値観が含まれている。その語り尽くせない価値観こそが，「やりがい」や「生きがい」と結びつかない限り，「教師」や「教職」の復権はないように思われる。それゆえ，本書では，原則として学校の教員を「教師」と表記し，「教師」という言葉では不適切な場合に限って，他の類似語を使用することにした。

本書では，以上のような配慮をしながら，13の各章によって構成されている。

第1章では，公教育において教師の資格と役割について論じたうえで，それにともなう責任について考えてみる。このような教師の現実について概観することを通して，本書で扱う教職一般に関する概略を学ぶことになる。

第2章では，明治期から昭和期を中心に，わが国の近代における教師の育成制度の成立と展開過程を解説する。それによって，戦前の閉鎖的な教員養成への反省から，二つの大原則による新たな教員養成制度の成立を知ることになる。その二つの大原則は，現在でも堅持されている考え方である。すなわち，「大学における教員養成」と「免許状付与の開放制」である。

第3章では，第2章に続く時代としての平成期を中心に，わが国における教員養成制度の変革について解説した。とくに，大学院レベルにおける教員養成の変革に着目した。

第4章では，教育行政が求める教師像を確認したうえで，教育学研究者と教育実践者が描く理想の教師像をあえて探ってみる。その作業を通して，これまでの各個人の教育体験に基づくような教師像に揺さ振りをかけ，現時点における自分なりの理想の教師像を描いてみる。

第5章では，各所のデータに基づいて専門職または準専門職者などといわれる日本の教師の実態を確認し，教職の専門職化に向けた近年の教育改革を考察する。これを通して，改めて教師の専門性について理論的に学ぶことになる。

第6章では，教師のなかでも国公立学校の教師に焦点をあて，教師の全体像や教育公務員に課せられる職務上・身分上の義務を解説する。それによって，私立学校の教師とは違った，公務員としての教師について学ぶことになる。

第7章では，教育課題が混在する現代において，カリキュラム開発について学び，カリキュラムづくりの意義やあり方を考察する。それによって，現代的状況に流されてしまい，十分に思考をめぐらせることなく，学習指導要領に記されたことに終始してしまうだけの教師になり下がらないように心がけてもらいたい。

第8章では，授業づくりと並んで重要な学級づくりについて解説する。いじめや不登校などの諸問題に対して，対症療法的な方法によって解消することに終始するのではなく，そうした諸問題を集団づくりの方法によって解決したり，未然に予防したりすることができる教師のあり方を学んでもらいたい。

第9章では，第8章の学級づくりと並んで重要な授業づくりに関連して，まず従来から継承されてきた基礎的・基本的な知見や方法について，次に今を生きるために必要な能力の育成について解説する。それらのことを踏まえたうえで，これからの近未来において重要視される教師の力量や姿勢について考えることになる。

第10章では，世界的な傾向としてもインクルーシブ教育が主流となりつつ現状において，通常学級の教師として支援を必要とする子どもに関する知識や方法，さらには心がけたいことについて解説する。なぜなら，学校の実態として，通常学級には少なくとも支援を必要とする子どもがおよそ5％程度含まれていると仮定すると，20人の学級にはそのような子どもが1人いる計算となり，通常学級を担当する教師も，支援を必要とする子どもに関する知識や実際的な方法を学ばなければならないからである。

第11章では，教師のライフサイクルと，そのなかに組み込まれている教員研修について学ぶことを通

して，教師として「学び続けていくこと」の重要さを実感してほしい。

第12章では，教師の資質向上のステージとして，「育成」と「研修」のあいだに位置する「採用」の段階について解説する。そこでは，採用試験の実態とともにその対策についても知ることになる。それによって，学生の方はこれからの教職科目を学ぶ際の参考にしてもらいたい。

第13章では，いくら理想を描こうとも，現実には退職をする教師も少なくない。毎年，約5000人もの教師が精神疾患などの心の病になり，休職を余儀なくされている。その現実を直視するなら，どうしても無理な時には，他の類書ではほとんど触れられていないことであるが，教師の転職についても，「転ばぬ前の杖」として考察しておくことも大切であろう。

なお，以下に示した表は，本書の各章と教職課程コアカリキュラムとの対応表である。参考にしてもらいたい。

全体目標	現代社会における教職の重要性の高まりを背景に，教職の意義，教員の役割・資質能力・職務内容等について身に付け，教職への意欲を高め，さらに適性を判断し，進路選択に資する教職の在り方を理解する。						
一般目標	（1）我が国における今日の学校教育や教職の社会的意義を理解する。		（2）教育の動向を踏まえ，今日の教員に求められる役割や資質能力を理解する。		（3）教員の職務内容の全体像や教員に課せられる服務上・身分上の義務を理解する。		（4）学校の担う役割が拡大・多様化する中で，学校が内外の専門家等と連携・分担して対応する必要性について理解する。
到達目標／本書における章	1）公教育の目的とその担い手である教員の存在意義を理解している。	2）進路選択に向け，他の職業との比較を通して，教員の職業的特徴を理解している。	1）教職観の変遷を踏まえ，今日の教員に求められる役割を理解している。	2）今日の教員に求められる基礎的な資質能力を理解している。	1）幼児，児童及び生徒への指導及び指導以外の校務を含めた教員の職務の全体像を理解している。	2）教員研修の意義及び制度上の位置付け並びに専門職として適切に職務を遂行するため生涯にわたって学び続けることの必要性を理解している。	3）教員に課せられる服務上・身分上の義務及び身分保障を理解している。	1）校内の教職員や多様な専門性を持つ人材と効果的に連携・分担し，チームとして組織的に諸課題に対応することの重要性を理解している。
第1章	○	○			○		○	○
第2章			○					
第3章			○	○				
第4章	○	○			○			
第5章	○			○		○		○
第6章	○				○	○	○	
第7章	○							
第8章	○							
第9章				○	○			
第10章	○			○	○			○
第11章	○	○		○		○		
第12章		○			○			
第13章	○	○			○			

最後に，本書を刊行するにあたり，ミネルヴァ書房編集部の河野菜穂氏と深井大輔氏にお世話になった。心から感謝の気持ちを申し上げたい。

2019年3月

編著者　吉田武男

目次

監修者のことば
はじめに

第1章 教師の資格と役割,そして責任 … 1
1. 教師の資格 … 1
2. 教師の役割 … 3
3. 教師の責任 … 5
4. 教師を取り巻く課題 … 10

第2章 教師を育成するシステム(1)——明治期から昭和期を中心に … 15
1. 近代教育制度と教員養成 … 15
2. わが国における近代教育制度の創始 … 16
3. 大正期〜戦前・戦中期における教員養成 … 20
4. 戦後における教師を育成するシステム … 22
5. 近年の教育改革への展開 … 27

第3章 教師を育成するシステム(2)——平成期を中心に … 29
1. 教師の養成機関と免許状の取得状況をめぐる変化 … 29
2. 国立教員養成大学・学部の再編の進行 … 31
3. 実践的指導力の重視 … 34
4. 教師養成の高度化の希求 … 38
5. 教師養成をめぐる今後の課題 … 40

第4章 理想とする教師像 … 45
1. 教育行政が求める「理想の教師像」 … 45
2. 教育学研究者が論じる「理想の教師像」 … 48
3. 教育実践家が論じる「理想の教師像」 … 52

第5章 教師の専門性 … 59
1. 専門職としての教師 … 59
2. 日本の教師の実態——準専門職とも言うべき状況 … 61
3. 教職の専門職化に向けた動き … 65
4. 教師の専門性とは何か——「チームとしての学校」論を題材に … 68

第6章　教師の職務 ……………………………………………… 73
1　教師の職務の全体像 …………………………………………… 73
2　教師の職務の特徴 ……………………………………………… 74
3　教師の職務上の義務・身分上の義務および身分保障 ……… 78
4　教師の多忙化 …………………………………………………… 81

第7章　カリキュラムを創る教師 ……………………………… 87
1　現代におけるカリキュラムづくりの意義 …………………… 87
2　カリキュラムづくりの視点 …………………………………… 88
3　カリキュラム開発とは ………………………………………… 91
4　カリキュラムを創る教師の事例 ……………………………… 93

第8章　学級を創り育てる教師 ………………………………… 101
1　学級づくりの主要なテーマ …………………………………… 101
2　学級担任の仕事 ………………………………………………… 103
3　実践的指導法 …………………………………………………… 106
4　社会と教室をつなげる ………………………………………… 111

第9章　授業を創造する教師 …………………………………… 115
1　授業をつくる教師 ……………………………………………… 115
2　「生きる力」を育成する教師 ………………………………… 121
3　新学習指導要領で求められる教師像 ………………………… 123
4　これからの教師に望むこと …………………………………… 125

第10章　障害のある子どもを支援する教師 …………………… 129
1　日本の特別支援教育の現状と課題 …………………………… 129
2　子どものもつ特別なニーズや障害の理解 …………………… 131
3　個別の教育支援計画・個別の指導計画・自立活動 ………… 132
4　指導の実際と教育関係者・組織の協力 ……………………… 133
5　保護者への支援 ………………………………………………… 134
6　教師にとって必要なこと ……………………………………… 139

第11章　教師のライフサイクルと教員研修 …………………… 143
1　教師になるための準備期 ……………………………………… 143
2　第1期の現状と課題 …………………………………………… 145
3　第2期・第3期から第4期にかけて ………………………… 149
4　さまざまな教員研修 …………………………………………… 152

  5　「学び続ける教師」になるということ……………………………………………… 156

第12章　教師になるために──教員採用試験に向けて……………………… 159
  1　教師に求められる資質・能力と「採用」段階での課題……………………… 159
  2　各自治体が求める「教師像」…………………………………………………… 161
  3　教員採用試験の現在……………………………………………………………… 162
  4　教員採用試験の内容と傾向……………………………………………………… 167

第13章　教師からの転職……………………………………………………………… 171
  1　教師の勤労の現状………………………………………………………………… 171
  2　転職が脳裏をよぎったら………………………………………………………… 173
  3　社会が求める力とは……………………………………………………………… 176
  4　不幸を繰り返さない転職………………………………………………………… 178
  5　売り込まなくても売れていく私………………………………………………… 181

付　　録（日本国憲法［抄］／教育基本法／教育基本法［旧］／学校教育法［抄］／教育職員免許法［抄］／教育職員免許法施行規則［抄］／地方公務員法［抄］／教育公務員特例法［抄］／地方教育行政の組織及び運営に関する法律［抄］）

索　　引

第1章
教師の資格と役割，そして責任

〈この章のポイント〉

　教師について，個人的な経験に基づく主観な思いこみを脱却して，より客観的・俯瞰的な視点を加味して考えられるようになろう。本章では，教師にかかわる基礎的・基本的な内容を多面的・多角的に概観する。具体的には，教師に焦点を当てながら，教職全体の現状と課題を知ることになる。そのなかでも，とくに教師の資格と役割，そして責任について詳しく学ぶ。

1　教師の資格

1　学校と教師

　人にものを教えるという人を教師というならば，そのような人は人類の歴史とともに存在していたと言える。

　古代ギリシア・ローマあたりの時代に思いを巡らすと，偉大な教師として，ソクラテスやプラトンやアリストテレスなどの名前があげられる。その時代，「知識の商人」と呼ばれた「ソフィスト（Sophist）」たちや，奴隷身分の家庭教師「パイダゴーゴス（Paidagogos）」たちの存在は，知識で生計を立てる職業集団であり，基本的に世襲制や身分制であった。また，わが国では，671年前後に日本最古の官立学校「庠序」が建設され，さらに中央に「大学」が，地方に「国学」が設けられたが，そこで教える人たちは「家学」という形で，世襲制で伝承されていた。

　ところが，時代を経て封建社会が崩壊するようになると，近代の学校が設立され，その職場に必要な教師の需要が高まり，教師が多量に養成されることになった。フランスやドイツやイギリスやアメリカなどの近代の先進諸国では，19世紀前半には初等教育の教員養成が整えられた。また，中等教育の教員養成は，その種類に応じて個別に整えられていくことになった。

　それに対して，わが国では，本書の第2章において詳しく説明されるが，19世紀後半，正確に言えば「学制」の発布の1872年に，日本で最初の教員養成機関である師範学校が東京に設立され，その後，全国に普及していくのである。このような機関で計画的に養成されることによって，一定の資質・能力をもつ

▷1　天智天皇（626～672）が設立したといわれている。

▷2　学　制
1872年8月3日に，明治政府が発した最初の包括的教育法令であるが，内容的には一種の教育計画というべきものである。これによって，中央集権的な近代学校教育制度が確立されていく契機となった。

▷3　師範学校
1872年，東京に日本初の教員養成機関として師範学校が設立されるが，翌年には仙台，新潟，名古屋，大阪，広島，長崎に師範学校が設立されたために，東京師範学校（後の東京高等師範学校，東京教育大学の前身）となる。したがって，師範学校という言葉は，当初は東京の一校の教員養成機関を指す固有名詞であったが，その後は第二次世界大戦以前の教員養成機関の総称となった。

た教師が学校に配属されるようになった。つまり，一定の資格をもった者だけが教師として学校の教壇に立てるようになり，近代的な教育制度が確立していったのである。

2　教師と免許法

　教師は，教員資格をもたなければ子どもを教えることができないと言われる。しかし，もう少しだけ正確に言えば，教師は，教員免許状を取得しなければ，学校で子どもを教えることができない。つまり，教師には，資格ではなく，免許が必要なのである。

　一見，資格と免許は類似した概念であり，混同した意味でしばしば使用されることも少なくないであろう。しかし，教員免許状を取得しようと考えている人には，次に述べるような両者の概念の違いについて，少し頭の隅に置いてもらいたい。

　一般的に資格とは，その人のもっているスキルや知識や能力などを判定する基準のことである。したがって，資格がなくても，その人が罰せられることもなく，能力を保証してくれる基準が示されないだけである。それに対して，免許は，医師免許，弁護士免許，運転免許など，それをもたないでその種の仕事に従事すれば，その人は犯罪者として罰せられる。もともとは危険であるからやってはいけないことを，その免許をもっている人だけに，特別に免じ許すというのが免許である。そこからもう少し教員免許状のことを想像するなら，教員免許状という免許は，単なる資格ではなく，勝手にやってはいけないことを，その免許をもっている人だけに，特別に免じ許しているというようなものである，と自戒してもらいたい。

　現在の教員免許状は，戦前の反省から，基本的に学士の学位を取得していることを基礎資格として，教職課程（教員養成課程）の設置を認められた大学において，所定の教職科目の単位を修得すれば取得できることとなった。それによって，旧師範学校を母体とする教員養成系の大学・学部だけでなく，それ以外の一般大学でも，教職課程の設置が認められ場合には，国立だけでなく，私立・公立のいずれにおいても，教員免許状を取得できるのである（「開放制」の原則と呼ばれる）。この法律は，1949（昭和24）年に教育職員免許法として制定された。教育職員免許法は，全文23条からなるものであり，その第3条には，「教育職員は，この法律により授与する各相当の免許状を有する者でなければならない」として相当免許状主義が明言され，学校の教師として勤務するためには，教育職員免許法の定める免許状を有すること（学校段階や教える教科に相当すること）が求められた。つまり，教師を志す者は，本章で後述するような一部の例外を除いて，免許法に則った免許状を，教職課程の履修を通じて取得

しなければ学校の教壇には立てないのである。

　教育職員免許法の制定後，何度も法律は時代状況に応じて改正された。大きな傾向としては，履修科目や履修単位数の増加による免許基準の引き上げが図られてきている。近年では，免許状を取得しても，その有効期限は実質的に10年とされて，教員免許状更新講習の受講が求められるようになっているが，その意図は教師の資質・能力の向上を求めている点で，免許基準の引き上げと底流において同じものと考えられる。

　しかし，そうした普通免許状とは別に，学校における「社会人の活用」という視点から，免許状を有しない者を特別非常勤講師に充てる制度が新設されている。それにともなって，都道府県教育委員会によって，特別免許状が授与されている。つまり，一方で教師の普通免許状の基準を引き上げながらも，他方で免許状をもたない者にも教師の道を開放するという，ある意味で相反する方向性の改革が進められている。今後，どのようなかたちでバランスを取っていくのか，教師の資質・役割・責任にもかかわる問題であるから，教育職員免許法の改正と運用に注目していきたい。

2　教師の役割

1　教科指導と教師

　欧米の学校では，知育が中心であるために，教師の大きな役割は，教科の内容を子どもに教えることになる。ところが，日本の学校教育は，明治期から現在に至るまでつねに欧米の影響を受けつつも，知育中心の考え方にならず，知育だけでなく，徳育も体育も含めた人間形成に着眼してきた。最近でも，「生きる力」の育成，つまり知・徳・体のバランスのとれた力の育成が，学習指導要領のなかでも強調されてきた。したがって，日本の教師は，知育を中心とする教科指導とともに，教科外指導に対しても大きな役割をもっている。しかし，授業のなかで教科を教えるという指導は，日常的であたりまえの営みであるが，けっして疎かにしてはならないであろう。なぜなら，そのような指導のない学校は教育機関として存在しえないだけでなく，学問や技芸を教えながら，人格的な感化作用までも期待されている，わが国の教師のすぐれた特徴も失われてしまうからである。その意味でも，教科指導は学校において欠くことのできない重要な基礎的・基盤的機能なのである。

　教科指導は，授業という形態のなかで教科の内容を指導することになる。その際に，教師は，好き勝手な内容を選び，好き勝手な方法で子どもに教えるわけではない。教師は，法律や省令をはじめ，学習指導要領に示された内容を熟

知したうえで、学校や学級の状況や子どもの状態を踏まえながら教材開発を行い、学習指導案を作成するとともに、日常の学習指導を行うことになる。とりわけ、新学習指導要領において、「生きる力」を具現化する学力として、「知識及び技能」の習得、「思考力、判断力、表現力等」の育成、「学びに向かう力、人間性等」の涵養が記載され、そのような学力を子どもに確実に習得させ、活用ができるまでに深めさせるために「主体的・対話的で深い学び」を通した授業を展開することが求められている。また、教科固有の「見方・考え方」を子どもに習得させ、活用できる能力を育てるように、教師は努めなければならない。その意味で、教師は教科指導において、今まで以上に大きな役割を担っているのである。

▷4 2016年12月の中央教育審議会答申を受けて、2017年3月に小学校学習指導要領と中学校学習指導要領が、2018年3月に高等学校学習指導要領が告示された。

2 教科外指導と教師

　教科指導が主に学習指導の機能をさしているとすれば、教科外指導は、主に生徒指導の機能をさしていることになる。もちろん、そこには生徒指導の機能だけでなく、それにともなう教育相談や進路指導（キャリア教育）の機能、さらには「特別の教科　道徳」を含めた道徳指導の機能も含まれる。時間割の領域として着目すれば、特別活動の領域が、それらの機能を教育的に具現化する場面である。その特別活動のなかでも、学級活動（ホームルーム活動）が最も重要な場面である。

　1日の学校生活の流れを見てみると、「朝の会」は学級活動としての位置づけである。そこで、出欠確認とともに、必要に応じた指導・支援が行われる。午前中の授業が終われば、給食の時間がある。この時間も、教育課程上で言えば、学級活動に位置づけられており、教育活動と見なされている。その後に、清掃の時間がある。清掃としての当番活動や係活動も行われるために、学級活動との関連が大きい。また、「帰りの会」も、学級活動として行われる。したがって、学級活動とのかかわりで行われる教科外指導は、教師の大きな役割になっている。

　また、このような通常の教科外指導だけでなく、いじめや暴力、さらには不登校の問題などが発生すると、そのための指導を教師が担うことになる。それ以外にも、中学校や高等学校においては、部活動の指導も教師に委ねられる。

　このような教科外指導の役割をすべて教師が担うことは、あまりにも負担が大き過ぎるし、実際にその状態では、教師の教科指導にも悪影響が出かねない。今後は、保護者や学外者、さらには関係機関との協力も積極的に検討されることになるであろう。

3　学級経営・学校経営と教師

　教科指導は，教師のだれもが授業として経験する重要な仕事である。それ以外にも，日本の場合，人間形成を目指した教科外指導が盛んに行われる。それを教師として実感するのは，学級担任をもった時である。前述したように，1日の学校生活の流れを見てみると，学級活動とのかかわりで行われる教科外指導は，子どもの学校生活に組み込まれ，なくてはならないものとなっている。実際に，教科指導を行うための学級の授業が成立するには，その前提条件として学級の集団づくり，学級における教師と子どもの人間関係づくり，学級における子どもの出欠管理や席順決めなど，教科外指導を適切に行っておく必要があり，それによって学級の教育機能が円滑に発揮されることになる。そのためには，教師は，子どもが楽しく学べる共同体的な学級をつくるという，学級経営の役割を担わなければならない。この仕事はもちろん簡単ではないが，ここの部分が適切になされるならば，いじめや学級崩壊などの問題は，教師の努力によってかなり未然に防ぐことができるであろう。

　また，子どもは学級という組織だけでなく，より大きな学校という組織のなかで生活し，成長する。学校は，「法律に基づく物的，人的要件を備え，教育目的達成のために組織的・継続的に教育活動を行う組織体」であるため，学校には校長をはじめ相当数の教師という人材が配置される（吉本，1974）。

▷5　吉本二郎（1914〜90）高野桂一（1926〜2012）と並んで，「学校経営の現代化」論を主張した日本の教育経営学者の草分け的存在。

　組織構成員としての教師は，当然のことながら，学校の仕事を分担して処理する役割を担うことになる。その際には，学校の力を最大限に発揮できるような体制が求められる。具体的にどのような校務があり，どのように教師が分担するかについては，本書の第6章において詳しく説明されているが，教師は組織人として積極的に学校経営に参画していくことが重要であり，学級経営とともに，教師にとっての大きな役割の一つである。

3　教師の責任

1　求められる教師の資質・能力

　教育界においては，しばしば「流行」と「不易」という言葉を使って，「時代の変化とともに変えていく必要があるもの」（流行）とともに，「時代を超えて価値のあるもの」（不易）があるということを忘れてはならないとされてきた。それに付随するように，教師に求められる資質能力についても，時代の変化に対応する「流行」に属するものと，教師である以上いつの時代にあっても求められる「不易」なものとがあげられる。したがって，改革が叫ばれる時代

の日本にあっては,「流行」に属する資質能力の部分が強調されがちである。その変遷に関しては,本書の第2章と第3章のなかで,政治的・社会的な時代背景とともに詳しく説明されているが,明治期から現在までをごく大まかに捉えるならば,聖職者から労働者へ,そして専門職者へという順で,教師像の変遷が語られてきた。そのような流れのなかにあって,第4章で見られるように,優れた研究者や実践家によって,理想的な教師像が描かれてきたが,現在の言説では,専門職としての教師像が広く一般的に受け入れられ,文部科学省は教師を高度専門職として位置づけようとしている。激変する社会や学校現場に対応するために,高度な専門的知識や技能が求められているのである。

　このような教師の資質・能力の考え方は,1966年にILO（国際労働機関）とUNESCO（国連教育科学文化機関）が共同で作成した「教員の地位に関する勧告」の系譜を継ぐものであり,教育学研究のなかでは主流的なものである。しかし,教師を志す者は,たとえ少数派であっても,あるいは文部科学省の答申とは異なった立場であっても,賛否は別として,多角的・多面的に教師像を捉えるためにさまざまな異論を知っておくべきであろう。そこで,少し長くなるが,異論の一つとして,学校の調査や研修などに熱心に足繁く通い,教育現場と教師の実態を熟知している教育学者の佐藤学の主張を引用するかたちで,紹介してみよう。佐藤は,教師について次のように主張する（佐藤,1998）。

▷6　佐藤学（1951〜）
東京大学教育学研究科長・同学部長を経て,現在,学習院大学特任教授。日本教師教育学会理事,日本教育学会長を歴任。「学び」を核とした学校改革のために「学びの共同体」の理念を提唱した。

　　教師という存在は多面体のような複合性を持ち,いくつもの中間項によって構成されているにもかかわらず,ある一方からのみ規範化し定義し制度化してきたのである。その中間的な性格をまず復権するところから脱構築の作業は開始しうるだろう。
　　たとえば,教師という存在は,〈子ども〉と〈大人〉,〈母性〉と〈父性〉,〈素人〉と〈専門家〉,〈大衆〉と〈知識人〉,〈学習者〉と〈教育者〉,〈実践家〉と〈理論家〉,〈芸術家〉と〈科学者〉,〈市民〉と〈官僚〉,〈従属者〉と〈権力者〉,〈俗人〉と〈聖人〉など,さまざまな二項関係における中間的な性格を露にしている。教師という存在は,どのような明確な定義を与えたとしても,現実には「中間者」（intermediator）なのである。

　続けて佐藤は次のように教師の専門職性について言及し,教職は専門職でなければ,教師は専門家ではないと断言するのである（佐藤,1998）。

　　実態に即して言うならば,教職は専門職ではない。そのことは他の専門職（大学教授や弁護士や医師）と比較すれば明瞭だろう。教師は公共の幸福に寄与する責任と高度の専門性を必要とする仕事の性格において専門職になるべ

き必要条件を十分に満たしてはいるものの，専門職にふさわしい専門的な知識や科学的な技術を確立していないし，専門職にふさわしい大学院段階の養成と研修のシステムを完備していないし，専門職にふさわしい自由と自律性を保障されてはいないし，専門職としての自律的な資格認定と研修を推進する専門家協会を組織してはいないし，専門職としての自らの権限を管理する機構も倫理規定も持ってはいない。専門職としての社会的・制度的要件のほとんどを教職は備えていないのである。教師は，現実には「素人」と「専門家」の中間に位置していて，決して「専門家」ではない。この現実から出発しない限り，「教職の専門性」をめぐる理論は，その前提から混乱してしまうだろう。

　「教師は，現実には『素人』と『専門家』の中間に位置していて，決して『専門家』ではない」というような佐藤の発言に対しては，とりわけ教師を志す者や教師は，言葉を表面的に捉えていると反発したくなるかもしれない。むしろ，ILOとUNESCOが提言する「専門職」，あるいは文部科学省などが提唱する「高度専門職」という言葉のほうが受け入れやすいかもしれない。しかし，この佐藤の主張において，聞き心地の良い言葉を安易に受け入れることなく，教師論の脱構築のためにあえて教師を「素人」と「専門家」の「中間者」と捉えるところから新たな教師像を描き出そうとしている点は，ユニークで注目に値する。実際に，教師の実態を考えてみると，むしろ「専門家」よりも，教師は個々の「専門家」には至りえない「中間者」であると捉えるほうが現実および真実に近いのではないか。そのようなことを思い巡らせていると，筆者には，佐藤の「中間者」という言葉は，教師を一見蔑んで見ているようにも思われるが，教師の中間的な性格に子どもと同様の成長の可能性を見出そうとしているようにも思われ，不思議と含蓄のある言葉に聞こえてきてしまう。
　また，不思議ということで言えば，日本の教育現場では，学問的・科学的な根拠もないうえに，だれが言い出したかもわからないが，語り継がれてきた一つの教師の資質・能力に関して象徴的・比喩的表現が存在する。もちろん，そのような表現であるために，地域や人によって言い方や解釈も若干異なるが，一般に次のような表現が教育現場で広く聞かれる。すなわち，「四者悟入」という表現である。
　四者とは，学者，医者，役者，易者のことである。学者とは，知識や技能を教えるためには，学問を探求して指導力の向上を高めることを示している。医者とは，子どもの心身の成長や健康についての理解や状況を把握することを示している。役者とは，子どもを引き付ける演技力を発揮することを示している。易者は，子ども自身も気づかないような才能や能力を見出して，子どもに

▷7 さらに、もう一つの者を加える見方もある。その場合には、それぞれの子どもの個性を活かしながら、学級全体を取りまとめていくという喩えで、「指揮者」が多い。また、「指揮者」を入れて「四者」を維持したいときには、「役者」を削除することが多い。

適した進路をアドバイスできることを示している。このような四者になれる資質・能力を教師に求めるという考え方もあってもよいのではないだろうか。この考え方がこれまで教育現場で引き継がれてきた事実は、何らかの本質を語り続けているように思われる。

このような現場の「四者悟入」の合言葉も、あるいは前述した佐藤のような「中間者」という学者の考え方も、そしてその前に言及した専門家という現在の教育行政的な発想も、「不易」か「流行」か、という点で見れば、それぞれ内容的に異なったことを語っているが、明らかにすべて「不易」であり、ある面ではそれらの三つは、異なった立場から教師の本質をみごとに言い当てているのではないか。そのように想定するならば、一見相容れないような三つの資質・能力の捉え方を、筆者はあえて次のように総括してみたい。

すなわち、「四者」というのはどれ一つとってもそれぞれ代表的な専門家であり、それに対して教師は、どの一つの専門家にもなれない程度の「中間者」であるにもかかわらず、それでも基本的なところで四つ（あるいはそれ以上の）、つまり複数の専門的能力を身につけようと向上的に努力する人間であると言えないだろうか。それゆえ、その姿勢は、達成できないことを目指す滑稽な職業人であるかもしれないが、達成できなくてもつねに向上心を失わず、複数の専門的な能力を兼ね備えた統合的な人間に近づけるように努力する「中間者」ではないだろうか。むしろ、教師がそのような素人と専門家との「中間者」であるからこそ、何らかの専門家を目指そうとする子どもに対しての媒介者になりうると考えられる。それゆえ、本書の第4章や第12章において詳細に論じられているように、理想的な教師像として、教師の自己変革や教師の成長が求められる。また、そのような日々の教師の絶えざる努力こそが、次世代の人間形成に感化や薫陶のかたちで関与できると考えられる。その意味からすれば、教師は、普通一般の「専門職」と一線を画した、「特別な専門職」であると言える。

しかし、そうであっても、尊敬されるような教師の資質・能力は、一朝一夕に身につくものではない。もちろん、教員免許の取得に必要な単位を取れば、そのような資質・能力が身につくものでもない。そのうえ、激動の社会的な変化にあって、教育においては、前述した「不易」の事柄だけでなく「流行」の内容が必ず問題になるということを勘案すると、現在と未来を睨みながら、教師に求められる資質・能力を身につけることは簡単なことではないであろう。しかし、そうであっても、教師を志す者は、自分の向上のためにも、そして次世代の人間を育てるためにも、そのような資質・能力を身につけるように志をもって努力してもらいたいものである。

2 教師の資質・能力の形成過程

本章で既述したように、教師は、教員免許状を取得しなければ、学校で教えることができない。しかし、教員免許状を取得するだけでは、求められる教師の資質・能力の形成は不可能である。そのためには、教師一人ひとりの努力が必要であるが、その責任を教師一人ひとりに委ねることは無責任であろう。

もちろん、文部科学省は、教師の資質・能力の形成に関して、大学における養成段階だけでなく、その後の採用と現職研修の段階においても連続的に促進するという生涯学習的な方針で教育行政を進めてきた。その方針が強く示されたのは、「新たな時代に向けた教員養成の改善方策について」（教育職員養成審議会第一次答申、1997年）である（図1-1）。この答申よって、「養成」「採用」「研修」の三つの段階を経て、教師の資質・能力が向上するということが、明確に意識されるようになった。

養成段階	専攻する学問分野に係る教科内容の履修とともに、教員免許制度上履修が必要とされている授業科目の単位修得等を通じて、教科指導、生徒指導等に関する「最小限必要な資質能力」（採用当初から学級や教科を担任しつつ、教科指導、生徒指導等の職務を著しい支障が生じることなく実践できる資質能力）を身に付けさせる過程。
↑↓	
採用段階	開放制による多様な教員免許状取得者の存在を前提に、教員としてより優れた資質能力を有する者を任命権者が選考する過程。
↑↓	
現職研修段階	任命権者等が、職務上又は本人の希望に基づいて、経験年数、職能、担当教科、校務分掌等を踏まえた研修を施し、教員としての専門的資質能力を向上させる過程。

図1-1 教員の資質能力の形成に係る役割分担のイメージ
出所：教育職員養成審議会第一次答申（1997）をもとに一部改変。

その後、「修士課程を積極的に活用した教員養成の在り方――現職教員の再教育の推進」（教育職員養成審議会第二次答申、1998年）によって、修士課程を活用した現職教員研修の新たなシステムが求められた。さらに、「養成と採用・研修との連携の円滑化について」（教育職員養成審議会第三次答申、1999年）によって、養成と採用・研修との連携の円滑化が促進されることになった。

このような養成と採用・研修との連携の円滑化によって、教師の資質・能力の形成を促進するシステムが構築されることになった。その後も、そのシステムを充実させるために、「新しい時代の義務教育を創造する」（中央教育審議会答申、2005年）や「教職生活の全体を通じた教員の資質能力の総合的な向上方策について」（中央教育審議会答申、2012年）などが出され、教育行政的には教師の資質・能力の形成に向けた施策は、着実に充実する方向に進んでいる（本書の第3章と第5章を参照）。

3 教師のやりがいと使命感

　教師の資質・能力の形成に向けた施策は充実しつつあり，教師の志が高ければ，資質・能力を高めるシステムは用意されつつある。しかし，システムだけが用意されても，教師がやりがいや使命感をもてないと，本書の第13章で詳しく言及されているように，資質・能力を高め続けられないだけでなく，教師の仕事すらも続けられなくなってしまう。

　では，教師のやりがいというのは何だろうか。おそらく，教師によって，そのやりがいは違うであろう。例えば，子どもが卒業する時，子どもが自分の授業を楽しんで受けてくれる時，学級が一つにまとまった時，子どもが卒業したあとも忘れずにいてくれたことを知る時，部活動をともにがんばれた時など，さまざまな瞬間があげられるであろう。しかし，そのような一瞬だけの思いを得るためだけに，教師としての日々の努力を続けることは，多くの一般的な教師にとっては，とてもできないものであろう。やはり，日々の教師生活のなかで，小さなことであっても，教師がやりがいを感じるものをもつべきである。

　また，やりがいと関連するが，教師の使命感も必要である。やはり，それもないと，教師としてすぐれた資質・能力を高めることはできないであろうが，この使命感も教師によって違うであろう。また，公的な文書を見ても，使命感の内容はその時々によって揺れ動いてしまう。例えば，「教員養成制度の改善方策について」（中央教育審議会答申，1958年）では，教師の基盤として，「児童生徒に対する深い教育的愛情」と並列するかたちで「教育に対する正しい使命感」という表現が記されているが，「新しい時代の義務教育を創造する」（中央教育審議会答申，2005年）では，「教員として最小限必要な資質能力」として，「教員としての使命感」という表現が使われている（本書の第4章の47～48ページを参照）。つまり，「使命感」という言葉の内容についても，明確に概念規定することは困難であるが，その言葉に託されたものは，個々に理解内容が若干異なっていても，すべての教師の基盤にもっていてほしいものである。

4　教師を取り巻く課題

1 保護者からの圧力

　最近の学校という組織は，もはや内部の教職員だけでは運営できなくなっている。そのために，学校外の人材が求められるようになっている。例えば，スクールカウンセラー（SC）[8]，スクールソーシャルワーカー（SSW）[9]や地域住民などである。そこには，子どもの保護者も含まれる。

▷8　スクールカウンセラー
子どもの「心理に関する支援に従事する」職員であり，いじめや不登校などの問題行動の改善に当たり，心理学に関する知識や臨床経験を有している専門家。

▷9　スクールソーシャルワーカー
子どもの「福祉に関する支援に従事する」職員であり，いじめや不登校などの問題行動の背景には子どもの置かれている環境の問題にもかかわり，その環境に働きかけて問題状況も改善しながら子どもを支援する専門家。

もちろん，保護者のなかには，さまざまな人たちが混在しており，学校の運営に協力的な人もかなりいるであろうが，そうでない人も少なくない。例えば，後者の保護者のなかには，過保護な人もいれば，まったく子どもの教育にかかわろうとしない人もいる。時には，給食費や学校諸経費（PTA会費，教材補助費など）を何らかの理由をつけて滞納し続ける保護者もいれば，理不尽な要求や抗議をする，いわゆる「モンスターペアレント」と呼ばれる保護者もいる。さらには，脅迫まがいの暴言を教師に浴びせる保護者もいる。そのために，最近では，保護者と教師とが適切な関係をつくりにくい状況に陥るだけでなく，教師は保護者対応に迫られ，教師の職務に支障をきたすなど，前述した教師の資質・能力の向上に注力できない状況になっている。そして，教師によっては，保護者対応に疲れ，心身に支障をきたす者も少なからず出現している状況である。

　このような状況を克服するには，どのような方法があるだろうか。まず，何よりもそれぞれの教師は，自分一人で問題を抱え込まないようにすることである。とくに若手の教師は，経験豊かな教師や管理職に「ホウレンソウ」（報告・連絡・相談）することである。さらには，事案によっては，他の保護者や地域社会の人々に協力を求めることも一つの方法であるが，最近になって叫ばれるようになった「チームとしての学校」という考え方を，保護者問題の解決に取り入れてもよいのではないだろうか。そのなかには，スクールカウンセラー，スクールソーシャルワーカーや地域住民だけでなく，NPO，民間の支援団体，病院や警察の人材も含まれている。

　そのような協力体制を整えることによって，問題を引き起こす保護者から教師一人ひとりが守られるだけでなく，そうした保護者自身が子どもの人間形成に貢献できるような保護者に変わることもありうるのではないだろうか。

　ただし，教師は，「モンスターペアレント」というラベリングの言葉を記憶に留めるあまり，苦情や意見を述べる真っ当な保護者まで，そのような先入観で見てはならないであろう。なぜならば，保護者の苦情や意見が学校改善に寄与することもありうるからである。

2　教師の評価

　教員の勤務成績の評定は，「勤務評定」として行われてきた。ところが，「地方公務員法及び地方独立行政法人法の一部を改正する法律」（2014年5月）によって，勤務評定に代わって新しい「人事評価制度」が導入されるようになった。この人事評価制度は，民間企業などで行われている評価システムであって，能力評価と業績評価を柱とするものである。従来の勤務評定は，人事管理上の基礎資料として活用するものであったが，この新しい人事評価制度は，能力と業績の両面から評価するものであり，評価基準の明示や自己申告，面談，

評価結果の開示などの仕組みにより客観性等を確保しながら，教師の資質・能力の向上に活用するものである。その人事評価制度のもとで，学校教育における教育実践等に顕著な成果を上げた教師を文部科学大臣が表彰し，その功績を広く周知することにより，教師の意欲および資質・能力の向上に資することが目指されることになった。その意味では，人事評価制度のもとでは，勤務評定の時には範疇に入っていなかった教師の業績を積極的に評価するという活動が推し進められている。実際，2014年9月に，教職員表彰実施要項が一部改正され，優秀な教師を表彰しようとする動きは年々活発になっている（表1－1）。

このような教師を表彰する動きは，マスコミなどによって日頃からバッシングを受け続けがちな教師や教職にとって，明るい話題として考えると，教師の励みと誇りにつながる点で，よいことではないだろうか。

表1－1　平成30年度「文部科学大臣優秀教職員表彰」概要

【教職員表彰】

性別	国立	公立	私立	合計	割合
男	15	379	19	413	53.4%
女	4	345	11	360	46.6%
合計	19	724	30	773	

種別	国立	公立	私立	合計	割合
幼稚園・幼保連携型認定こども園	2	4	6	12	1.6%
小学校	6	289	3	298	38.6%
中学校	6	192	2	200	25.9%
義務教育学校	1	4	0	5	0.6%
高等学校	0	172	19	191	24.7%
中等教育学校	1	2	0	3	0.4%
特別支援学校	3	60	0	63	8.2%
教育委員会（スクールカウンセラー）	0	1	0	1	0.1%
合計	19	724	30	773	

実践分野	国立	公立	私立	合計	割合
一　学習指導	11	318	8	337	43.6%
二　生徒指導，進路指導	0	69	3	72	9.3%
三　体育，保健，給食指導	1	65	0	66	8.5%
四　特別活動指導，部活動指導	0	63	11	74	9.6%
五　特別支援教育	2	96	0	98	12.7%
六　地域連携	0	18	0	18	2.3%
七　ユネスコ活動，国際交流	0	2	0	2	0.3%
八　学校運営改善	1	40	2	43	5.6%
九　その他	4	53	6	63	8.2%
合計	19	724	30	773	

年代	国立	公立	私立	合計	割合
30代	2	54	9	65	8.4%
40代	13	514	16	543	70.2%
50代以上	4	156	5	165	21.3%
合計	19	724	30	773	

【教職員組織表彰】

実践分野	国立	公立	私立	合計	割合
一　学習指導	0	21	0	21	45.7%
二　生徒指導，進路指導	0	5	0	5	10.9%
三　体育，保健，給食指導	0	0	0	0	0.0%
四　特別活動指導，部活動指導	0	4	0	4	8.7%
五　特別支援教育	0	4	0	4	8.7%
六　地域連携	1	8	0	9	19.6%
七　ユネスコ活動，国際交流	0	0	0	0	0.0%
八　学校運営改善	0	2	0	2	4.3%
九　その他	0	1	0	1	2.2%
合計	1	45	0	46	

（都道府県別公私立学校内訳）

都道府県	公立	私立
北海道	20	0
青森県	3	1
岩手県	10	0
宮城県	9	0
秋田県	9	0
山形県	8	0
福島県	15	0
茨城県	23	0
栃木県	17	0
群馬県	17	0
埼玉県	25	1
千葉県	25	0
東京都	15	7
神奈川県	11	1
新潟県	15	1
富山県	6	0
石川県	10	1
福井県	7	0
山梨県	8	1
長野県	19	0
岐阜県	19	1
静岡県	21	2
愛知県	43	3
三重県	8	0
滋賀県	7	1
京都府	11	0
大阪府	12	4
兵庫県	30	2
奈良県	11	1
和歌山県	9	0
鳥取県	6	0
島根県	8	0
岡山県	11	0
広島県	13	0
山口県	13	1
徳島県	7	1
香川県	9	0
愛媛県	10	0
高知県	8	0
福岡県	24	1
佐賀県	9	0
長崎県	13	0
熊本県	10	0
大分県	9	0
宮崎県	4	0
鹿児島県	17	0
沖縄県	14	0
合計	724	30

出所：文部科学省「平成30年度文部科学大臣優秀教職員表彰式の開催について」をもとに一部改変。http://www.mext.go.jp/b_menu/houdou/31/01/__icsFiles/afieldfile/2019/01/07/1412315_1.pdf（2019年2月26日閲覧）

3 教育環境の改善

　近年,「学校はブラック企業ではないのか」という辛辣な批評も繰り返されている。しばしばブラック化の事例としてあげられるものは,残業代がないこと,1日平均10時間労働であること,勤務時間外の家庭訪問が行われること,部活動の指導は無給であることなどである。

　このような俸給の条件の悪さもさることながら,日本の教師の多忙化は,かなり以前から指摘されているところである。例えば,OECDの「国際教員指導環境調査(TALIS)」[10](2013年)によれば,日本における教師の1週間あたりの勤務時間は調査参加国のなかで最長であった。しかも,日本の教師は,調査参加国34か国の平均38.3時間に対して53.9時間である。その長時間の勤務内容としては,教科の授業だけでなく,生徒指導や教育相談,さらには同僚教師との話し合い,学校運営業務,保護者との連絡などがあげられる。このような業務の多さは,ほとんど改善されていない。そんな状況が放置されたまま,「教師としての使命感」「やりがい」などが叫ばれても,あるいは教師の資質・能力の向上のための研修システムへの参加が求められても,空しさだけが漂ってしまう。教師はけっして高給を求めるような人間ではないが,今の状況はあまりにも酷い状況である。早急な改善が求められる。

　その改善の際に,教師の仕事量を削減する,あるいは問題行動に対する教師の知識と技法不足を支援するなどという名目で,しばしばスクールカウンセラーやスクールソーシャルワーカーなどの外部者の配置が安易に行われている。また,そこに学校ボランティアや保護者の導入,さらには関係機関との連携なども叫ばれるが,矢継ぎ早にさまざまな対症療法的改善が,日常生活的な人間関係を壊しかねない点を看過して,安直に行われがちである。もちろん,外部者(とくに専門スタッフ)の配置のメリットは一方では十分に認められるが,他方では,複雑多義でホリスティック[11]な人間関係を俯瞰的に見ることなく局所的(例えば,心理なら心理面だけ,福祉なら福祉面だけ,生活なら生活面だけ,不登校なら不登校の面だけ)に介入するために,日本独自の学校文化や教師文化のよさ,とりわけ教師と子どもとのあいだで養われた信頼関係,あるいは子ども同士の生活のなかで培われた信頼関係が損なわれかねないのである。わが国の学校のよさは,共同体的な学びのなかで,「中間者」としての「特別な専門職」の教師が学校教育の中心的な役割を担いながら,子どもの人間形成に向けてすべての学校教育活動の場面で感化・薫陶するところではないだろうか。

　近未来に,日本の学校文化にふさわしい方法が,「チームとしての学校」という考え方を基礎に置きながら,紡ぎ出されることを期待したい。そして,わが国の教師が教育的に有意義な活動を円滑にできる教育環境(例えば,少人数の

▷10 本書の第5章を参照。

▷11 ホリスティック
ホリスティック(Holistic)という言葉は,ギリシャ語の「holos」を語源としており,「全体」「包括」を意味しているが,最近ではそれに加えて,「関連」「つながり」「バランス」といった意味にも解釈されるようになった。

学級規模や学校支援員の人的協力など)のなかで活躍してもらいたいと願っている。

Exercise

① 教師に求められる資質・能力について話し合ってみよう。
② 教師がやりがいを感じるのはどのような時か，話し合ってみよう。

📖 次への一冊

佐藤学『教師というアポリア──反省的実践へ』世織書房，1998年。
　　教育活動を「教え，伝達」から「対話」へ，そして教師を「技術的熟達者」から「反省的実践家」と呼び，新しい教師像への転換を求めている。
上田薫『よみがえれ教師の魅力と迫力』玉川大学出版会，1999年。
　　最近しばしば使われる「生きる力」について，違った視点から検討したうえで，苦しみ悩んでいる教師のために，子どもに対する見かたを変えることを提言している。

引用・参考文献

川野辺敏『教師論──共生社会へ向けての教師像』福村出版，2016年。
教職課程研究会編『新教職論　三訂版』実教出版，2018年。
教職問題研究会編『教職論［第2版］──教員を志すすべてのひとへ』ミネルヴァ書房，2010年。
佐久間裕之『教職概論』玉川大学出版会，2012年。
佐藤学『教師というアポリア──反省的実践へ』世織書房，1998年。
羽田積男・関川悦雄編『現代教職論』弘文堂，2016年。
八尾坂修編『新時代の教職概論──学校の役割を知る　教師の仕事を知る』ジダイ社，2018年。
吉本二郎『学校経営学』国土社，1974年。

第2章
教師を育成するシステム(1)
―― 明治期から昭和期を中心に ――

〈この章のポイント〉

　わが国においては，近代学校制度の発足当初より，教員養成を目的とする学校が設立され，師範学校・高等師範学校を中核とした教員養成制度が形成された。第二次世界大戦後は，師範学校・高等師範学校における閉鎖的な教員養成への反省から，「大学における教員養成」の原則と，「免許状授与の開放制」の原則による新たな教員養成制度が成立した。本章では，教師を育成する制度の成立・展開過程について概説することによって，現行の教員養成制度の理念について学ぶ。

1　近代教育制度と教員養成

［1］　教職論はどのように展開してきたのか

　教職は，人を教えることを固有の任務とする職業として古い歴史をもっている。しかし，単に教職といっても，初等教育と中等教育・高等教育とでは社会的地位や評価が大きく異なる。教職が学識の点で特別な資質能力を要する専門職として認められてきたのは，中等教育・高等教育の教職に限られた時代が長く，初等教育の教職については，自律的な職業として認められるようになったのは比較的歴史の浅いことである。

　近代的な公教育制度が成立するためには，初等教育の普及に従事する大量の教師が必要とされた。しかし，民衆に読み書き算を教える大衆的な初等教育は貧民学校の伝統のなかに位置づけられ，官吏の養成を起源とする中等学校とは区別され，各々の学校での教師の職名も異なった。

　近代的公教育制度の発展につれ，初等教育に関する教職も，近代的職業としての地位が確立されていった。とくに20世紀に入ってからは，中等教育の普及と大衆化が進み，初等教育と中等教育が単一化・連続化することで，初等教育の教師と中等教育の教師の社会的・経済的地位が接近した。

　わが国においても，明治期より近代公教育制度と教員養成制度が始まり，教職のあり方をめぐってさまざまな制度設計と議論が進められてきた。本章では，わが国の近代的な公教育制度を支えた教員養成制度の成立の過程を通して，現行の教員養成制度の理念について学ぶ。

▷1　教師の職名
戦前，小学校教師の職名は「訓導」であり，中学校の教師の職名は「教諭」であった。今日わが国の教師では，幼小中高の教師の職名はすべて「教諭」となった。

2　わが国の教員養成制度の理解に向けて

　教員養成制度の変遷を理解するうえでは，養成・採用・研修の三つの段階を通した教師を育成する制度面からの理解と，各種制度の結果としての教師像の変遷という二つの視点が，戦前と戦後とで大きく変化したことをまず踏まえておく必要がある。

　戦前においては教員養成を目的とする教育機関が設置され，中等教育機関において教師が養成された。また，戦前は教員養成を目的とした学校だけでは教師の需要を満たすことができなかったため，さまざまな検定試験を通して教師となることができた。これに対し，戦後は「大学における教員養成」が原則とされた。所定の課程を履修すればどの大学でも免許状を取得できる「免許状授与の開放制」の原則のもと，選考や試験によって採用されるようになった。

　戦前は，公教育制度の普及期であり，教師の養成のための制度改革が重要な課題であり続け，教師の研修のための制度は未発達であった。しかし，戦後は現職における研修がきわめて重要であるという考え方が広まった。優れた教師は，養成，採用，現場での研修の一連の過程で，段階的・連続的に形成されるものと捉えられ，とりわけ研修の役割が強調されるようになった。

　戦前の教師像は，精神的報酬によって成立する「聖職者教師像」としての側面と，近代国家を成立させるため上意下達の官吏としての側面をあわせもっていた。戦後は，自律した市民としての教師像が目指されるとともに，制度面でも公的な資格基準である免許状と研修で裏づけられた専門職として社会的地位が確立されていった。

　以上の点を踏まえ，教師を育成する制度と教職像について，各時代別に理解を深めたい。

2　わが国における近代教育制度の創始

1　学制令の発布と師範学校の創設

　わが国の近代的な学校制度は，1872（明治5）年に公布された「学制」から始まった。学制は，大学・中学（上等と下等の各3年）・小学校（上等と下等の各4年）の3段階からなる単線型の学校体系をとった。全国を8の大学区にわけ，一つの大学区に32中学区，一つの中学区をさらに210小学区として，各学区で学校を設置する計画であった。

　この計画が実現していれば，小学校だけでも大量の教師が必要であった。そのため，文部省は，学制の発布に先立って「小学教師教導場ヲ建立スルノ伺」

を正院に提出し、師範学校の設立を訴えた。

　1872（明治5）年、わが国最初の師範学校が東京に創設された。師範学校の教師としては、師範教育に詳しいアメリカ人スコット（M. M. Scott, 1843～1922）が、大学南校から迎えられた。また、使用された教科書・教材・教具などは、アメリカから輸入されたものであった。この時に普及した教授法は、一斉教授法であり、1人の教師が多くの学習者を相手にして教育する形態は、それまでわが国の寺子屋や藩校では一般的ではなかった。

　布達「東京ニ師範学校ヲ開キ規則ヲ定メ生徒ヲ募集ス」において示された師範学校の生徒募集の条件は、「和漢通例ノ書及ヒ粗算術ヲ学ヒ得テ」いること、年齢は20歳以上35歳以下であること、身体壮健であること、試験のうえ入学が許可されることであった。師範学校の卒業者は、各地に設置された師範学校・小学校教員講習所・師範講習所・伝習学校・伝習所などと名づけられた養成機関において指導的な立場にあたった。こうして、一斉教授法は、師範学校やその後各地に設けられた教員養成の講習などを通して広まった。

　あわせて、師範学校の卒業者だけでは教師の需要を満たせないため、藩校、郷学、私塾、寺子屋の師匠、神官、僧侶、士族などで和漢学の心得のある者を任命して「伝習」「講習」を受けさせるという方法も取られた。

　戦前を通して原則的に私学の師範学校の設置は認められなかったが、1874（明治7）年の布達「小学校教員タラン事ヲ欲スル者ハ小学校訓導タルヘキ証書可相与ノ事」によって、試験検定による小学校の教員免許状の取得が制度化された。その後、小学校教員検定試験制度は徐々に整備され、道府県の実施する筆記・実技試験を通して免許状が授与される「試験検定」、指定・許可を受けた学校の修了や、現場での経験や講習会への参加といった一定の要件を満たせば免許を取得できる「無試験検定」制度が師範学校と並行して制度化された。

2　教育令、師範学校教育令

　学制は、欧米の教育制度をモデルとして構想されたものであり、わが国の実態を基礎としたものではなかった。また、明治初期は国民思想の転換期であり、文明開化の過剰な欧化主義を批判して、知識よりも仁義忠孝を教育の基本とする復古思想が起こり始めた。そのため、学制とその理念も大きな変化を迫られることになった。

　1879（明治12）年、学制に代わって、「教育令」が公布される。教育令は、就学・学校設置の規定を緩和し、地方教育行政にあたる学務委員を公選制とするなど、地方分権的な方針をとった。また、教育令の公布とほぼ同じ頃、「教学聖旨」が示された。これは、教育についての復古的な意見を元田永孚（1818～91）が天皇の教学に関する「聖旨」としてまとめたものであった。こうした背

▷2　正院
太政官職制（内閣制以前の制度）における最高機関。

▷3　南校
明治初期の政府所管の洋学校。外国人教師が語学、西洋地歴、数学などを講義した。

景によって，自由民権運動の高揚のなかで就学率は停滞した。

そこで1880（明治13）年に「改正教育令」が公布された。その主な特徴は，府知事・県令の権限強化，各町村への学校設置要求，府知事・県令の学務委員および町村立学校の教員任命など，国による教育への統制を再び強めるものであった。さらに教育内容でも国による統制が強化され，修身科が各科の最上位に置かれた。また，「品行不正ナルモノハ教員タルコトヲ得ス」とされ，任用の条件として「品格」が規定された。このように，国による教育の管理が強化されるなかで，教師に対する統制も強化された。

1881（明治14）年6月には「小学校教員心得」が布達された。小学校教員心得では，教師の職責の重大さが説かれるとともに，道徳教育に力を注ぐこと，政治活動に参加しないことが教師に求められた。同年7月には，「学校教員品行検定規則」が定められ，教師の不品行とされる基準が示された。「小学校教員心得」や「学校教員品行検定規則」の意図は，教師の政治活動を禁止し，教師を忠君愛国の体現者として枠づけることであった。

1885（明治18）年，内閣制が施行され，その初代文部大臣に就任した森有礼は，1886（明治19）年に「小学校令」「中学校令」「帝国大学令」「師範学校令」を公布し，近代学校教育制度の確立に努めた。

師範学校令により，師範学校は尋常師範学校と高等師範学校の2種に分けられた。尋常師範学校は，小学校の教師・校長の養成を目的とした。尋常師範学校は各府県1校の設置が義務づけられ，その経費は地方税によってまかなわれた。入学にあたっては，高等尋常小学校卒業程度の学力と，郡区長の推薦が必要とされた。また，高等師範学校には，男子師範（3年制）と女子師範（4年制）が置かれ，東京に1校，文部大臣の管理に属し，経費は国庫によってまかなわれた。高等師範学校は，尋常師範学校の教師および校長の養成を目的とし，尋常師範学校卒業者のなかから，府県知事の推薦を経て高等師範学校が選抜して入学させるものとなった。

師範学校は，臣民教育という国家目的を実現するための教師を養成する学校であり，教師に不可欠な資質として「順良・信愛・威重」の三つの気質の鍛錬が求められた。これらの気質の涵養のために，師範学校では「教室外の教育」として兵式体操を採用するとともに，軍隊式の全寮制寄宿舎による生活訓練が行われた。森有礼は，教職への奉仕が教師の内発的自覚に支えられることを期待していたが，実際には，上意下達の「聖職者教師像」，いわゆる「教師聖職者論」を示すこととなった。

1890（明治23）年，「教育ニ関スル勅語（教育勅語）」が発布された。教育勅語は，天皇制国家を維持・発展させることに教育の目的があるとし，個人・家庭・社会・国家にわたる徳目が掲げられた。教育勅語の成立によって天皇制国

▷4　森有礼（1847〜89）
薩摩藩の下級士族の出身であったが，幕末に藩の命令でイギリスに留学し，アメリカにも渡った。1885（明治18）年の内閣制度発足とともに初代文部大臣に就任した。

▷5　師範学校の卒業者
師範学校卒業者の小学校教員免許状取得者全体に占める割合は，1930年代でも30％程度に留まった。しかし，本科正教員数に占める師範学校の卒業者の割合は80％にのぼるなど，質的側面から多大な影響をもった。

家における公教育体制の基本方針が確立し，以後，教育勅語はわが国の教育に大きな影響をもった。1891（明治24）年6月には，「小学校祝日大祭日儀式規定」によって，教育勅語が各学校に配布または下賜され，学校儀式を通して奉読され，神格化された存在となっていく。同年11月には，「小学校教則大綱」が制定され，そのなかで修身科が教育勅語の趣旨に基づく科目とされた。

こうした師範教育は，国家が必要とする教師を養成することには貢献した。しかし，教師は，収入や労働条件などを交渉する権利を奪われ，能力に比して経済的には恵まれた待遇とは言えず，国家に都合のよい徳目を生徒に教えることを強制された存在となったことで，いわゆる「師範タイプ」（師範型）とよばれる歪んだ教師像を形成した。師範学校における教員養成には後に批判される点はあったが，終戦を迎えるまで大きな変更はなかった。

▷6 師範タイプ（師範型）
一般的には，真面目で着実性があり親切であるという長所がある反面，内向的で表裏があり，偽善的で，融通がきかないという短所をもった教師をさして用いられた。

3 中等学校教師の養成

1886（明治19）年の師範学校令において，中等学校の教師の養成機関とされたのは，高等師範学校および女子高等師範学校であった。しかし，戦前において設置されたのは東京と広島に設置された高等師範学校と，東京と奈良に設置された女子高等師範の4校であった。高等師範学校は量的側面において必ずしも十分な機能を発揮しえなく，高等師範学校の卒業者は，無資格教員を含むすべての中等学校の教師のうち，多くても30％程度を占めたに過ぎなかった。しかし，高等師範学校出身者はのちに中学校・高等女学院の校長や教頭などの役職に多くつき，質的側面から多大な影響をもった。

1884（明治17）年の「中学校師範学校教員免許規定」において中等教員養成における検定が規定された。文部省師範学校中学校高等女学校教員検定試験制度と，帝国大学や高等中学校などで特定の学科目を修得した卒業者に試験免除の便宜を図った無試験検定許可学校の制度が，より多くの教師を輩出した。

明治期においては，試験検定合格者が全教師の約30％を占めていたが，1930年代には15％ほどにまで低下し，代わって無試験検定許可学校の出身者が50％を占めた。このことは，中等学校の教師は専門教科の学力あるいは一般教養があれば足りるという考え方が背景にあり，戦前の中等学校の教師については，教職を専門職としての就職前教育が不十分であった。

このほか，1902（明治35）年には「臨時教員養成所官制」が制定された。これは文部省直轄諸学校に臨時教員養成所を附設された，高等師範学校より短期間で養成する速成機関であり，卒業者には服務義務が課された。

4 小学校教員の需要の拡大

地方の小学校の増加にともなって，教師の需要が高まると，東京の師範学校

をモデルとして，1873（明治6）年に大阪府と宮城県に，翌年には愛知県，広島県，長崎県，新潟県に官立の師範学校が設置された。また，1875（明治8）年，女子の教員養成機関として，官立の東京女子師範学校が設立された。しかし，これらの官立の師範学校は，財政事情によって廃止されることになり，官立師範学校は東京師範学校および東京女子師範学校のみとなった。

1880（明治13）年，改正教育令によって，各府県に師範学校の設置が定められ，その制度化が進められた。当時の師範学校への入学者は士族出身者が多く，地方には小学校より上級の学校がなかったので，師範学校は地方における最高の教育機関でもあった。そのため，当時の師範学校の生徒は，学ぶ誇りをもち，精神的気迫に満ちた者であったと言われる。

明治20年代の後半から30年代にかけて，義務教育の普及によって就学率が急上昇した。1893（明治26）年の就学率は60％に満たなかったが，1900（明治33）年には80％を超え，1902（明治35）年には90％を超えた。このような就学率上昇にともなって，教師の需要の増大も顕著になり，教師不足は明治20年期後半の重要な課題となっていった。

1897（明治30）年，教員需要の増大に対応するため，師範学校令に代わって「師範教育令」が公布された。師範教育令は，師範学校の増設と師範教育を受ける生徒の定員増加を直接的な目標とし，高等師範学校，女子高等師範学校，師範学校（尋常師範学校を改称）のそれぞれの目的を明確に規定した。

この頃から，小学校の教師の出身層は，士族から農民へと変わった。第一次世界大戦の勃発とともに，日本は好景気を迎えたが，教師は経済的には恵まれた待遇とは言えず，教師志望者を減少させるとともに，早期離職を招いた。

3　大正期～戦前・戦中期における教員養成

1　師範教育制度の拡充と待遇改善

1904（明治37）年から1905（明治38）年にかけて日露戦争が起こった。その後，わが国は財政難に苦しみながらも，1910（明治43）年に韓国を併合し，1914（大正3）年には第一次世界大戦に参戦したように，帝国主義政策を推し進めていった。

こうしたなかで，1917（大正6）年9月，政府は内外の情勢変化に対応する教育方針を検討するため，臨時教育会議を設置した。臨時教育会議では，国民教育の課題が「護国ノ精神ニ富メル臣民」の育成にあることを改めて強調し，教育勅語を重視するべきであるとした。あわせて，教師の俸給を国庫支弁，あるいは国庫補助として小学校教師の待遇を改善する必要性が訴えられた。これ

▷7　近代学校教育制度成立以前のわが国の寺子屋において，精神的報酬によって成立した聖職的教師像があった。寺子屋の師匠を尊敬する風潮が引き継がれたため，この時代の教師の社会的地位は比較的高かった。

▷8　師範学校の生徒定員は，当時の就学率を踏まえ，学齢児童数の3分の2に対して，1学級70名として全学級数を算出し，全学級数の20分の1以上と定められた。

▷9　臨時教育会議
1917（大正6）年から1919（大正8）年の間，内閣総理大臣の諮問機関として設けられた。

は，日露戦争後の不況で地方財政が疲弊し，給与の支払が遅延する事態が生じた市町村が少なくなかったことを背景としていた。こうして，給与を国家が負担することにより教師の待遇の改善を図り，教師の社会的権威を高めようとした。

2 大正新教育と教師労働者論

大正期は米騒動，株価暴落，物価高騰，失業者増大といった苦しい社会的状況であった。しかし，世界の民主的な自由解放の風潮を受けて，ルソー（J. J. Rousseau, 1712〜78）やペスタロッチ（J. H. Pestalozzi, 1746〜1827）などの教育思想が紹介され，郷土教育運動，生活綴方教育運動，プロレタリア教育運動などの教育運動が展開された。

この時期，学校教育が政府主導のもとで確立したが，政府による強力な統制の結果として，画一性，硬直性，抑圧性が問題とされるようになった。そして，これに対する改革の動きが顕著になり，大正新教育運動が展開された。大正新教育は，児童を中心に据えた教育実践であり，官公立の学校における実践もあったが，明治以来の国家の教育方針と合致しない要素が多くあったため，明治以降の強固な政治的枠組み，教育現場に干渉する教育法規，国定教科書制度，視学制度などの制約を受け，十分な発展をみることができなかった。

また，大正新教育という教師の自律的な教育運動とともに，労働組合運動が高まり，教師からも待遇改善を求める運動が起こった。1919（大正8）年，下中弥三郎（1878〜1961）を中心にして発足した啓明会は，教育者の「職業的自覚」を強調し，わが国最初の組合運動を展開した。また，1930（昭和5）年には，新興教育研究所と日本教育労働組合が結成された。これらの組織はマルクス主義の立場からの階級的な教育学の建設を目指したり，他の労働組合との交流をもちながら教育労働者運動を展開した。

このように，戦前において教師を労働者として捉え，教職の専門性に目を向ける「教師労働者論」が芽生えた。しかし，国家によって労働運動への圧力が加えられ，教師労働者論は戦前においては十分な展開を見ることはなかった。

▷10 啓明会
当初は教員組合ではなく教育者の思想運動の団体であったが，1920（大正9）年，他の労働団体とともに第1回メーデーに参加し，「日本教員組合啓明会」と改称した。

3 国民学校と戦時下の教育

1931（昭和6）年，満州事変が起こり，わが国は戦時体制に突入した。1932（昭和7）年の五・一五事件，1936（昭和11）年の二・二六事件を経て，軍国主義に基づく政治活動が活発化した。このようななかで，教師は国民を戦時体制へ収斂させていく役割を担った。

1931年10月，天皇は，東京高等師範学校の創立60周年記念式典に行幸した際，健全な国民の養成に関する勅語を下賜した。これを受けた文部大臣は，た

だちにすべての教師に健全な国民を養成するよう通達を出した。また，1932年には「国民精神文化研究所」が設置され，天皇中心の国民精神を高揚する運動が強化された。さらに，1934（昭和9）年4月には，全国の小学校教師の代表3万5000人が天皇の御親閲を受ける「全国小学校教員精神作興大会」が開催され，教師は忠君愛国の精神を高揚させる役割を担っていった。

　1937（昭和12）年，教育審議会が設置され，戦時体制に即応した教育制度，内容，方法の再編が企図された。教育審議会の答申に基づいて，1941（昭和16）年，「国民学校令」が公布され，小学校に代わり国民学校が設置された。国民学校の目的は，「皇国ノ道ニ則リテ初等普通教育ヲ施シ国民ノ基礎的錬成ヲ為スヲ以テ目的トス」と規定された。教科についても，国民科（修身・国語・国史・地理）をはじめとして，皇国民の錬成が図られた。国民学校では，皇国民錬成のため，儀式や学校行事が重視され，教師は日本精神の体現者として行動した。

　1943（昭和18）年1月，単線的な学校制度を目指した「中等学校令」が公布されたが，6月には「学徒戦時動員体制確立要綱」の決定により学徒勤労動員が本格化された。

　1944（昭和19）年になると，勤労動員の常勤体制，国民学校高等科生徒の動員が進められた。また，都市の国民学校初等科3年以上6年までの学童集団疎開が進められた。教師は戦況の悪化にともなって戦線に動員されたほか，国内に残って学童疎開の付添いや，軍人援護や勤労作業などに従事した。

　このようななか，同年2月には師範教育令は一部改正され，青年学校の教員養成をしていた府県立の青年学校教員養成所が改組され，官立の中等教育機関である青年師範学校が設置された。しかし，戦争の激化とともに教育改革の実行は困難となり，学校教育の正常な機能は停止された。

4　戦後における教師を育成するシステム

[1]　戦後教員養成改革

　1945（昭和20）年8月15日，わが国は終戦を迎えた。GHQ（連合国軍最高司令官総司令部）は，四大指令「日本教育制度ニ対スル管理政策」「教員及ビ教育関係官ノ調査，除外，許可ニ関スル件」「国家神道，神社神道ニ対スル政府ノ保証，支援，保全，監督並ニ弘布ノ廃止ニ関スル件」「修身，日本歴史及ビ地理停止ニ関スル件」を通して，教育における非軍国主義化を進めた。

　「教員及ビ教育関係官ノ調査，除外，許可ニ関スル件」では，戦争に積極的に関与した教師や教育関係者が公職から追放された。これは，戦争の責任の一

端が，学校教育による軍国主義的思想，過激な国家主義的思想の教育に原因があるとみなされたためである。文部省による審査によって民主主義教育に不適格と認定された教師は，審査対象者延べ120万人のうち約11万人にも達した。

1946年3月には，第一次アメリカ教育使節団が来日し，日本の教育事情に関する調査を進め，『アメリカ教育使節団報告書』を通して6-3-3-4制度の単線型の学校体系，公選制教育委員会制度の設置，教員養成制度の改革などを勧告した。

教員養成に関しては，師範学校による教員養成の限界を指摘し，教員養成教育のためのより高度な学校あるいは大学の設置，就業年限は上級中等学校修了後4年間とすること，教師を自律的な市民として教育するべきであること，自然科学，社会科学，人文科学および芸術といったリベラルな教養教育に重きを置くことを勧告した。これは，戦前の教師が偏狭な視野をもつ集団になっていたことへの批判であった。

1946年，内閣のもとに教育刷新委員会が設置され，アメリカ教育使節団の報告書に基づいて新たな教育制度について議論が進められた。その結果，教員養成に主要にかかわる大学・学部としての学芸大学・学芸学部が設置された。さらに1947年3月には，教育基本法，学校教育法が制定された。また，1949年，教育職員免許法が公布された。これによって，教員養成を目的とする師範学校が廃止され，大学における修学年限と修得単位という客観的基準を免許状授与の基本要件とする開放制の免許状取得が定められた。以後の教員養成制度は，今日まで「大学における養成」と，「免許状授与の開放制」を原則としている。

① 「大学における教員養成」の原則

「大学における教員養成」の原則は，たんにそれまで中等教育段階または専門学校段階で行われていた教員養成を大学段階に格上げしたという形式的な問題ではなく，民主主義的な学校の実現を企図していた。

1948年，文部大臣の諮問機関として大学設置委員会が設けられた。1949年，国立学校設置法が成立し，旧制の大学，高等学校，専門学校は新制大学の母体となった。また，師範学校や青年師範学校の多くは教員養成のための国立の学芸大学などとなったり，複数の前身校が統合された形で国立大学の学芸学部や教育学部となった。それまで中等教育機関であった師範学校は，教員養成のための大学（4年制）に再編された。また，戦後に誕生した短期大学（2年制）にも教員養成の機能が付与され，幼稚園教諭をはじめ特定分野の教員養成において重要な教育機関となった。

「大学基準」によって，大学には一般教養科目が設けられることになり，専門分野に偏らない人間形成の教育が志されることになった。大学が高度な学問を自由に追求しうる高等教育機関であるからこそ，学問・研究を背景とした教

▷11 制定当初は初等・中等教育のすべての教員のほか，校長，教育長，指導主事も各相当の免許状を有さなければならなかったが1954年に廃止された。

授活動を通してより高度な知的教養と，自律性・主体性を培われた市民たる教師を養成することが可能であると考えられた。このような「大学における教員養成」の原則によって，教職を学識ある専門職として捉える下地ができた。

なお，1966（昭和41）年，リベラル・アーツを学ぶ大学・学部という学芸大学・学芸学部という名称は，教職の専門性と教員養成の計画性が強調されるようになると，多くの大学において教員養成を前面に打ち出した教育大学・教育学部という名称に変更された。

② 「免許状授与の開放制」の原則

「教員免許状授与の開放制」は，戦前の閉鎖的な教員養成の弊害を踏まえ，さまざまな大学での教員養成を可能にし，多様な個性や能力を有する人材を広く確保しようとする意図に基づいていた。

免許法制定当初は，大学の学部の種類を問わず，所定の単位を修得すれば教員免許状が取得できる制度であった。戦後教育改革は当初，大学で幅広く教養を学んだ人なら誰にでも教師が務まるという基本的な考えであった。その後，1954（昭和29）年の教育職員免許法改正により「課程認定制度」が導入され，免許法で規定する教科専門科目と教職専門科目の「認定課程」を有する大学であればどの大学でも免許状の取得が可能であるという意味での開放制へと変容し，教職の専門性が重視されるようになった。

戦前の中等学校の教員養成に関しては，量的側面で実際に担ったのは，まず大学であり，ついで専門学校，実業専門学校等の無試験検定資格を担った諸学校であった。そのため，「開放制」の目指した多様な個性や能力を有する人材の確保はある程度根づいていたとみなすこともできる。

2 戦後の教師の採用

戦前の教師は，小学校については師範学校で養成され，卒業後は試験を受けることなく各府県の小学校に採用，配属され，服務義務期間が過ぎるまで勤務することとされていた。また，中等学校については，制度上は高等師範学校を中核としつつ，実際には無試験検定許可学校の出身者が多く含まれていた。

戦後の教育改革によって，教師は大学において養成され，師範学校の廃止にともなう服務義務を負った卒業者がいなくなり，新たに教員採用の制度化が進められた。戦後初期は義務教育年限が9年に延長され，さらには劣悪な労働条件などから必要な量の教師を確保することが困難であった。

1949（昭和24）年，教育公務員特例法により，教員の採用はほかの公務員試験で実施される競争試験ではなく，選考試験であるとされた。この選考は，採用を願い出た者について都道府県教育委員会が「採用志願者名簿」を作成し，所管教育委員会の教育長が選考するにあたって校長の意見を聞くこととされ

た。戦後10年間ほどは，このような「選考」がある程度機能していた。

　1956（昭和31）年，教育委員会法に代わる「地方教育行政の組織及び運営に関する法律」（地教行法）が制定され，採用志願者名簿がなくなり，現在のように，公立学校教員採用候補者選考試験に合格した者が教員採用候補者名簿に登録され，その名簿のなかから採用者がさらに選考されるという仕組みに変わった。しかし，教員不足の傾向は1960年代まで続き，採用候補者選考試験は競争試験としての意味合いが強かった。

3　教員研修

① 戦前における研修の理念と実態

　戦前においても，教師の質的向上の必要性は認識されていた。現職の教師への教育は，一般的に再教育と呼ばれ，臨時的，応急的に講習などの方法によって実施されてきた。1938年の教育審議会答申「師範学校ニ関スル要綱」では，現職の教師の教養の完成と政策への適応を目的として，再教育の制度的実施のほか，主体的な関与が重要であるとの認識から研修させることが必要であるとされていた。

　上位の学校の職を得ようとする教師たちによる資格取得に必要な講習会や，政策的必要から企画された各種講習会，職能団体による講習会などが開催された。そのほか，あるいは授業研究などに熱心な校長たちにとって企画された講習会も開催された。また，地域差，学校差はあったものの，校内研修に相当する学校内の研究会も明治期には始まっていた。しかし，今日的な意味での現職教育，あるいは研修制度は未整備であった。

② 戦後における研修の理念と実態

　教育公務員特例法において，教師にとっての研修は，「職務を遂行するために，絶えず務めなければならない」ものとして規定され，一般の公務員の研修▷12とは差別化が図られた。その背景には，1946年末から1947年にかけての中央・地方レベルでの労働協約交渉における研修条項改善の運動，および業務協議会などでの研修条件改善要求があった。

　戦後初期，CIE（民間情報教育局）の強力な指導のもと，教師の現職教育，研修にかかわる改革が進められた。教育関係者の再教育については，文部省とCIEとの共催のもと，教育指導者講習（Insitute for Educational Leadership：IFEL）が1948（昭和23）年から開催された。新しい教育に対応できる基礎的な知識や技術の修得のための再教育，教職員免許法に対応した資格に切り替えるための認定教習などが実施された。

　1960年代には，文部省による教育研究団体への助成が始まり，制度的な「研修」が次第に整備されていった。青少年人口の大幅な増加により教師が大幅に

▷12　一般の公務員の研修
一般の公務員は「勤務能率の発揮及び増進のため」（地方公務員法第39条）研修を受けることとされている。

不足し，教員養成を量的に整える政策が喫緊の課題となった。さらに，教職の経済的・社会的地位の向上の議論が高まり，教職の専門性に関する研究が盛んになった。人口増加が落ち着いた1970年代には，教師としての資質能力の問題が焦点化され，教師教育という考え方が登場した。1978（昭和53）年の中央教育審議会の答申「教員の資質能力の向上について」においては，研修の体系的整備の必要性が指摘され，行政研修が整備された。

こうして，教師としての資質能力が，養成・採用・研修の各段階を通じて形成されていくものであるという認識が確立した。つまり，大学における就職前教師教育を基本に据えながらも，教師教育は養成段階で完成するのではなく，現職研修によって補完されるべきものであると捉えられるようになった。

4　労働者としての教師像と専門職化

1947（昭和22）年，日本教職員組合が結成された。日本教職員組合は，1952（昭和27）年，「教師の倫理綱領」10箇条を発表し，戦前は否定された教師の「市民」としての権利を回復することを宣言した。日本教職員組合は，教育の民主化，研究の自由を要求し，教職員の経済的，社会的，政治的地位の確立のために，また，民主的な国家の建設のために活動を展開した。戦前において国家主義や軍国主義に従うことを強いられた教師は，民主主義社会の建設者として位置づけ直され，このような教師像は長らく教師の間に浸透した。

1954（昭和29）年，「教育公務員特例法の一部を改正する法律」「義務教育諸学校における教育の政治的中立の確保に関する臨時措置法」によって，教師の政治活動が制限され，1956年の地教行法により，教育委員会の公選制が任命制に変更され，政治から教育への影響力が強まった。さらに，1957（昭和32）年には，教師の勤務評定が実施された。こうした状況下で，文部省と日本教職員組合の対立が深まり，両者は教育政策をめぐって激しく対立した。

その後，1966（昭和41）年のILO（国際労働機関）とUNESCO（国際連合教育科学文化機関）による「教員の地位に関する勧告」が発表されると，教師専門職論の端緒となった。これは，教師の労働者としての権利を前提としながらも，教育の仕事は専門職であるとみなされるべきであるとして，専門職性と労働者性を統一的に捉えるものであった。以後，教師専門職論は文部省と日本教職員組合にも受け入れられ，専門職としての教職論が展開されるようになった。実際には教職は医師や法曹といった専門職と比して準専門職（半専門職）というべき状況にあったが，教職を専門職として捉え，その実現へ向けて努力しようとすることは1970年代以降の教職論の最大の特徴であった。

▷13　教職を専門職として捉えた主張のなかには，教師は労働者であるという立場を否定したり，専門職であるがゆえに教師の労働基本権を否定ないし制限することを是としたりする主張もあったため，教育労働者論と教師専門職論は対立的に捉えられた。

▷14　専門職
リーバーマン（M. Lieberman, 1919～2013）による定義では，専門職の特徴として，長期の専門的教育を必要とするなど八つの観点が示されている（本書の第5章を参照）。

5　近年の教育改革への展開

　1950年代後半以降の日本は高度経済成長の時代であった。経済的な好調のなかで，大学卒業者の多くは高度経済成長を支える民間企業に就職し，より安定的な就職先を求めるようになっていった一方，教員の給与や生活水準は民間企業や公務員より待遇の改善が遅れがちになった。

　中央教育審議会は1971（昭和46）年に「今後における学校教育の総合的な拡充整備のための基本的施策について（答申）」を出し，教員給与の計画的改善など優れた教員確保の条件整備や，学部に基礎を置かない新しい形態の大学院設置など大学制度の多様化が提言された。

▷15　明治期の教育改革，第二次世界大戦後の教育改革に続く「第3の教育改革」としてまとめられた。昭和46年に出されたため，「四六答申」と呼ばれる。

　そこで1974（昭和49）年人材確保法が公布され，一般の公務員よりも教員の給与を優遇することを定め，優秀な教員を採用し，これによって義務教育の水準の維持向上が目指された。人材確保法の制定とともに，三度にわたって給与の引き上げが実施された。また，教職のさらなる高度化のため，新構想教員養成大学が新設され，各都道府県から派遣されてくる現職教員に対する2年間の研修機会を与える大学院を本体としつつ，初等教育の教員を養成する学部をあわせもつ新たな教員養成，教員研修の場が設けられた。

　また，1984（昭和59）年に設置された臨時教育審議会は，個性重視の原則，生涯学習体系への移行，変化への対応を教育改革の視点として示した。とくに「教育改革に関する第4次答申」（1987年）において「求められる教師像」が「教育者としての使命感，人間の成長・発達についての深い理解，幼児・児童・生徒に対する教育的愛情，教科等に関する専門的知識，広く豊かな教養，そしてこれらを基盤とした実践的指導力が必要である」として示された。

　そして，1988（昭和63）年の教育職員免許法の改正では，すべての校種について，基礎資格を大学院修了程度とする専修免許状，学部卒業程度とする一種免許状，短大卒業程度とする二種免許状の3種類とされた。さらに，教育公務員特例法，地教行法が一部改正され，キャリア・ステージに応じた研修など，行政研修のいっそうの整備が進められてきた。

　このように，明治期から昭和期にかけて教師を育成する制度の中心課題は，量的拡大に始まり，質的向上へと展開してきた。教職は，その時代ごとに求められる教師像を変えつつも，就職前の教員養成から現職研修までの一連のものとして捉えられ，生涯にわたって学び続ける教師像へと至った。

Exercise

① 教職とは，子どもの人間形成にかかわる仕事であり，仕事への誇りと使命感が求められる。それにもかかわらず，これらの特徴を強調する「教師聖職者論」はなぜ問題なのか，「教師労働者論」を踏まえて説明してみよう。
② 教師に多様な個性や能力を有する人材を広く確保されることの意義について，戦前から戦後の教師像の変遷を踏まえて整理してみよう。
③ 教師にとって研修が社会的使命を達成するための重要な責務であり，教師の職務の重要な一部をなす理由について「教職の専門性」に触れながら論じてみよう。

次への一冊

寺崎昌男編『近代教育論集第6巻——教師像の展開』国土社，1973年。
　明治初期から戦前期までに発表された教師論と，教師の実践記録，教師の社会的あり方に関する評論文書が収録され，教師の生活や意識に関して時代背景を踏まえるための解説が附されている。
訪日アメリカ教育使節団，村井実訳『アメリカ教育使節団報告書』講談社学術文庫，1979年。
　アメリカ教育使節団がマッカーサー司令部に提出した報告書の全訳。女性の社会進出，図書館などの社会教育施設の必要性についても述べている。
船寄俊雄編著『論集現代日本の教育史第2巻——教員養成・教師論』日本図書センター，2014年。
　戦前から現代にいたるまでの教員養成をめぐる課題についての論文集。教員養成・教師論の個別のテーマについて研究状況の概要がまとめられている。

引用・参考文献

石戸谷哲夫『日本教員史研究』講談社，1967年。
市川昭午『専門職としての教師』明治図書出版，1969年。
市川昭午編『教師教育の再検討1——教師=専門職論の再検討』教育開発研究所，1986年。
岩下新太郎『教育学大全集13巻——現代の教師』第一法規出版，1982年。
岡本洋三『教育労働運動史論』新樹出版，1973年。
唐澤富太郎『教師の歴史——教師の生活と倫理』創文社，1955年。
佐藤幹男『近代日本教員現職研修史研究』風間書房，1999年。
佐藤幹男『戦後教育改革における現職研修の成立過程』学術出版会，2013年。
陣内靖彦『日本の教員社会——歴史社会学の視野』東洋館出版社，1988年。
寺崎昌男編『近代教育論集第6巻——教師像の展開』国土社，1973年。
日本教師教育学会編『教師教育研究ハンドブック』学文社，2017年。
山田昇『戦後日本教員養成史研究』風間書房，1993年。

第3章
教師を育成するシステム（2）
―― 平成期を中心に ――

〈この章のポイント〉
　1989年1月8日に幕を開けた平成の時代は，今上天皇が2019（平成31）年の4月30日をもって新天皇に譲位することで幕を閉じる。本章では，はじめに，教師を養成する機関と免許状授与件数をめぐる変化について，高等教育政策の動向を踏まえて解説する。また次に教師の養成の内容と方法をめぐる変遷について，実践的指導力の重視と教師養成の高度化の希求といった観点から明示する。そして最後に，平成期の改革と教師の職務環境を踏まえて，今後の課題を提示する。

1　教師の養成機関と免許状の取得状況をめぐる変化

　教師の養成のあり方は，時代や社会経済情勢に大きく左右される。影響因子には，児童生徒数や教師の需給状況に加えて，国の財政状況や高等教育をめぐる環境の変化，子どもや学校が抱える問題状況，世論や経済界の要請など，実にさまざまなものが含まれる。

　まず，教師をどこで養成するのかという，養成機関の問題に関しては，従来，国立の教員養成大学・学部（教員養成課程）▷1が主たる役割を果たしてきた。しかし，平成期は私立大学をはじめとする一般大学・学部▷2の台頭など，養成機関の多様化が進むとともに，免許状の取得状況においても私立大学などの一般大学・学部の躍進が確認できる。

　表3-1は，(1)大学数等，(2)教員養成の課程認定を有する大学数等▷3，(3)免許状の種類別の課程認定を有する大学数等について，約10年ごとの変化を示したものにあたる。

　まず大学数をみてみよう。4年制大学の数は1990（平成2）年には507校であったが，2016（平成28）年には約1.5倍に増えて752校となった。2016年に焦点をあてた場合，国公私立大学の内訳は国立が10.9％，公立が11.4％，私立が77.6％である。平成期の約30年間で，国立大学は少子化にともなう18歳人口の減少や国からの運営交付金の削減，大学運営の効率化などの影響を受けて再編・統合▷4が進められ，1990年に96校だった国立大学数は2016年には82校へと減少した。反対に公立大学は39校から2倍以上増えて86校となり，私立大学に関しても372校から1.5倍以上増えて584校となった。公立大学と私立大学のこう

▷1　**国立の教員養成大学・学部（教員養成課程）**
戦前の師範学校の流れをくむ大学・学部で，戦後すべての都道府県に設置された。東京学芸大学などの教育系単科大学と総合大学内にある教育学部などが該当する。小・中・高等学校等の教師を計画的に養成するための課程（教員養成課程）を置き，その課程の卒業にあたっては教員免許状の取得が必須となる。

▷2　**一般大学・学部**
卒業要件に教員免許状の取得を含まない大学・学部。

▷3　**課程認定を有する大学等**
文部科学大臣によって「免許状の授与の所要資格を得させるために適当と認める課程」と認定された大学学部学科等をさす。

▷4　例えば2002（平成14）年10月には2組4大学が統合され（山梨大学と山梨医科大学が山梨大学に，筑波大学と図書館情報大学が筑波大学に），翌年以降も再編・統合が続いた。

表3-1　免許状の種類別の課程認定を有する大学数等の推移

区分		大学数等				課程認定を有する大学等数				免許状の種類別の課程認定を有する大学数等											
										小学校				中学校				高等学校			
年(平成)		1990(H2)	1998(H10)	2008(H20)	2016(H28)	1990(H2)	1998(H10)	2008(H20)	2016(H28)	1990(H2)	1998(H10)	2008(H20)	2016(H28)	1990(H2)	1998(H10)	2008(H20)	2016(H28)	1990(H2)	1998(H10)	2008(H20)	2016(H28)
大学	国立	96	99	82	82	78 81.3%	79 79.8%	77 93.9%	76 92.7%	51	51	50	52	73	73	70	70	76	79	77	76
	公立	39	61	73	86	28 71.8%	36 59.0%	46 63.0%	60 69.8%	4	3	2	4	27	31	33	43	28	34	41	51
	私立	372	444	574	584	302 81.2%	346 77.9%	459 80.0%	469 80.3%	41	40	118	178	284	321	339	407	301	344	438	430
	計	507	604	729	752	408 80.5%	461 76.3%	582 79.8%	605 80.5%	96	94	170	234	384	425	442	520	405	457	556	557
短期大学	国立	41	25	0	0	1 2.4%	0 0.0%	0 0.0%	0 0.0%			0	0	1	0	0	0				
	公立	54	60	24	18	30 55.6%	24 40.0%	13 54.2%	10 55.6%	1		0	0	24	21	8	5				
	私立	498	502	361	331	379 76.1%	374 74.5%	264 73.1%	231 69.8%	51	46	33	25	330	325	111	57				
	計	593	587	385	349	410 69.1%	398 67.8%	277 71.9%	241 69.1%	52	46	33	25	355	346	119	62				
合計		1100	1191	1114	1101	818 74.4%	859 72.1%	859 77.1%	846 76.8%	148	140	203	259	739	771	561	582	405	457	556	557
大学院	国立	95	99	85	86	74 77.9%	82 82.8%	80 94.1%	78 90.7%	29	51	52	53	57	73	74	70	74	82	80	78
	公立	23	41	65	77	13 56.5%	25 61.0%	33 50.8%	40 51.9%		1	1	3	11	22	29	33	13	25	32	38
	私立	195	299	447	463	138 70.8%	214 71.6%	310 69.4%	315 68.0%	7	21	40	70	93	181	258	256	137	212	297	292
	計	313	439	597	626	225 71.9%	321 73.1%	423 70.9%	433 69.2%	36	72	93	126	161	276	361	359	224	319	409	408
専攻科	国立	41	35	25	16	36 87.8%	32 91.4%	22 88.0%	15 93.8%	11	0	0		17	3	0	0	24	6	1	1
	公立		1	2	10		1 100%	1 50.0%	1 10.0%		1	1	1		1	0	0		1	0	0
	私立	45	47	40	47	35 77.8%	36 76.6%	29 72.5%	25 53.2%	2	7	3	6	26	28	22	17	35	35	26	21
	計	86	83	67	73	71 82.6%	69 83.1%	52 77.6%	41 56.2%	13	8	4	7	43	32	22	17	59	42	27	22
短期大学専攻科	国立			0	0			0 0.0%	0 0.0%			0	0			0	0				
	公立			9	6			1 11.1%	1 16.7%			0	0			0	0				
	私立			142	112			30 21.1%	19 17.0%							4	3			7	2
	計			151	118			31 20.5%	20 16.9%							4	3			7	2
養成機関	国立	8	7	7	7	8 100%	7 100%					0	0								
	公立	25	21	4	1	25 100%	21 100%					0	0								
	私立	39	38	43	33	39 100%	38 100%			2	2	2	2	2	1						
	計	72	66	54	41	72 100%	66 100%			2	2	2	2	2	1						

出所：『教育委員会月報』1991年7月号，2000年12月号，2009年5月号，2017年6月号に掲載の「免許状の種類別の課程認定を有する大学数等」をもとに作成。

した増加傾向は，短期大学の4年制大学への再編・統合などの動向も関係している（代わりに短期大学は250校ほど減少）。

そして教員養成の課程認定を有する大学数，および免許状ごとの課程認定を有する大学数に関しても，私立大学と公立大学の躍進が確認できる。国立大学の変化は少ないが，小学校の教員養成課程大学数における私立大学の伸張と，中学校および高等学校教員養成課程大学数における公立大学と私立大学の伸張が認められる。とくに小学校の教師養成における私立大学の躍進には目を見張るものがあり，1990年と1998年にはそれぞれ40校ほどに過ぎなかった課程認定大学数は，2008（平成20）年には118校に増え，2016年には178校となるなど4倍以上となった。また，私立大学の躍進に関しては，免許状の取得状況からも看取できる。1989（平成元）年度末の小学校免許状の授与件数は国立の教員養成大学・学部が1万5077件（一種免許状および二種免許状の合計）で私立大学の授与件数はその3分の1以下の4472件であった。しかし2015（平成27）年度末の状況では，前者が9305件で後者が1万1416件となり，私立大学が国立の教員養成大学・学部の件数を凌駕した。

一方，免許状授与件数の総数に関しては，約30年ですべての学校種で減少した。しかしその内訳をみると専修免許状の授与件数の増加が認められる。1989年度末と2015年度末の専修免許状の件数を比較した場合，小学校では約7倍，中学校では約6倍，高等学校では約1.2倍の増加である。この背景には，近年創設・拡充されてきた教職大学院（第4節で詳述）の影響がある。

2 国立教員養成大学・学部の再編の進行

1 「新課程」の創設と教員養成課程の入学定員削減

平成期は少子化や財政構造改革の影響を受けて，大学等の高等教育をめぐる環境が激変し，国立教員養成大学・学部の再編が進められてきた。政策的には，大きく分けて，(1)新課程（ゼロ免課程）の創設，(2)国立大学の法人化と教員養成抑制策の撤廃，(3)新課程の廃止と新しい大学再編案の提示，以上のような流れがある。

平成に入った1989年当時，少子化の影響で教師の採用枠が減り続け，国立の教員養成大学・学部（教員養成課程）の入学定員の見直しと，それにともなう大学・学部の再編が進められた。その第一の契機をつくったのは，文部省（当時）の有識者会議が1986（昭和61）年に出した「新課程」の創設，いわゆる「ゼロ免課程」の創設の提言であった。これにより，国立の教員養成大学・学部には，既存の教員養成課程（教員免許状の取得が卒業要件に含まれる課程）とは別

▷5 教職大学院
2008（平成20）年度から創設されてきた大学院。(1)学部段階での資質能力を修得した者のなかから，さらにより実践的な指導力・展開力を備え，新しい学校づくりの有力な一員となりうる新人教員の養成，(2)現職教員を対象に，地域や学校における指導的役割を果たし得る教員等として不可欠な確かな指導理論と優れた実践力・応用力を備えたスクールリーダー（中核的中堅教員）の養成，以上の二つを主な目的・機能としている。

▷6 新課程・ゼロ免課程
一般大学・学部のように，卒業要件に教員免許状の取得を含まない課程。非教員養成課程。

に，教員免許状の取得を卒業要件に含まない「新しい課程」としての「ゼロ免課程」が新設されて入学定員の一部が振り替えられた。まず1987（昭和62）年に山梨大学と愛知教育大学が新課程をつくり，翌88年には東京学芸大学を含む12大学が教員養成課程の入学定員を減らしてその定員を民間企業や公務員など教員以外の職業分野への進出を企図する新課程に振り替えた。例えば東京学芸大学では「人間科学課程」「国際文化教育課程」「情報環境科学課程」「芸術課程」の四つの課程を新設し，当時の入学定員（1215人）の約3割にあたる380人分を振り替えている。四つの課程の下には専門分化された14の専攻コースが置かれ，国際文化教育課程には「日本研究」「アジア研究」「欧米研究」「国際教育研究」の4コースが設けられた。実際，多くの大学が「国際」「情報」「環境」「生涯」「文化」「スポーツ」「心理・カウンセリング」というような時代を捉えた新課程を創出し，10倍前後の高い受験倍率を獲得するところも出るなど，教員養成課程とは異なる学生層からの高い支持を得るに至った。

　そしてこうした再編にさらに拍車をかけたのが，1997（平成9）年に財政構造改革の一環として打ち出された「国立教員養成大学・学部の入学定員5000人削減」の方針であった。教員養成課程の入学定員は，87年度の新課程創設後11年間で5585人（約28％）が削減されていたが，この方針では，公表後3年間でさらに5000人の削減を目指すことが示された。結果として3年間で4745人の削減が達成されるとともに，計画3年目の2000年度の教員養成課程の入学定員は，史上初めて1万人を割る9770人となった。こうした変化は新課程導入前には全体で約2万人の入学定員が確保されていたことを鑑みると，半分以下にまで抑制されたことを意味した。一方，教員養成課程から振り替えられた新課程の入学者は，2000年度時点で6210人に達し，教員養成課程と新課程の比率は約3対2となった。

2　国立大学の法人化と教員養成抑制政策の撤廃

▷7　在籍者数は小・中・高のすべての学校種で大幅に減少し，小学校での減少はこの30年間で300万人以上，中学校及び高等学校では200万人以上に及んだ。平成期も一貫して9割以上の子どもが公立の小・中学校に在籍したが，公立小学校はこの30年間で4800校以上減少し，公立中学校も1000校以上減少した（「学校基本調査」平成元年度と平成29年度の比較）。

　以上のように，平成期の初期は少子化にともなう教師需給対策および財政構造改革を背景に，国立の教員養成大学・学部は，その規模・カリキュラム・大学としての役割において大きな転換を強いられた。まさに国立教員養成大学・学部にとっての「冬の時代」と捉えられるが，実はこうした苦境は平成期を通じて一貫して続いていく。さらに皮肉なことに，国立の教員養成大学・学部における教員養成課程の卒業生が過去最低の1万人規模に縮小したまさにその時期に，大都市圏を中心に教師の需要が急速に高まりをみせていった。つまりここに，私立大学をはじめとする一般大学・学部の台頭につながる第一の素地ができた。

　そして21世紀に入ると，行財政改革の一環としての規制緩和が多方面におい

て進められていくこととなる。教師の養成に関連したものとしては，2004（平成16）年の国立大学法人化と，2005（平成17）年の教員養成抑制政策の撤廃の動向があげられる。

　まず，それまで国が直接管理していた国立大学が法人化された目的は，第一には組織や経営面で各大学の自律性を認めて競争を促し，研究と教育を活性化させることにあり，第二に，教職員を非公務員化することで，国の財政支出を減らすことにあった。法人化以降は，国から各大学に支出される運営交付金が毎年１％ずつ減額され，教員養成大学・学部を含む多くの大学は各種の効率化や再編の模索に追われることとなった。

　また，2005年には文部科学省（以下，文科省）の有識者会議が報告書のなかで，教師の需要が「全国的に見て今後増加傾向となることが見込まれること，かつ一部地域では既に教員採用者数が急増している」と言及し，これまでの「教員分野に係る大学・学部等の設置又は収容定員増の抑制方針についてはこの際撤廃することが適当である」と述べるに至る。そしてここに，私立大学をはじめとする一般大学・学部の台頭を導く第二の素地が整った。とくに「全科担任制」を基本とする小学校の教師養成に関しては，すべての教科に関連する幅広い専門科目と指導法などを提供するための人員およびカリキュラムが必要になるため，主に特定の専門分野を母体として成立している一般大学・学部にとっては負担が大きいものであった。しかし，上述した規制緩和と教師の需給状況の好転傾向を受けて，多くの私立大学がこの時期に「教育」「子ども」「児童」「人間」「発達」などの名称を冠した学部や学科を新設して小学校の教師養成に参入するに至った。その意味で，戦後確立された開放制の原則は，平成期ではすべての学校種において浸透し，達成されてきたと捉えられる。

3　新課程の廃止と県境や国公私立の別を超えた大学再編の提言へ

　平成期が終わりに近づくと，再び高等教育環境，とりわけ国立教員養成大学・学部をめぐる環境が激変する事態となった。

　その改革の方向性は，第一に新課程（ゼロ免課程）の廃止，第二に教職大学院の拡充強化にあり，多くの大学が呼応してきた。また，第三の方向性として，県境や国公私立の別を超えた大学の再編と教師養成の模索がある。具体的には，すべての国立大学を会員とする国立大学協会が2018（平成30）年１月に公表した報告書「高等教育における国立大学の将来像（最終まとめ）」の影響があげられる。この報告書は国立大学における教師養成の役割を認めながらも「広域エリア内での国公私を越えた連携・統合も含めて検討を行い，機能の強化・充実，教職大学院の拠点としての役割・機能の明確化を図る」と言及した。これは，各県に国立の教員養成大学・学部を置き，そこで計画的に初等・

▷8　**教員養成抑制政策**
1984（昭和59）年の大学設置審議会の報告と1991（平成３）年の大学審議会の答申の内容をさす。計画的な人材養成が必要とされる医師，歯科医師，獣医師，教員及び船舶職員の養成について，「おおむね必要とされる整備が達成されているので，その拡充は予定しない」とされてきた。しかし，2005年に文科省の有識者会議が報告書「教員分野に係る大学等の設置又は収容定員増に関する抑制方針の取扱いについて」を出したことで，規制の緩和が促された。

▷9　例えば2020年度からは，群馬大学と宇都宮大学が全国初の「合同教育学部」を設置したうえで教師の養成を行っていくことが決定した。

中等教育学校の教師養成を行うという、これまでの態様を崩壊させる可能性を含むものであり、さらには、国公私立の垣根を越えて教師を養成することを示唆するものであった。まさに、国立教員養成大学・学部の存在意義を問うものであり、教師養成における地域性の捉え方や地方における国立教員養成大学・学部が果たす（あるいは果たしてきた）役割に関する問いを投げかけたものであると捉えられる。

ここまでは、主に教師を養成する機関をめぐる動向、すなわち、誰を対象にどこで教師を養成するかに関する平成期の変遷を、高等教育政策の動向とともに概観してきた。次節からは、平成期における教師養成の内容と方法をめぐる変遷、つまり、どのような内容をどのようにして教えるのかについて、実践的指導力の重視と教師養成の高度化の希求といった観点から示していく。

3　実践的指導力の重視

1　実践的指導力の重視とその向上方策の展開

どのような教師像を描き、そうした教師をいかにして養成するかといった内容および方法に関する検討は、文部科学大臣の諮問機関である審議会[10]（例えば中央教育審議会、以下、中教審）を中心に行われる。また、審議会が出す答申内容に基づき、教育職員免許法（以下、免許法）や免許法施行規則などの改正が行われる。各大学はそうした免許法などの基準に則って教職課程のカリキュラムと組織を整え、文部科学大臣の課程認定を受けたカリキュラムの下で学生を受け入れる。教職志願の学生は、課程認定を受けた大学等のカリキュラムの下で所定の科目や単位を修得することで、特定の免許状の取得が可能になる。免許法に関しては、平成期直前の1988（昭和63）年に大きな改正が行われ、その後平成に入ってからは、1998（平成10）年、2002（平成14）年、2007（平成19）年、2016（平成28）年に主な改正が行われてきた。

平成期における教師養成をめぐる特徴の一つは、教育現場に求められる実践的指導力の向上が標榜されてきた点にあったと言える。その実現にあたっては、免許法の改正などを通じて、教職課程カリキュラムにおける教育実習の充実（単位数の増加、事前・事後指導の導入、実習校との連携強化）、教職課程初期における学校現場体験（学校見学や教育的補助活動などの機会）の導入と単位化、教職への志向と一体感の形成に資する科目や、児童生徒の理解などを促す科目の必修化（および授業内容の指定）、学校現場での実習を重視した教職大学院の創設、学部レベルの教職課程および教職大学院における教育実務経験者の活用、教職実践演習（後述）の導入、以上のように、さまざまな方策が講じられてき

▷10　審議会
各行政機関に置かれているもので、重要事項に関する調査や審議等を行うための合議制の機関。通常、30名以内の学識経験者等で構成。大臣などから重要事項に関して諮問され、諮問に応じて調査や審議を行い、その後、助言や勧告を答申という形で公表する。大臣はこの答申を尊重しながら以後の政策を決定する。

た。

　実践的指導力は，もともと1986（昭和61）年の臨時教育審議会の第二次答申が「大学の教員養成においては，幅広い人間性，教科・教職に必要とされる基礎的・理論的内容と採用後に必要とされる実践的指導力の基礎に重点を置き，採用後の研修においては，それらの上に立ってさらに実践的指導力を向上させることに重点を置くこととする」と述べたことがきっかけである。そしてその後1988（昭和63）年に実践的指導力と教師としての使命感，幅広い知見などの修得を目的として初任者研修制度が導入され，翌89（平成元）年度から実施されるまでとなった。平成期の教師養成はこうしたなかで，まず，「実践的指導力の基礎」の修得が掲げられ，「採用当初から学級や教科を担任しつつ，教科指導，生徒指導等の職務を著しい支障が生じることなく実践できる資質能力」（1997（平成9）年教育職員養成審議会答申）を身につけることが養成段階の役割とされた。そしてその潮流は次第に「実践的指導力」そのものの向上と，さらには「新たな学びを展開できる実践的指導力」の向上を目指す動きへと発展する。

2　「教職実践演習」の新設・必修化と「履修カルテ」の導入

　2006（平成18）年7月の中教審答申に基づく法改正を経て，2010（平成22）年度の入学生より「教職に関する科目」として「教職実践演習」が新設・必修化された。この科目は，実践的指導力をめぐる新たな展開を導いたものだと捉えられる。

　「教職実践演習」は，教職課程を履修する学生が教師として必要な資質能力を形成したのかどうかについて，大学4年次（短期大学の場合には2年次）の後期に最終的に確認することを企図したものにあたる。いわば，教職課程を履修する学生の「出口管理」の一環とも考えられるが，中教審答申では科目の趣旨・ねらいを次のように示した（「今後の教員養成・免許制度の在り方について」）。

> 学生が身に付けた資質能力が，教員として最小限必要な資質能力として有機的に統合され，形成されたかについて，課程認定大学が自らの養成する教員像や到達目標等に照らして最終的に確認するものであり，いわば全学年を通じて「学びの軌跡の集大成」として位置付けられるものである。学生はこの科目の履修を通じて，将来，教員になる上で，自己にとって何が課題であるのかを自覚し，必要に応じて不足している知識や技能等を補い，その定着を図ることにより，教職生活をより円滑にスタートできるようになることが期待される。

　当科目の導入にあたっては「履修カルテ」の作成と活用が奨励され，「履修カルテの活用方法（例）」も提示された。ここではとくに，学生の自己評価を

▷11　「教職関連科目の履修状況」と「自己評価シート」の2種類が例示された。「教職実践演習」および「履修カルテ」の導入の背景には，学生に対する教職指導の充実・強化，課程認定を受けた大学の責任の明確化，以上に対する必要性の認識があった。

促すシート(必要な資質能力に関する自己評価(5件法)と教職を目指すうえで課題と考えている事項(自由記述)を含むシート)の活用例が示されるとともに,その自己評価には,(1)学校教育についての理解,(2)子どもについての理解,(3)他者との協力,(4)コミュニケーション,(5)教科・教育課程に関する基礎知識・技能,(6)教育実践,(7)課題探求,以上の大項目が含まれた。また,「教職実践演習」の授業方法に関しては,役割演技(ロールプレーイング)やグループ討議,事例研究,現地調査(フィールドワーク),模擬授業などを取り入れることが適当だとされるなど,学生自らがアクティブに課題を追究し,その課題を克服していく学習者として位置づけられた。これらを通じて,すべての課程認定大学▷12が各例示などを参照しつつ,教職実践演習と履修カルテの実施・導入を図って今日に至る。つまり,大学における学修と学校現場における学修とを学生自身が振り返り,履修カルテの活用などを通じてその学びを記録に残しつつ自らの課題を析出し,その課題の克服を図ることが目指されるようになった。そしてこうした志向性は「新たな学びを展開できる実践的指導力」,すなわち,「基礎的・基本的な知識・技能の習得に加えて思考力・判断力・表現力等を育成するため,知識・技能を活用する学習活動や課題探究型の学習,協働的学びなどをデザインできる指導力」が必要だとする,その後の中教審の議論を導いたと言える。

▷12 **課程認定大学**
教員の普通免許状に必要な単位が修得できるように所定の科目を設置している大学。

3 2016(平成28)年免許法改正と求められる教師の資質能力

　平成期の晩年となる2016(平成28)年に免許法が改正され,2019(平成31)年4月1日からは,新しい免許法に基づくカリキュラムの下で教師の養成が行われることとなった。改正のイメージは表3-2のようになる。
　その特徴はまず第一に,総単位数に変化はないものの,教科の専門的内容と指導法を一体的に学ぶことが目指されて,科目区分が大括り化されたことがあげられる。具体的には,従来の(1)教科に関する科目,(2)教職に関する科目,(3)教科又は教職に関する科目の三つの区分が廃止され,それらすべてが「教科及び教職に関する科目」となった。第二に,独立した新たな事項として,「特別の支援を必要とする幼児,児童及び生徒に対する理解」「総合的な学習の時間の指導法」の修得が加わった。また第三に,学習指導要領の改訂の動向と現在の学校現場で求められる実践的な指導力を考慮し,事項の内容に加えるべきものが明示された点がある。それには,チーム学校への対応▷13,学校と地域との連携,学校安全への対応,カリキュラム・マネジメント,キャリア教育,情報機器及び教材の活用,アクティブ・ラーニングの視点等を取り入れること,などが含まれている。そして第四に,大学の判断で教育実習に学校インターンシップ(学校体験活動)を2単位まで含むことを可能にしたことがあげられる。複

▷13 **チーム学校**
2015(平成27)年の中教審答申「チームとしての学校の在り方と今後の改善方策について」の提言内容に基づく改革の方向性をさす。本答申は,学校が複雑化・多様化した課題を解決していくには,教師と多様な専門性を持つ職員とが,それぞれの専門性を生かしつつ一つのチームとして連携・協働することが重要と指摘した。

第3章 教師を育成するシステム（2）

表3-2　免許法改正後のイメージ（例：小学校）

現行　　　　　　　　　　　　　　　　　　　　　　　　　　　　　見直しのイメージ

■の事項は備考において単位数を設定

区分	科目	各科目に含めることが必要な事項	専修	一種	二種
	教科に関する科目	※国語（書写を含む。），社会，算数，理科，生活，音楽，図画工作，家庭及び体育のうち一以上について修得すること	8	8	4
教職に関する科目	教職の意義等に関する科目	教職の意義及び教員の役割／教員の職務内容（研修，服務及び身分保障等を含む。）／進路選択に資する各種の機会の提供等	2	2	2
	教育の基礎理論に関する科目	教育の理念並びに教育に関する歴史及び思想／幼児，児童及び生徒の心身の発達及び学習の過程（障害のある幼児，児童及び生徒の心身の発達及び学習の過程を含む。）／教育に関する社会的，制度的又は経営的事項	6	6	4
	教育課程及び指導法に関する科目	教育課程の意義及び編成の方法／各教科の指導法（一種：2単位×9教科，二種：2単位×6教科）／道徳の指導法（一種：2単位，二種：1単位）／特別活動の指導法／教育の方法及び技術（情報機器及び教材の活用を含む。）	22	22	14
	生徒指導，教育相談及び進路指導等に関する科目	生徒指導の理論及び方法／教育相談（カウンセリングに関する基礎的な知識を含む。）の理論及び方法／進路指導の理論及び方法	4	4	4
	教育実習		5	5	5
	教職実践演習		2	2	2
教科又は教職に関する科目			34	10	2
合計			83	59	37

科目	各科目に含めることが必要な事項	専修	一種	二種
教科及び教科の指導法に関する科目	イ　教科に関する専門的事項　※「外国語」を追加。／ロ　■各教科の指導法（情報機器及び教材の活用を含む。）（各教科それぞれ1単位以上修得）　※「外国語の指導法」を追加。	30	30	16
教育の基礎的理解に関する科目	イ　教育の理念並びに教育に関する歴史及び思想／ロ　教職の意義及び教員の役割・職務内容（チーム学校への対応を含む。）／ハ　教育に関する社会的，制度的又は経営的事項（学校と地域との連携及び学校安全への対応を含む。）／ニ　幼児，児童及び生徒の心身の発達及び学習の過程／ホ　■特別の支援を必要とする幼児，児童及び生徒に対する理解（1単位以上修得）／ヘ　教育課程の意義及び編成の方法（カリキュラム・マネジメントを含む。）	10	10	6
道徳，総合的な学習の時間等の指導法及び生徒指導，教育相談等に関する科目	イ　■道徳の理論及び指導法（一種：2単位，二種：1単位）／ロ　総合的な学習の時間の指導法／ハ　特別活動の指導法／ニ　教育の方法及び技術（情報機器及び教材の活用を含む。）／ホ　生徒指導の理論及び方法／ヘ　教育相談（カウンセリングに関する基礎的な知識を含む。）の理論及び方法／ト　進路指導（キャリア教育に関する基礎的な事項を含む。）の理論及び方法	10	10	6
教育実践に関する科目	イ　■教育実習（学校インターンシップ（学校体験活動）を2単位まで含むことができる。）（5単位）／ロ　■教職実践演習（2単位）	7	7	7
大学が独自に設定する科目		26	2	2
合計		83	59	37

※「教科に関する科目」，「教職に関する科目」，「教科又は教職に関する科目」の3区分は廃止し，総単位数以外は全て省令において規定。
※「教科及び教科の指導法に関する科目」，「教育の基礎的理解に関する科目」，「道徳，総合的な学習の時間等の指導法及び生徒指導，教育相談等に関する科目」においては，アクティブ・ラーニングの視点等を取り入れること。
※教育実習に学校インターンシップ（2単位）を含む場合には，他の学校種の免許状取得における教育実習の単位流用（2単位）を認めない。

出所：文部科学省初等中等教育局教職員課教員免許企画室長「教育職員免許法・同施行規則の改正及び再課程認定について」日本教育大学協会学長・学部長等連絡協議会資料（2017年10月5日，6ページ）。http://www.u-gakugei.ac.jp/~soumuren/29.10.5/gakuchou%20kyougikai/m01%20kyouinmenkyokikakusitu.pdf（2019年2月7日閲覧）

雑化・多様化する現代の社会や学校，子どもを取り巻く環境の変化を反映した内容が含まれており，まさにそうした状況に対峙可能な実践的指導力の修得とその向上を企図した改正と言える。

4　教師養成の高度化の希求

1　大学院教育の拡充

　前節で概観した実践的指導力の重視といった特徴に加えて，平成期における教師養成の特徴には，その高度化が目指されてきたということもあげられよう。いわば，実践的指導力を向上させる一つの方策として，教師養成の高度化が目指され，大学院教育の拡充強化が図られてきた。また一方で，少子化や行財政改革の影響を受けて縮小や再編を余儀なくされてきた教員養成大学・学部にとっては，まさに生き残りをかけて大学院教育の充実を図ってきたという面があった。

　まず，こうした流れを作ったのは，1998（平成10）年に出された報告書「修士課程を積極的に活用した教員養成の在り方について」であった。教育職員養成審議会（以下，教養審）内に設置された「大学院等特別委員会」がまとめた本報告書は，「教員に求められる資質能力は，社会の変化や学校教育をめぐる状況などを反映し，今後とも高度化・多様化することが見込まれる」とし，大学院などにおいて「開放制の教員養成制度を維持しながら，各教員が得意分野と個性を持ち，互いに連携協力しつつ様々な課題に柔軟に対応できるよう，学部卒レベルの教職・教科等に関する知識・技能を既に有していることを前提に，より高度の資質能力を修得する機会を現職教員に提供することが必要と考える」と述べた。そしてこの報告書によって，大学院の拡充整備と専修免許状の取得促進に関するその後の議論および体制整備が喚起されることとなった。

2　専門職大学院としての教職大学院の創設とその拡充

　従来，大学院は研究者養成と高度専門職業人養成という二つの機能が不明瞭なままで成立していたが，2003（平成15）年度より，それらを明確に分ける形で人材を養成する制度が成立した。すなわち，「専門職大学院」制度である。専門職大学院は「大学院のうち，学術の理論及び応用を教授研究し，高度の専門性が求められる職業を担うための深い学識及び卓越した能力を培うことを目的とするもの」とされ，その後，法務，経営，公共政策など，多様な分野における高度専門職業人の養成に資する大学院として位置づけられるようになった。そして2006（平成18）年7月に中教審がその答申で教師の養成に特化した

▷14　修士課程
修業年限は2年で，修了要件には30単位以上の単位取得と修士論文の作成（研究指導）が含まれる。学位は「修士（○○）」となる。

専門職大学院としての「教職大学院」の創設を提言したことを契機として，その後法整備が進められ，2008（平成20）年度の４月から「教職大学院」が創設されるに至った。

教職大学院は，専門職大学院設置基準第26条第１項において次のように規定されている。

> 専ら幼稚園，小学校，中学校，義務教育学校，高等学校，中等教育学校，特別支援学校及び就学前の子どもに関する教育，保育等の総合的な提供の推進に関する法律（平成18年法律第77号）第２条第７項に規定する幼保連携型認定こども園（以下「小学校等」という。）の高度の専門的な能力及び優れた資質を有する教員の養成のための教育を行うことを目的とするもの。

専門職大学院としての教職大学院は，理論と実践の架橋を図り，実践的な教育を行う観点から，従来の修士課程とは次の点で異なるものとされた。すなわち，(1)修士論文（研究指導）を必須とせず，(2)修了要件の45単位以上のうち，10単位以上は学校での実習で構成され，(3)組織には実務家教員が４割以上配置され，(4)授業方法は，事例研究，現地調査，双方向・多方向に行われる討論・質疑応答を基本とし，(5)専門職学位としての教職修士（専門職）が授与される。

そして近年，教職大学院の拡充強化が図られてきた。具体的には2012（平成24）年８月の中教審答申「教職生活の全体を通じた教員の資質能力の総合的な向上政策」と，それを受けて文科省の有識者会議が2013（平成25）年10月にまとめた報告書「大学院段階の教員養成の改革と充実等について」の影響がある。とくに上記報告書は国立の教員養成系修士課程を教職大学院に原則移行していくことを提言し，各大学に大きな影響を与えてきた。実際の教職大学院の数と入学定員数の推移をみた場合，創設初年度の2008年度には19大学（国立15・私立４）で，入学定員は706人（国立571・私立135）であったが，教師養成の高度化が求められるなかで設置が相次ぎ，2018（平成30）年度現在では54校（国立47・私立７）に及んで，1409人（国立1204・私立205）の入学定員を擁するまでとなった。つまり，全都道府県への設置が達成された。

平成期は教職大学院の拡充とともに専修免許状の取得件数も増加し，教師の学歴や専門性は，社会的ニーズとともに高まりをみせてきた。また一方で，愛知教育大学や東京学芸大学など，一部の大学を中心として，学士課程と大学院課程を一体的に捉えた課程での教師養成も進められるなど，学士レベルの４年間という枠組みを超えた新しい形式による教師養成の模索が続いている。しかし，学士課程から大学院課程に向けて何を高度化するのかといった課題や，教職志願者をどのような基準で選抜し，高度化の対象にしていくのかとった課題，さらには，経済的保障や養成規模をめぐる課題，教職キャリア全体からみた場合の大学院での学修の位置づけなど，課題が山積しているのも事実であ

▷15　実務家教員
学校現場や教育行政機関等における実務の経験を有する教員。

▷16　専門職学位
専門職学位課程を修了すると，「〇〇修士（専門職）」の学位が授与される。教職大学院の場合は，「教職修士（専門職）」となる。

る。したがって，今後も教師養成の高度化を企図した動向に注視していく必要があるだろう。

5 教師養成をめぐる今後の課題

1 教師の年齢構成および経験年数の不均衡化をめぐって

近年，教師の職務環境の変化とその厳しさが指摘され始めている。とくに教師の年齢構成および経験年数のアンバランス化が顕著になっている。経験年数が5年未満の教師の割合が高まる一方で，そうした教師を指導する立場となる中堅層の教師の減少が認められる。またそれは年齢に着目した場合においても同様の状況が確認できる。文科省の学校教員統計調査の結果からは，公立の小・中・高の全校種で30歳未満の教師の割合が増加しており，2004（平成16）年度と2016（平成28）年度の30歳未満の教師の比率を比較した場合においては，公立小学校では8.7％から17.3％に，公立中学校では8.3％から15.8％に，そして公立高等学校では7.3％から10.8％に上昇していることが看取できる。こうした傾向は，若手とされる教師層の実践的指導力の修得と向上を必要とするとともに，教師間における世代を超えたコミュニケーション能力の修得と向上をも必要としていると考えられよう。

2 非正規教師の増加をめぐって

平成期の30年で，実は常勤（フルタイム）ではなく非常勤（パートタイム）で公立学校に勤務する兼務者[17]が大幅に増えた。学校基本調査[18]の1989（平成元）年度と2017（平成27）年度の変化を比較した場合，その数は小学校では7811人から3万8398人に，中学校では6769人から2万7001人へと増えるなど約4～5倍に及ぶ。非常勤教職員は複数の学校をかけもちする者が多く，報酬は時間単価で支払われるため，指定外の時間に働いた場合でもその分の報酬はない。また，正規の教職員や臨時的任用教師[19]に支給されるような賞与はなく，住居手当や扶養手当などの支給もない。一方で，統計上は常勤の本務者[20]として扱われるものの，実際には正規の教師の代替として一定の任期がついた状態で働く臨時的任用教師の存在も増加傾向にある。常勤教師としての臨時的任用教師の職務内容と給与水準は，正規の教師と同等であり，学級担任や校務分掌も担う。しかし自治体ごとに給与の上限が定められている場合が多く，研修や休暇などの機会もきわめて限定的となっている。非常勤職員と同様に，次年度の任用の有無が年度末までわからない有期職員であることに変わりはなく，不安定な労働条件下におかれた存在であることは明白と言える。とくに近年は大学等の新卒

▷17 兼務者
非常勤（パートタイム）で勤務する者。学校基本調査における兼務者数は延べ数。非常勤講師や非常勤的雇用による職員（スクールカウンセラーなど），再任用制度による短時間勤務者等が含まれる。

▷18 学校基本調査
文部科学省がすべての学校に対して毎年実施している全数調査。調査項目には学校数，在学者数，教職員数，学校施設，学校経費，卒業後の進路状況等が含まれる。

▷19 臨時的任用教師
欠員補充や産休・育休，病気休暇や介護休暇，研修等の理由によって正規の教師が一定期間勤務できない場合の代替として配置される常勤の教師。多くの場合，地方公務員法第22条等に基づき6か月を超えない期間（1回のみ更新可能で最長1年）で配置される。実際には複数年にわたって臨時的任用教師として任用される者がいるが，その場合，各自治体はその都度1年を超えることがないよう，数日から1か月程度のいわゆる「空白期間」（雇用契約のない日数）を設けて再び任用している。

▷20 本務者
常勤（フルタイム）で勤務する者。学校基本調査における本務教職員には常勤の教諭や校長等の管理職が含まれるほか，常勤的雇用による非常勤職員や再任用制度による勤務者も含まれる。

者が，各自治体において臨時的任用教師として多数雇用されているという状況がある。こうした状況は，教員採用試験などの準備を行いながら，身分的にも不安定な状態で体系的な研修を経ずに重要な職務を担う若手教師の増加を意味するため，多くの批判とともに，さまざまな支援や対策が求められる。

　非正規教師の増加の背景には，第一に病気休職者の増加，第二に「育児・介護休業法」の改正などによる休暇制度等の拡充，第三に公務員改革による人件費の削減，第四に少人数教育の推進や複雑化・多様化する教育課題への対応の必要，およそ以上がある。なかでも，人件費削減という改革課題と，少人数教育の推進といった人員確保を必要とする改革課題が同時に立てられてきたことは，その解決を図る方策としての非正規教師の雇用および活用という状況を生み出してきた。

　しかし，非正規教師の増加がもたらす課題は少なくない。まず，教職という職業内の待遇格差の露呈によって，教職に対する魅力の低下や教職志願者の減少が考えられる。また，昨今とくに求められている学校組織内における教職員の協働や，「チーム」としての対応，長期的かつ継続的な視野に立った教育活動の展開を難しくするという点がある。さらには，一見すると十分な人員が確保されているかにみえる状況も，職務の内容次第では非正規教師の関与が難しいものもあるため，組織内で非正規教師の割合が増えるほど正規教師の職務負担が増えるという点もあげられる。

　非正規教師として教職生活をスタートする若者の増加といった問題は，組織としての学校の機能と，専門職としての教職の地位や待遇を崩壊させるものであり，行政側には早急な改善が求められる。一方，長い教職生活において，教職を志す者として直面する苦悩や組織成員として直面する苦境に，実際にどのように向き合いその後に生かすかに関しては，個人によってきわめて多様な様相をみせるだろう。その意味において教職を志す者には，教職を取り巻く問題状況や職務の実際について学びを深めつつ，自身の目標やキャリアを描いていくことが求められる。

3 養成機関の多様化をめぐって

　平成期は教師を養成する機関の多様化が進行した。それには，従来の国立教員養成大学・学部に加えて，一般大学・学部が台頭してきたことや，教職大学院の拡充など，大学院レベルでの教師養成が広がりをみせてきたことも含まれる。しかし，多様化をめぐる課題も少なくない。とくに，小学校の教師養成に多数の私立大学が参入したことに関しては，入学段階での「学力」の保証に対する懸念が残る。周知のように私立大学の多くは少数科目入試を実施しているため，「全科担任制」を基本とする小学校教師に必要な教科知識が不足する学

▷21　少人数教育の推進
児童生徒の「生きる力」を育むためには，個に応じたきめ細かな指導が必要との考えが示され，ティーム・ティーチングや習熟度別授業など，少人数教育が推進されて今日に至る。制度的には，2001（平成13）年度から「学級編制の弾力化」が図られ，都道府県が児童生徒や地域・学校の実態を考慮してとくに必要があると認める場合には，40人を下回る学級編制基準を設定することが可能となった。また2004（平成16）年度からは「総額裁量制」が導入された。「総額裁量制」は，国庫負担金（教育の機会均等と教育水準の維持向上を図るため，国が公立の小・中学校の教師の給与費の3分の1を負担するというもの）の総額の範囲内で都道府県教育委員会が教師の給与水準と配置を決定できるとする制度である。平均給与を下げて教師の数を増やすことを可能とする制度でもあるため，常勤ではなく，非常勤の教師を多数雇用して少人数教育を展開する自治体が増えた。

生の存在が顕在化しやすい。したがって，どのような者を教師養成の対象として選抜し，教育していくのか，あるいは，どのような者に何を大学院レベルで高度化させていくのかなど，養成機関の多様化が進むほど，養成段階の入り口レベルにおける一定の基準が求められるとも考えられる。

また，平成期は自治体がいわゆる「教師塾」[22]を開設して教師志願者を自ら養成するなど，戦後確立された「大学における教員養成」の原則を覆すような動きがみられた。教師塾は，現職の教師や教育委員会の職員，OB・OG 教師などが教師を目指す学生や社会人に指導を行うというもので，東京都教育委員会が2004（平成16）年に開始して以来，現在までに相当数の自治体が開設してきた。塾生として参加する教職志願の学生は，土曜日などの指定された日時に先輩教師の授業を見学したり，学習指導案を作ったり模擬授業を行ったりと，学校ですぐに役立つ能力を磨くことになる。また，その実態については，自治体ごとに，(1)対象，(2)規模，(3)実施回数，(4)受講料の有無，(5)教員採用試験時の優遇措置の有無，(6)担当指導者の属性，などにおける違いがある。教職を志す学生が在学中に行政関係者とかかわり，直接的な指導等を受けることの功罪については，「大学における教員養成」原則や養成段階の意義，大学生としての立場など，さまざまな問題と照らし合わせて，今後さらに検証が必要となるだろう。

[22] 東京教師養成塾（東京都教育委員会），杉並師範館（杉並区教育委員会），埼玉教員養成セミナー（埼玉県教育委員会），よこはま教師塾「アイ・カレッジ」（横浜市教育委員会）など，自治体ごとにさまざまな名称がある。

Exercise

① 平成期における教師養成改革の動向を踏まえて，「大学における養成」原則の意義と課題について検討してみよう。
② 理論と実践を架橋する教師になるためには何が必要かを考えてみよう。
③ 教職大学院が提供するカリキュラムについて調べ，求められる教師の資質能力について追究してみよう。

📖次への一冊

日本教師教育学会編『日本の教師教育改革』学事出版，2008年。
　　平成期の教師教育改革・教職改革の特徴と課題について，さまざまな角度から検証を加えた一冊。
油布佐和子『現代日本の教師——仕事と役割』放送大学教育振興会，2015年。
　　今日の教師を取り巻く環境の変化と教師を支える組織および制度のあり方について，子どもや学校の変化，教師の職務の実態，教師教育および教職改革の動向を踏まえて示した一冊。

山崎博敏『教員需要推計と教員養成の展望』協同出版，2015年。
　　教師の需要の変遷に関する膨大なデータ資料を丁寧に分析し，教師養成政策との関係および今後に関する展望を示した一冊。

引用・参考文献

今津孝次郎『新版　変動社会の教師教育』名古屋大学出版会，2017年。
小川正人『現代の教育改革と教育行政』放送大学教育振興会，2010年。
シナプス編集部『教員養成・免許制度はどのような観点から構築されてきたか』ジダイ社，2017年。
土屋基規『戦後日本教員養成の歴史的研究』風間書房，2017年。
日本教師教育学会編『日本の教師教育改革』学事出版，2008年。
日本教師教育学会編『緊急出版　どうなる日本の教員養成』2017年。
船寄俊雄編『論集現代日本の教育史第2巻 教員養成・教師論』日本図書センター，2014年。
山崎博敏『教員需要推計と教員養成の展望』協同出版，2015年。
山田昇『戦後日本教員養成史研究』風間書房，1993年。
油布佐和子『現代日本の教師――仕事と役割』放送大学教育振興会，2015年。
TEES研究会編『「大学における教員養成」の歴史的研究』学文社，2001年。

第4章
理想とする教師像

〈この章のポイント〉

　これまで教育行政は，どのような理想の教師像を求めてきたのだろうか。教育学研究者は，どのように理想の教師像を論じてきたのだろうか。また教育実践家は，どのような理想の教師像をもって，子どもたちに接してきたのだろうか。本章では，教育行政が求める理想の教師像を学び，そのうえで，教育学研究者と教育実践家が論じるさまざまな教師像から理想を探るとともに，先人たちの英知から理想の教師像を学び取り，自分なりの「理想の教師像」を描けることを目指す。

1　教育行政が求める「理想の教師像」

[1]　戦前の教師像

　理想の教師像は，国や時代によって変化するものである。日本においても戦前と戦後では，理想とする教師像は大きく異なる。明治初期の教師像は，江戸時代の寺子屋や藩校の名残で武士出身の教師が多かったため，武士気質であり，「師匠から学ぶ」という師匠的な教師像であった。

　1872（明治5）年の学制発布以降，日本の近代学校教育制度が整備されると同時に，教師を養成する師範学校制度も整備された。日本で最初の教員養成機関は，学制発布の1か月後に，東京湯島の昌平坂学問所の跡地に設置された師範学校であり，後の高等師範学校（東京高等師範学校，東京教育大学を経て，現在の筑波大学）にあたる。1873（明治6）年以降，全国6か所（大阪，宮城，愛知，広島，長崎，新潟）に官立師範学校が設置され，1886（明治19）年以降は全国各府県に1校ずつ府県立の師範学校が設置され，日本の教員養成制度が整備された。この時代，師範学校を卒業した教師の社会的地位はかなり高く，教師は万人の尊敬の的であった。

　1886（明治19）年に初代文部大臣である森有礼（1847〜89）は，師範学校令を公布し，未来の教師に対して「順良，信愛，威重」の3つの気質を備えさせることを求めた。順良とは柔順で素直に従うこと，信愛とは教師同士が仲良く信頼しあうこと，威重とは威厳をもって児童生徒に接することを意味している。この3つの気質を備えた人物を養成するために，師範学校では，全寮制の宿舎

▷1　1872年に東京に設置された日本初の教員養成機関。本書の第2章を参照。

▷2 **教育勅語**
「教育ニ関スル勅語」。教育の基本方針を示す明治天皇の勅語である。1890年に発布され1948年に廃止となる。

▷3 **大正デモクラシー**
大正期に顕著となった民主主義（デモクラシー）的・自由主義的風潮のこと。日本で1910年代から1920年代にかけて起こった。

▷4 **野口援太郎**（1868～1941）
自由主義教育を唱え，東京池袋に「児童の村小学校」を創設した。東京高等師範学校卒業。

▷5 我慢強く，耐え忍んで，心を動かさないこと。

▷6 **澤柳政太郎**（1865～1927）
1917（大正6）年に成城小学校を創設した。東京師範学校附属小学校，東京府中中学校，東京大学予備門等を経て，東京大学に入学。文部官僚時代に小学校令の改正に携わり，義務教育を4年から6年に延長した。文部省退官後は，東北帝国大学初代総長，京都帝国大学総長，大正大学学長も務めている。

▷7 **小原國芳**（1887～1977）
玉川学園の創設者である。

▷8 **倉橋惣三**（1882～1955）
日本の幼稚園教育の育ての親である。

を整備し，兵式体操を中心とする体操を課して，教師を養成しようとした。1890（明治23）年の教育勅語▷2の発布以降，天皇制教学体制の下で，学校教育が国家主義の統制下に入り，教師に対する統制も強まった。この時代には，自己を犠牲にしても国家に奉仕する聖職者的な教師像が支配的となり，清廉潔白で貧しい暮らしが強いられるなかで，教師の社会的地位は徐々に低下したのである。

大正期に入ると，大正デモクラシー▷3を背景に自由主義教育を唱える教育者たちが，新しい教師像をそれぞれ打ち出すようになった。森有礼の教育政策に反対し，自由主義教育を唱えた野口援太郎▷4は，軍隊式の師範教育から，自由自治の師範教育へと，師範学校の改革を成し遂げるなかで，理想の教師像を3点述べている。(1)人類を愛し，全宇宙に対して崇高温和で，真心をもって従事できる教師，(2)健康な体と堅忍不抜▷5の意志をもち，学問修養に向上の精神をもって，絶えず任務を遂行できる教師，(3)言動が立派で，恥じる行為がなく，温厚篤実な教師，である。

また同時期に，大正新教育運動のなかで中心的な役割を果たした澤柳政太郎▷6は，次のような教師像を描いている。(1)子どもを愛し，子どもを理解し，同情できる敏感な温かい心，(2)科学的素養とその熱意，(3)教えつつ学ぶという生活信条，(4)児童教育が趣味であり楽しむほどの子ども好き，という姿勢をもつ教師像である。さらに，澤柳は，教師に必要な要件を2つあげている。一つは，教える際に必要な深い知識と教育学についての深い「学識」を有していること。もう一つは，教育者に相応しい「徳義」を備えることである。

そして大正期において，澤柳のもとで成城小学校の実践に携わった小原國芳▷7は，のちに全人教育，自学自律，個性尊重を教育理念の中核に据えた学校を設立している。小原が掲げた教師に必要な要素は，(1)確固たる人生観，(2)強い信念，(3)人格尊重，(4)深い経験，(5)人生に対する価値認識，(6)生きた人格，(7)宗教観の7要素である。

大正期から昭和初期にかけて東京女子高等師範学校（現在のお茶の水女子大学）の教授であった倉橋惣三▷8は，自由遊びを中心とする自由主義保育を提唱した。子ども中心の保育を尊重する倉橋が理想とする幼稚園の教師像は，幼児を愛し尊重できる教師であり，子どもたちにけっして強い存在と感じさせず，常に子どもから学び向上できる人である。

2 戦後の教師像

第二次世界大戦後の日本では，教師は聖職者なのか，それとも労働者なのか，という議論が起こった。1947年に結成された日本教職員組合は，「教師は労働者である」と主張し，教師の生活権を守ることを宣言した。戦前の教師は

聖職者という位置づけにあったため、教師は勤務条件の改善を申し出ることはできず、経済的にも貧困であったが、戦後の教職員組合の運動によって、教師も一人の人間として、自分の家計を維持するために十分な経済的な保障を社会に訴えることができたのである。

　この議論に加えて、1960年代になると、「専門職」としての教師像が広がった。1966年にILOとUNESCOは、「教員の地位に関する勧告」のなかで「教育の仕事は専門職とみなされるべきである」ことを示した。同勧告では、「この職業は厳しい、継続的な研究を経て獲得され、維持される専門的知識および特別な技術を教員に要求する公共的業務の一種である。また、責任をもたされた生徒の教育および福祉に対して、個人的および共同の責任感を要求するものである」と述べ、専門職の観点から、社会的地位の向上を求めたのである。

　教師を専門職として捉えることは、政策のなかでも示された。1971（昭和46）年の中央教育審議会答申「今後における学校教育の総合的な拡充整備のための基本施策について」では、教師を「高い専門性と職業倫理によって裏付けられた特別の専門的職業」と位置づけている。その後の中央教育審議会答申や教育職員養成審議会答申をみると、教師に求められる資質能力は、「使命感や責任感」「教育的愛情」「教科や教職に関する専門的知識」「実践的指導力」「総合的人間力」「コミュニケーション能力」等が求められるようになってきた。

　例えば、教育職員養成審議会は、1997年に「新たな時代に向けた教員養成の改善方策について（第1次答申）」のなかで、いつの時代にも求められる教師の資質能力として、「教育者としての使命感、人間の成長・発達についての深い理解、幼児・児童・生徒に対する教育的愛情、教科等に関する専門的知識、広く豊かな教養、これらを基盤とした実践的指導力等」をあげている。

　また中央教育審議会義務教育特別部会は、2005年に「新しい時代の義務教育を創造する（答申）」のなかで、優れた教師の条件として、「あるべき教師像」を明示している。

1　教職に対する強い情熱
　教師の仕事に対する使命感や誇り、子どもに対する愛情や責任感などである。また、教師は、変化の著しい社会や学校、子どもたちに適切に対応するため、常に学び続ける向上心を持つことも大切である。
2　教育の専門家としての確かな力量
　「教師は授業で勝負する」と言われるように、この力量が「教育のプロ」のプロたる所以である。この力量は、具体的には、子ども理解力、児童・生徒指導力、集団指導の力、学級作りの力、学習指導・授業作りの力、教材解釈の力などからなるものと言える。

> 3　総合的な人間力
> 　　教師には，子どもたちの人格形成に関わる者として，豊かな人間性や社会性，常識と教養，礼儀作法をはじめ対人関係能力，コミュニケーション能力などの人格的資質を備えていることが求められる。また，教師は，他の教師や事務職員，栄養職員など，教職員全体と同僚として協力していくことが大切である。
> 　　　　　　　　　　中央教育審議会「新しい時代の義務教育を創造する（答申）」2005年

　さらに2015年の中央教育審議会答申「これからの学校教育を担う教員の資質能力の向上について」では，今後，教師が高度専門職業人として認識されるためには，「学び続ける教員像の確立」が強く求められると指摘した。
　このように文部科学省は，いつの時代にも求められる（「不易」の）資質能力と，時代の変化に合わせて今後とくに求められる（「流行」の）資質能力を提示しながら，あるべき教師像を明示している。これらの教師像に基づきながら，各都道府県・指定都市教育委員会は，具体的に教員採用試験の実施要項やウェブサイト等で「求める教員像」を公表している（本書の第12章を参照）。各教育委員会の提示する教師像の例を三つあげると以下のとおりである。
　(1)教科等に関する優れた専門性と指導力，広く豊かな教養を備えること。
　(2)教育者としての使命感・責任感・情熱，子どもに対する深い愛情を有すること。
　(3)豊かな人間性や社会人としての良識，保護者・地域から信頼を得ること。
　以上，教育行政が求める教師像は，時代とともに移り変わってきた。戦前と戦後では，異なる教師像が描かれており，昨今においては，いつの時代にも求められる（「不易」の）資質能力と，時代の変化に合わせて今後とくに求められる（「流行」の）資質能力とが分けて論じられている。

2　教育学研究者が論じる「理想の教師像」

1　上田薫の教師像

　上田薫（1920〜）は，大阪府生まれの教育学研究者である。京都大学入学後，学徒出陣により中国へ出兵したが，復員後まもなく1946年に文部省（当時）に入り，小学校社会科の学習指導要領の作成を担当した。その後，梅根悟らと小学校社会科の教科書の作成に携わっている。名古屋大学，東京教育大学，立教大学などで教鞭をとり，都留文科大学学長を歴任し，学会活動においては，教育哲学会の代表理事（1983〜89年）や教育方法学会の理事を務めた人物である。

▷9　**梅根悟**（1903〜80）東京教育大学名誉教授であり，和光大学の初代学長に就任した。西洋教育史の研究に尽力しつつ，戦後の新教育運動を理論的に先導した教育学者。

① 一人ひとりを人間として理解できる教師

　上田の教師論の根底には，「一人ひとりの子への人間理解こそ重要」という考えがある。子どもへの人間理解が深いか浅いかで，教師の指導も比較しようのないほどに差を生むものである（上田，1999a，64ページ）。「子どもたち一人ひとりを理解する」ということは，個別指導を重視することではなく，集団のなかで一人ひとりを活かすことこそ重要なのである。教師が授業を行う際，授業が一人ひとりの子どものなかで，どう生きているか，丹念にそれを追求しようとする教師は，次第に人間理解の力を深めるのである（上田，1993，100ページ）。

　上田は，一人ひとりの子どもを人間として理解するために，子どもへの驚きをメモする「カルテ」の作成を考案している。この「カルテ」は，教師が子どもと接するなかで，あくまでも驚いたときだけに，驚いたことを短く簡潔に，しかし具体的に示すことを鉄則として，解釈は書かずに，事実と驚きの内容を正確に示す記録簿のことである。子ども一人ひとりの「カルテ」を作成し，蓄積された「カルテ」を考察することで，その子の思いもよらぬ人間像を浮かび上がらせることができ，子どもへの人間理解が深まるのである。このような「カルテ」を作成することで，子ども一人ひとりの個性的なあり方を広い視野，長い目で捉えて，個的全体性の把握に努めることを求めている。

　通常，集団のなかで一人ひとりの子どもを深く理解することは容易なことではないが，このような「カルテ」を作成することによって，集団のなかでも一人ひとりの子どもを理解することができるようになるという。このような人間理解は，授業のなかでも活かされるものであり，また保護者と接するなかでも大きな役割を果している。教師は子どもと接するだけではなく，子どもの親と接する場面も多々ある。そうした親との関わり合いのなかでも，「子ども一人ひとりについて深い理解が生まれれば，その親に対する姿勢もおのずから違ってくるにちがいない」と上田は考えている。教師は子どもに限らず，人間というものが好きであることこそ肝要なのである。

② 絶えず自己変革できる教師

　上田の授業論の核心には，自己変革する教師像がある。「教師は自分を変えることをおっくうがってはいけない」と教師の絶えざる自己変革を求めている。上田は「教師の変化ということを中心に置かずに授業を見ることができない」と考えており，「教師が変化しない，変化しようと心がけない指導は，要するに注入にほかならない」と指摘している（上田，1994，109ページ）。また教師の自己変革が独りよがりに終わらないようにするためには，「生きた子どもにおいて具体的な発見をすることが何よりも大切」である（上田，1993，37ページ）。先に述べた「カルテ」の作成についても，実は，教師が子どもをよく理解するためだけに作成するものではなく，真の目的は教師自身の自己変革のた

めであると上田は述べている（上田，1999b，132ページ）。

　このような授業論は，上田の理想とする教師像にも表れている。上田は，「教師は子どもを思うように変化させることができるのではなく，ただ影響を与えるだけだ。もし変化ということを言いたければ，教師自分自身を変化させることによってのみ子どもを変えることができる」と述べている（上田，1993，38ページ）。この言葉に表れているように，教師が子どもを変化させたいのであれば，まずは教師自身が自己変革をしなければならないのである。また上田は，教師だけではなく，学校や親に対しても，「教育が一人ひとりの子に即して行われるように姿勢を変革すべきである」と考えている（上田，1994，234ページ）。

２　林竹二の教師像

　林竹二（1906〜85）は，栃木県生まれの教育哲学者である。東北大学教授を経て，宮城教育大学の学長を務めた。林は教育実践家である斎藤喜博（第3節を参照）の影響を受けており，宮城教育大学の学長在職中から退職後にかけて，全国の小学校・中学校・高等学校を訪問して300回以上の公開授業を実施している。

① 　無限の可能性を引き出せる教師

　林は，「教師は授業の専門家でなければならない」と考えている。専門家である以上，教師は専門性の高い授業をしなければならないが，授業は何か決まったことを「教える」ことではないと述べている。林の考える「授業」とは，「子どもたちの可能性を引き出しながら，子どもが自分たちだけでは到達できない高みにまで，自分の手や足を使ってよじ登っていくことを助ける仕事である」（林，1983b，93ページ）。

　それゆえ，教師に求められているのは，「教える」テクニックではなく，「学ぶ」意志なのである。「学ぶ」ということは，知識を蓄積する営みではなく，何度でも出直すことへの意志であり，また何度でも自分を作り替える過程に一歩踏み込むことである。学んだことの唯一の証は，自分が変わることであると述べている（林，1983b，28ページ）。

　教師の第一の任務は，「教える」ことではなく「学ぶ」ことであると述べている林は，学ぶことについて，自身の著書『学ぶということ』（1978年）のなかで，次のように説明している（林，1978，95ページ）。

　　学ぶということは，覚えこむこととは全く違うことだ。学ぶとは，いつでも，何かが始まることで，終わることのない過程に一歩踏み込むことである。一片の知識が学習の成果であるならば，それは何も学ばないでしまった

ことではないか。学んだことの証は，ただ一つで，何かが変わることである。

　林は，教師に授業の専門家であることを期待しているが，授業において教師は決まったことを教えるのではなく，子どもたちの無限の可能性を引き出すことを求めている。子どもの可能性は，引き出された時に初めて現実となるものであり，その引き出すことに教師は責任を有している。したがって教師は，常に，どうしたら子どものもっている無限の可能性を引き出せるか，ということを考え，その責任ある仕事に立ち向かわなければならないのである。
② 絶えず子どもから学べる教師
　林は，教師が教えたいことが，子どもの追求したいものに転化する時に，はじめて授業が成立すると述べている。授業の主体は子どもたちであるが，授業を作ることは教師の仕事であり，教師は授業を活気あるものにしなければならない。そのためには，教師のもっている教えたいことが，子どもたち自身の課題として成立する必要がある。子ども自身が追求したい，どこまでも追求したいという気持ちをもった時に，授業が成立するのである。
　林は，このような理想の授業論を展開する際に，教師に求められる力を次のように述べている（林，1983b，84～85ページ）。

　　教師が教えたいことを持っていて，それが子どもの追求したい課題に転化するために，一番大事なことは，教師が絶えず子どもに学んでいく能力を持つことです。それからが子どもとのふれあいを通じて，自分が変わっていくことができることです。自分を変えないで，子どもを変えるなんていうことを考えたらだめです。自分が変わることによってしか，子どもは変わりません。子どもの事実からいかにたくさんのことを学び，引き出して学び取り，自分を変えていけるかということが，教育の可能になる唯一の道だということ，これをひとつ記憶しておいてください。

　このように林は，教師が絶えず子どもから学ぶ姿勢を重んじており，教師自身が子どもから学びとり，自分を変えていかなければならないとしている。「はじめに教えるべきことがある」教育のなかでは，教師の責任も労も限られたもので済むが，「子どもの学ぶことへの権利から出発する教育」においては，教師は無際限の責任を負うことになる（林，1983b，26ページ）。教師の仕事は，子どもたちがどこかにしまい込んでいる「かけがえのない宝」を探し求めて，掘り起こしていくことであり，すべての子どもが，その能力に応じて等しく学ぶ場を提供されなければならないのである。

3 教育実践家が論じる「理想の教師像」

1 斎藤喜博の教師像

　斎藤喜博(1911～81)は，群馬県出身の教育実践家である。小学校と中学校の教師を経て校長を長年務め，定年退職後は，宮城教育大学の学長である林竹二に要請されて同大学の教授に就任した。全国の学校で公開授業をしながら，教師教育に携わった。

① 子どもの可能性を引き出せる教師

　斎藤は，教師の仕事は，授業を通じて，子どものもっている無限の可能性を引き出す仕事であると述べている。単に一般教養を子どもに与えたり，しつけ的なものを行うのではなく，授業のなかで子どものもっている可能性を引き出したり，それを拡大したり，新しい生命や感動を作り出したりする仕事であるという(斎藤，1970a，18ページ)。このような教師の仕事は，「本当に力をもち熟練した専門の教師が，高い豊かな教材の解釈をもち，子ども一人ひとりの思考や感情をよく見極め解釈し，その両者が衝突し，そのどちらかがくずされる瞬間，瞬間に創り出されていくもの」である(斎藤，1970a，18ページ)。

　「子どもたちは，頼りになるもの，信頼できるものが自分のそばにいるときは，必ず安定感をもち，自信をもち，心のゆとりをもって，楽しそうに伸び伸びとしているものである」(斎藤，1970a，220ページ)。学校のなかで頼りになり信頼できる存在でなければならないのは主として教師であるが，それは単なる一個人としての教師ではなく，子どもを指導し，子どもの可能性を引き出してくれる専門家としての教師である。授業のなかで，「自分の可能性を十分に引き出してもらうことができたとき，はじめてその先生を信頼し，頼りにするようになる」のである(斎藤，1970a，220ページ)。

　教師は子どもに自信をもたせることが必要である。斎藤は，子どもに本当の自信をもたせるということは，「授業のなかで，じっくりと落ち着いた努力をさせ，文化遺産を次々と子どもたちに獲得させ，それを積み上げさせていくことによって，子どもたちに地力をつけ，また子どもたちに自分も可能性があるのだということを，学習の事実のなかから自覚させていく」ことであると述べている。そのために教師は，専門的な力がなくてはならないし，人間としての温かさとか，人間としての深い知恵とか力がなくてはならないのである(斎藤，1970a，226ページ)。

② 子どもを変革する授業

　斎藤は，教師に「子どもを変革する授業」を求めている。教師が子どもを変

革する授業をするためには，まず教師自身が自分を変革しなければならない。斎藤によれば，教育は，自己を変革することによって，相手をも変革させるという本質をもった仕事であるという。それゆえ教師は，絶えざる自己変革のできる人間にならなければならない（斎藤，1970a，44ページ）。教師の仕事は，授業という仕事のなかで，子どもを次々と豊かに変革させていく仕事であり，そのためには教師自身が，絶えず豊かに大きく自分を変革できる人間になっていなければならないのである（斎藤，1970a，54ページ）。

斎藤は，教師に「子どもを変革する授業」を求めているわけであるが，「子どもを変革する」とは，一人ひとりの子どものなかにある可能性を表に引き出し，その子どもに喜びや自信をもたせてあげることだと述べている（斎藤，1970b，231ページ）。子どもは，自分のなかにある一つのものを引き出されることによって，喜びをもち，自信をもち，自分自身を規制し努力していくようになる。どんな小さいことでもよいので，引き出してあげることが教師の仕事であり，その仕事こそが，授業で子どもを変革するということである（斎藤，1970b，234ページ）。

このような「子どもを変革する」授業をするためには，教師は，相手を引き出し，相手を変えるだけの力をもっていなければならない（斎藤，1970b，343ページ）。これこそが専門的な力であり，教師に求められる能力である。斎藤は専門家としての教師像を示しており，専門家としての力は，高く広い知識と高い技術を有していることはもちろんのこと，子どもの可能性を引き出し，子どもに喜びや自信をもたせてあげることができるかどうかが重要なのである。

このような教師像をもつ斎藤は，自身の著書『授業入門』（1962年）のなかで，よい教師の条件を3つあげている。その条件とは，「頭のよい先生」「育ちのよい先生」「美人の先生」の3つである。「頭のよい先生」とは，謙虚に，柔軟に，異なる意見も受け入れられる人のことを示している。「育ちのよい先生」とは，裕福な家庭で育ったことではなく，「暖かくのびのびと育てられてきた人たち」のことを示している。「美人の先生」とは，けっして容姿が美しいことを示しているわけではなく，「素直な暖かい心をもっている教師」を意味している。斎藤は，「頭がよく，育ちがよく，すぐれた実践をする教師は，みな美人になるものである」と述べている（斎藤，1960，217ページ）。また斎藤は，授業を行う教師は豊かな人間性をもっている必要があると考えている。

2 大村はまの教師像

大村はま（1906〜2005）は，戦前は長野県や東京都の高等女学校にて，戦後は新制中学校にて，約50年間，国語科の女性教師として教職生活をまっとうした。半世紀以上の教育実績が称えられ，ペスタロッチ賞，日本教育連合会賞，

勲等瑞宝章を受賞した。定年退職後も「大村はま国語教室の会」を結成し，国語教育の向上に努めた。

① 教えるということ──教えることの専門家としての教師像

　大村が思い描く教師像は，「専門職としての教師像」である。教師は教えることの専門家として，責任をもって子どもに力をつけさせなければならない存在である。大村によれば，教師は，職業人としての技術，専門職としての実力を身につけ，自分の研究の成果や優れた指導の実力によって，子どもを磨き上げることが職務であると捉えている。

　大村の講演記録をまとめた著書『教えるということ』(1973年) のなかで，子どもに対して命令，指示，注意をするだけの教師を例に取り上げ，これを批判し，教えなければ専門職としての教師ではないと指摘している。大村ほか著『教えることの復権』(2003年) のなかでも，教育社会学者である苅谷剛彦[10]との対談において，子どもの自主性を大切にしようと「教える」ことよりも「学ぶ」ことに重点が置かれている昨今の教育改革のなかで，「教えすぎる」ことと「教えるべきことをちゃんと教えること」を適度に区別できるのが教師の力であると述べている。

② 研究をして成長し続ける教師

　大村は，研究をすることは「先生」の資格であると述べている（大村，1973，20ページ）。子どもは一歩でも前進したく，常に「伸びたい」と思っている。研究ということもまた「伸びたい」という気持ちがあって，それに燃えないとできないことであり，教師は絶えず成長したいという気持ちをもって，研究し続けなければならない。

　教育の専門家として確かなものをもつ教師になるためには，研修会の場が大切である。研修会は，職業人として至らないところを鍛えあうだけではなく，子どもたちと同じ天地にいるための工夫の一つでもあるという。大村によれば，研修会に参加することは，何かを得たいという気持ちがあって，自分を見つめたり，自分の至らないところを伸ばそうとしたり，一歩でも前進しようとしたりすることであり，これは育ちざかりの子どもが，身の程も忘れて，伸びようとしている姿と同じであるという（大村，1973，125～128ページ）。このように教師も子どもと同じように「成長したい」という気持ちをもち続けることが大切である。

③ 子どもへの「真の愛情」をもてる教師

　大村は，自身の講演のなかで，「教師は子どもを尊敬することが大切です。先に生まれた私が先生になりましたが，子どもの方が私より劣っているなんていうことはないのです。劣ってなんかいないで，年齢が小さいだけなのです」と子どもへの敬意について語っている（大村，1973，55ページ）。子どもを大事

[10] 苅谷剛彦（1955～）日本の教育社会学者である。苅谷剛彦の妻・夏子は大村はまの教え子であり，著書『教えることの復権』のなかで二人の対談が取り上げられている。

にすることは大切なことであるが,教師が子どもに対して敬意をもっていないと,子どもを大事にすると言いながら子どもを甘やかしてしまうことがある。「甘やかし」と「敬意」とは異なるものであり,敬意をもって子どもに接することが必要であるという(大村,1973,56ページ)。

大村は,子どもへの「真の愛情」について,次のように述べている(大村,1973,91ページ)。

> 教師としての子どもへの愛情というものは,とにかく子どもが私の手から離れて,一本立ちになった時に,どういうふうに人間として生きていけるかという,その一人で生きていく力をたくさん身につけられたら,それが幸せにしたことであると思いますし,つけられなかったら子どもを愛したとは言われないと思います。親も離れ,先生もなくなった時,一人で子どもがこの世の中を生きぬいていかなければなりません。その時,力がなかったら,なんとみじめでしょうか。国語の教師としての私の立場で言えば,その時,ことばの力が足りなかったらいかにみじめかと思います。平常の,聞いたり,話したり,読んだり,書いたりするのに事欠かない,何の抵抗もなしにそれらの力を活用していけるように指導できていたら,それが私が子どもに捧げた最大の愛情だと思います。

このように子どもが一人で生きていけるように,生きていく力を身につけさせてあげることが教師の仕事であり,これが教師の真の愛情であると述べている。大村は,教師としての技術,専門職としての実力をもつことが,何よりも子どものために重要であると捉えており,専門職としての力を身につけることが子どもへの愛情だとも述べている。さらに大村は,子どもに好かれて子どもと幸せに暮らしていることのみが教師の職業ではなく,子どもを一人で生き抜く人間に鍛え上げることが教師の職業だと考えている(大村,1973,77ページ)。

3 東井義雄の教師像

東井義雄(とういよしお)(1912～91)は兵庫県で生まれ,兵庫県立姫路師範学校を卒業。小学校の教師として40年間務め,兵庫県八鹿町立八鹿小学校の校長を最後に定年退職した。

① 子どもの命を育てる教師

東井の教育論の軸には,"いのち"の思想がある。東井は貧しい寺院の子として生まれ,自身が8歳の時に母を亡くし,28歳のときに父を亡くした。自分自身の命に対する実感が,思想になり,自分の教育を支えているという(東井,1972,217ページ)。

東井は，教育とは，「子どもの命を大事にし，子どもの命を育てること」（東井，1957，92ページ），「子どもの命を磨く仕事」（東井，1972，218ページ）であると述べている。一般的によく「命を大切にする」と言うが，これについて東井は「命を大切にする」とは，死なないようにするということに留まってはならず，「感じたことのひとかけら，考えたことのひとかけら，したことのひとかけらをも粗末にせず，いたわり，それを磨き，光あるものに高めていくこと」であり，「それこそが，私たちの命のひとかけらである」と述べている（東井，1973，55ページ）。

② 子どもの「生活の論理」を大事にする教師

　国語には国語の体系があり，算数には算数の体系がある。この筋道を無視して，国語の力，算数の力を育てることはできず，各教科がもっている体系を一段ずつ上っていかないと子どもの学力は育つものではない。東井は，この考え方を「教科の論理」と呼んでいる（東井，1957，156ページ）。教師の指導において，この「教科の論理」とともに重要な要素となるのが，「生活の論理」である。子どもの学力は，子どもたちの「生活」のなかに消化されてはじめて「学力」となる。しかし子どもの「生活」には，明らかに地域性がある。村の子には村の子の「生活」があり，「生活の論理」がある（東井，1957，171ページ）。

　子どもの学力は「教科の論理」だけでは十分に育つものではなく，「生活の論理」の支えがなくてはならない。「生活の論理」は「教科の論理」と違って，外から与えていくことができないものであり，「生活の論理」を育てるには時間がかかるが，内面から不断に育てていかなければならない（東井，1957，169ページ）。

　子どもは一人ひとりが，それぞれ独自の感じ方・思い方・考え方・行い方・生き方をする。それらには理屈があり，その理屈は，子どもの親たちにも続いており，地域性や経済，文化，歴史，伝統，今までに受けてきた教育，世の中の雰囲気，学校，学級の雰囲気にまで，密接につながっている。この理屈こそが「生活の論理」であり，「教科の論理」をかみこなし，自分のものに消化していくために必要な要素である（東井，1972，270ページ）。授業は，生活の論理と教科の論理をかみ合わせるというよりは，子どもたち相互の生活の論理と生活の論理との磨きあいのなかで推し進める仕事だという（東井，1972，271ページ）。

　このように東井は，子どもが子ども自身の育ちのなかで身につけた生活感を大切にしながら，「本物の学力」を身につけさせようと教育実践を行ってきた。東井は，子ども一人ひとりが自分の感じ方・思い方・考え方・行い方・生き方を大事にして，それを教師が大事にし，子ども相互が大事にしあうことを通じて，命を磨きあう道を考えている。一人ひとりの異なった感じ方・思い方・考え方・行い方・生き方の論理を出し合って，磨きあうところに，論理の

客観性の発展が期待できるという（東井，1972，218ページ）。

　以上，本章では，理想とする教師像について，教育行政が求める理想像や教育学研究者と教育実践家が論じるさまざまな教師像を学んできた。これを機に自分の描く「理想の教師像」を探し求め続けよう。

Exercise

① 自分が目指す「理想の教師像」を具体的に考え，まとめてみよう。
② 理想の教師に近づくためには，自分にどんな課題があるのか，具体的に列挙してみよう。
③ 自分が住んでいる都道府県の教育委員会が示す「求める教師像」をインターネットなどで調べてみよう。

📖次への一冊

米山弘編著『教師論』玉川大学出版部，2001年。
　　孔子，ソクラテス，ルソー，ペスタロッチ，福沢諭吉など人類の教師と言われた偉大な教師たちの教育と人生を幅広く紹介している。
有田和正『教え上手 "自ら伸びる" 人を育てる』サンマーク出版，2009年。
　　「授業の名人」と言われた小学校教師の有田和正が，子どもに考えさえ，追究させる技術，"自ら伸びようとする" 姿勢や考えを身に付けさせる教え方を自身の教育実践に基づきながら，丁寧に説明している。
山本龍生『文学に描かれた教師たち──漱石・賢治・啄木・藤村・介山』新風舎，1999年。
　　英語教師であった夏目漱石，農学校の教師であった宮沢賢治など文豪たちがかつて教師だったころの教師像が描かれている。夏目漱石の『坊っちゃん』とあわせて読みたい一冊である。

引用・参考文献

上田薫『上田薫著作集第12巻　教師と授業・続林間抄』黎明書房，1993年。
上田薫『上田薫著作集第15巻　教育をよみがえらせるもの』黎明書房，1994年。
上田薫『よみがえれ教師の魅力と迫力』玉川大学出版部，1999年a。
上田薫『子どものなかに生きた人間を見よ』国土社，1999年b。
大村はま『教えるということ』共文社，1973年。
大村はま・苅谷剛彦・苅谷夏子『教えることの復権』ちくま新書，2003年。
教育職員養成審議会「新たな時代に向けた教員養成の改善方策について（第1次答申）」1997年。

斎藤喜博『斎藤喜博全集第4巻　授業入門・未来誕生』国土社，1960年。
斎藤喜博『授業入門』国土社，1962年。
斎藤喜博『斎藤喜博全集第7巻　私の教師論・教育現場ノート』国土社，1970年a。
斎藤喜博『斎藤喜博全集第9巻　教師の実践とは何か・私の授業観』国土社，1970年b。
斎藤泰雄「近代的教職像の確立と変遷——日本の経験」『国際教育協力論集』第17巻第1号，2014年，17～29ページ。
中央教育審議会「今後における学校教育の総合的な拡充整備のための基本施策について（答申）」1971年。
中央教育審議会「新しい時代の義務教育を創造する（答申）」2005年。
中央教育審議会「これからの学校教育を担う教員の資質能力の向上について（答申）」2015年。
寺崎昌男編『教師像の展開』国土社，1973年。
東井義雄『村を育てる学力』明治図書出版，1957年。
東井義雄『東井義雄著作集1　村を育てる学力他』明治図書出版，1972年。
東井義雄『東井義雄著作集7　学級経営と学校づくり』明治図書出版，1973年。
林竹二『学ぶということ』国土社，1978年。
林竹二『林竹二著作集第7巻　授業の成立』筑摩書房，1983年a。
林竹二『林竹二著作集第8巻　運命としての学校』筑摩書房，1983年b。

第5章
教師の専門性

〈この章のポイント〉
　1966年のILO・UNESCO「教員の地位に関する勧告」において，教師の仕事は専門職（profession）と規定された。他方で，教師は専門職の要件とされる自律性や長期にわたる専門的訓練が十分ではないことから，教職は準専門職（semi-profession）に過ぎないとも言われてきた。本章では，各種のデータに基づいて今日の日本の教師が準専門職とも言うべき状況におかれていることを確認し，教職大学院制度の創設など，教職の専門職化に向けた近年の改革を取り上げる。これらを通して，改めて教師の専門性とは何かについて学ぶ。

1　専門職としての教師

［1］　現代の日本社会における教職のイメージ

　あるテレビドラマのなかで，酒に酔った主人公が，小学校教師の友人にこんなことを言っていた。「教師は一度も社会に出たことがない世間知らずでしょ。小学校，中学校，高校を出て，大学を出たと思ったら，また小学校に勤めて，何年学校に通っているのか。教師の仕事なんて，所詮相手は子どもだし，義務教育だし。楽勝じゃないか」。もちろん，子どもにとっての「学校」と教師にとっての「学校」は同じものではない。教師にとって「学校」は職場であり，社会の一部である。また，未来に向かってさまざまな可能性を有する子どもたちの成長にかかわるからこそ，教師の責任は大きい。けっして楽勝な仕事ではないだろう。
　しかし他方でこの台詞は，現代の日本社会における一般的な教職のイメージとまったくかけ離れたものでもないだろう。教師を対象として行われた国際的な調査の結果によれば，「教職は社会的に高く評価されていると思う」と回答した割合は，日本ではわずか28.1％であった。マレーシア83.8％，シンガポール67.6％，韓国66.5％，フィンランド58.6％などと比べて低い（国立教育政策研究所，2014）。日本では教師の社会的地位はあまり高くないようである。

2 教師＝専門職観——ILO・UNESCO「教員の地位に関する勧告」

教師の職務をどのようなものとして捉えるかに関する見方・立場のことを教職観という。日本では戦前の聖職者観[◁1]，戦後の労働者観[◁2]を経て，現代では教職は専門職であると考えられている。この「教師＝専門職観」が普及する契機となったのが，1966年のILO・UNESCO「教員の地位に関する勧告」である。同勧告の第6項では，次のように示されている（UNESCO, 1966）。

> 教育の仕事は専門職とみなされるべきである。この職業は厳しい，継続的な研究を経て獲得され，維持される専門的知識および特別な技術を教員に要求する公共的業務の一種である。また，責任をもたされた生徒の教育および福祉に対して，個人的および共同の責任感を要求するものである。

このように勧告では教職が専門職であることが規定され，専門職としての教師の権利や責任についても言及された。日本もこの勧告を採択し，それ以後，教職は一応専門職とされてきた。

3 専門職とは何か——リーバーマンによる専門職の要件

一般に専門職といえば医師や弁護士が思い浮かぶが，そもそも専門職の要件とは何であろうか。リーバーマン（M. Lieberman, 1919〜2013）によると，専門職の要件は次のとおりである（今津, 2017, 46〜47ページ）。

(1) 比類のない，明確で，かつ不可欠の社会的サービスを提供する。
(2) サービスを提供する際に，知的な技能が重視される。
(3) 長期にわたる専門的訓練を必要とする。
(4) 個々の職業人およびその職業集団全体にとって，広範囲の自律性が認められている。
(5) 職業的自律性の範囲内で行われる判断や行為について広く責任を負うことが，個々の職業人に受け入れられている。
(6) 職業集団に委ねられた社会的サービスの組織化および遂行の原理として強調されるのは，個人が得る社会的報酬よりも，提供されるサービスの内容である。
(7) 包括的な自治組織を結成している。
(8) 具体的事例によって，曖昧で疑わしい点が明確化され解釈されてきた倫理綱領をもつ。

▷1 聖職者観
教育を職業とすることを神によって与えられた使命と考え，この職業を神聖なものだと捉える伝統的教職観。

▷2 労働者観
教育を教師がその生活の資を得るための労働と捉え，教師を教育労働者として捉える教職観。1952年，日本教職員組合（日教組）の「教師の倫理綱領」では，「教師は労働者である」と教師の労働者観を明確に規定した。

専門職の要件として，自律性や長期にわたる専門的訓練があげられている。しかし，教師は必ずしもこれらの要件を充たしていないことから，歴史的に教職は準専門職（semi-profession）に過ぎないとも言われてきた（市川 1969；竹内 1972）。

2 日本の教師の実態──準専門職とも言うべき状況

1 教師の自律性の範囲

今日の日本の教師も実際のところ，準専門職とも言うべき状況におかれている。データに基づいて今日の日本の教師の実態をみてみよう。まず，自律性という点に関して日本の教師はどの程度認められているのだろうか。

図5-1は，学校の自律的裁量について分析した調査結果である。これはOECD国際教員指導環境調査（TALIS）という学校の学習環境と教師の勤務環境に焦点を当てた国際調査の一部である。2013年調査では34の国と地域が参加した。

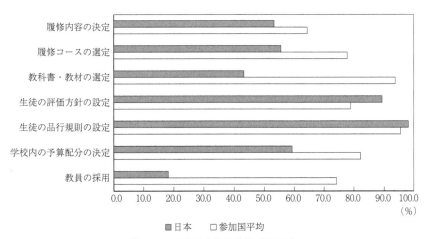

図5-1　学校の自律的裁量（2013年）
出所：国立教育政策研究所（2014）。

この調査では，学校運営にあたって学校側がどのくらいの自律的裁量をもつかについて分析を行った。その結果，日本では「生徒の評価方針の設定」が89.6％（参加国平均79.1％），「生徒の品行規則の設定」が98.5％（参加国平均95.8％）といった一部の項目で，参加国平均よりも高い値が出た。

他方で，参加国平均と比べて低い項目も少なくない。例えば，「履修内容の決定」は53.5％（参加国平均64.6％），「履修コースの選定」は55.8％（参加国平均78.0％），「学校内の予算配分の決定」は59.5％（参加国平均82.5％），「教員の

採用」は18.0%（参加国平均74.7%）であった。また，「教科書・教材の選定」は，学校で裁量をもつ割合が100%であるとした国々が参加国の約3分の1を占めたが，日本はわずか43.4%であった（参加国平均94.0%）。

　これらのことから，日本の教師は専門職の要件である自律性について一定程度認められているが，その範囲は限られていると言える。この点について，日本では教育機会の確保や教育水準の維持向上を図るため，国が学習指導要領を定めるとともに，教育委員会に人事や給与の決定権，教科書の採択権限が留保されていることが背景にあると考えられている。

2　教員養成のレベル

　次に，長期にわたる専門的訓練に関して，日本の教員養成は主にどのレベルで行われているのだろうか。図5-2は，2016年度学校教員統計調査の結果の一部である。この調査は，文部科学省が3年ごとに実施している。

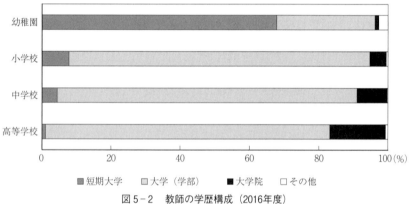

図5-2　教師の学歴構成（2016年度）
出所：文部科学省（2018）。

　2016年度の調査結果で，幼稚園，小学校，中学校および高等学校の教師の学歴構成をみると，大学（学部）を卒業した者の占める割合は，幼稚園28.4%，小学校86.9%，中学校86.7%，高等学校82.0%となっている。幼稚園教師は短期大学が67.8%を占めるが，小学校，中学校，高等学校の教師は主として大学（学部）で養成されていることがわかる。なお，大学院修了者の占める割合は，幼稚園1.1%，小学校4.8%，中学校8.8%，高等学校16.2%となっており，少数であると言える。

　諸外国をみれば，例えばフィンランドでは教員養成は大学院（修士）レベルで行われている。また他の国でも中核となる教員養成が大学院（修士）レベルで行う教育改革が進められていることを踏まえると，長期にわたる専門的訓練という点についても，日本の教職は準専門職の段階にあると言える。

3 教師の仕事の特性

　ここまで自律性や長期にわたる専門的訓練という点から検討し，日本の教職が準専門職とも言うべき状況にあることを指摘してきた。この他に，教職については専門性の根拠となる専門的知識が明確にされているわけではなく，その専門性がわかりづらいことも準専門職と言われる理由の一つにあげられるだろう。とくに日本の教師は，幅広くさまざまな業務を担っている実態が，調査によって明らかにされている。

　前述したOECD国際教員指導環境調査（TALIS）では，教師の仕事時間の合計や配分について分析している。図5-3は教師の仕事時間の合計について，日本と参加国の平均を比較したグラフである。

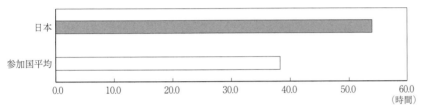

図5-3　教師の仕事時間の合計（2013年）
出所：国立教育政策研究所（2014）。

　調査では，直近の「通常の一週間」において指導（授業），授業準備，採点，他の教師との共同作業，職員会議への参加，その他所属する学校で求められている仕事に従事した時間数（1時間＝60分換算）の合計を教師に質問した。仕事時間の合計には，週末や夜間など就業時間外に行った仕事の時間数も含まれる。分析したところ，日本の教師の仕事時間の合計は53.9時間（平均）であり，これは参加国で最も長い時間であった（参加国平均は38.3時間）。

　さらに，この調査では，個人で行う授業の計画・準備，同僚との共同作業・話し合い，生徒の課題の採点・添削，学校運営業務等のそれぞれの仕事について，従事した時間数（1時間＝60分換算）を質問している。その結果をまとめたものが図5-4である。

　教師の仕事時間のなかで，最も多くを占めるのは指導（授業）に使った時間であったが，参加国平均19.3時間と比べると日本の教師は17.7時間（平均）と若干少ない。言い換えると，日本の教師は授業以外の業務に多くの時間を費やしていると言える。例えば，課外活動の指導については，参加国平均の2.1時間に対して日本は7.7時間（平均），一般的事務業務についても，参加国平均の2.9時間に対し，日本は5.5時間（平均）となっている。

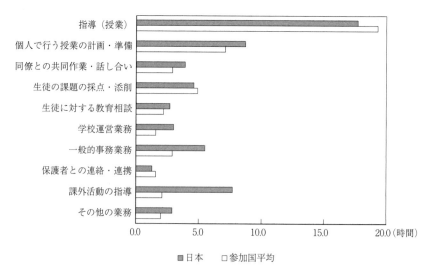

図5-4　教師の仕事の時間配分（2013年）
出所：国立教育政策研究所（2014）。

　この結果が示すように，日本の教師は専門とされる授業以外に多くの業務を負担している。ただし，これは専門性の未熟さというより，教師の仕事の特性に由来すると言えよう。秋田（2015）によれば，教師の仕事の特性は次の三つにまとめられる。

・無境界性：ここまでやればよいという終わりがない。
・複線性：種類の違う多様な仕事を，同時に並行して担っている。
・不確実性：何がよい教育なのかという安定した一義的な基準がない。

　授業にしてもその他の活動にしても，子どものためによいことをしようと思えば，ここで終わりということにはならない（無境界性）。とくに，日本の教師は子どもたちの総合的な人間形成にかかわることが期待されており，教科指導だけではなく，生徒指導など幅広い指導活動に関与している（複線性）。また，授業においてどの教え方が最も適切であるかは一義的に決まっておらず，ある子どもに適した指導方法が他の子どもに適しているとは限らない（不確実性）。教師の仕事はその特性ゆえに，専門の業務とそれ以外の業務というように切り離すことが難しいのである。

3 教職の専門職化に向けた動き

1 教職大学院制度の創設

　以上述べてきたように，今日の日本では教職が準専門職とも言うべき状況にあるが，これを改善し，その専門職化を推進するための政策が進められている。その一つが，本書の第3章で言及された教職大学院制度の創設である。

　教職大学院は，高度で専門的な知識・能力を備えた高度専門職人を養成する専門職大学院▷3（専門職学位課程）の一種である。近年，学校教育の抱える課題が複雑・多様化するなかで，諸課題に対応しうる高度な専門性と豊かな人間性・社会性を備えた力量ある教師が求められるようになった。そこで，教員養成教育の改善・充実を図るため，教員養成に特化した専門職大学院として教職大学院が設置されることになったのである。

　教職大学院の目的・機能は次の二つである。

(1) 学部段階での資質能力を修得した者のなかから，さらにより実践的な指導力・展開力を備え，新しい学校づくりの有力な一員となり得る新人教員を養成する
(2) 現職教員を対象に，地域や学校における指導的役割を果たし得る教員等として不可欠な確かな指導理論と優れた実践力・応用力を備えたスクールリーダー（中核的中堅教員）を養成する

　これらを反映し，表5-1に示すとおり，教職大学院の教員組織や授業方法は，研究活動を重視する大学院修士課程とは異なっている。

▷3　専門職大学院
高度専門職業人の養成に目的を特化した課程として，2003年に創設された。制度創設時から法曹（法科大学院），会計，ビジネス・MOT（技術経営），公共政策，公衆衛生等のさまざまな分野で開設が進んできた。

表5-1　大学院修士課程と教職大学院の比較

	大学院修士課程	教職大学院
修業年限	2年	2年または1年以上2年未満の期間で各大学が定める
修了に必要な単位	30単位以上	45単位以上（うち10単位以上は学校における実習。なお，実習は教職経験をもって免除可能）
修士論文作成	必須	必須としない
教員組織	実務家教員についての規定なし	必要専任教員のうち4割以上を実務家教員とする
具体的な授業方法	規定なし	①事例研究，現地調査，双方向・多方向に行われる討論・質疑応答 ②学校実習および共通科目を必修
学位	修士（○○）	教職修士（専門職）

出所：中央教育審議会（2006）をもとに作成。

なお，文部科学省の調査によると，2018年度時点で，教職大学院は国立47大学，私立7大学の合計54大学に設置されている。

2 修士レベルでの教員養成（改革案）──2012年中央教育審議会答申

さらに，教員養成を大学院（修士）レベル化し，教師を高度専門職業人として明確に位置づけるという改革案も示されている。2012年の中央教育審議会答申「教職生活の全体を通じた教員の資質能力の総合的な向上方策について」では，教員養成を修士レベル化する必要性について言及された。答申の改革案では，教員免許状を「基礎免許状」「一般免許状」「専門免許状」（いずれも仮称）の3種類とし，学士課程修了レベルの「基礎免許状」に関しては，早期に，修士レベルでの学修を必要とする「一般免許状」を取得することとされた。表5-2は，答申に示された3種類の教員免許状の概要をまとめたものである。

表5-2　2012年中央教育審議会答申で示された3種類の教員免許状

種類	内容	取得方法
基礎免許状	教職への使命感と教育的愛情をもち，教科に関する専門的な知識・技能，教職に関する基礎的な知識・技能を有することを保証。	学士課程修了。
一般免許状	探究力，学び続ける力，教科や教職に関する高度な専門的知識，新たな学びを展開できる実践的指導力，同僚と協働して困難な課題に対応する力，地域との連携等を円滑に行えるコミュニケーション力に加え，教科指導，生徒指導，学級経営等を的確に実践できる力量を保証。	学部4年に加え，1～2年程度の修士レベルの課程での学修。
専門免許状	学校経営，生徒指導，進路指導，教科指導（教科ごと），特別支援教育，外国人児童生徒教育，情報教育等特定分野に関し，実践を積み重ね，さらなる探究をすることにより，高い専門性を身につけたことを証明。	一定の経験年数を有する教員等が，大学院レベルでの教育や，国が実施する研修，教育委員会と大学との連携による研修等により取得。※学位取得とはつなげない。

出所：中央教育審議会（2012）をもとに作成。

▷4　**教員免許の開放制**
教員養成課程の認定を受ければ，どの大学でも教員養成を行えるとする原則である。多様な経験と広く豊かな教養をもつ教師を幅広く獲得したいという考えから，戦後の教員免許は開放制となっている。

ただし，教員養成の修士レベル化はまだ実現に至っていない。実は，大学（学部）4年と修士2年を合わせて6年間で教員養成を行う構想は以前から提案されていたが，いくつかの問題もあげられてきた。例えば，大学および大学院に6年間通って教員免許を取得することになれば，時間的・経済的負担から教師の志願者が減るおそれがある。また，教員養成系でない学生は教員免許を取得しにくくなり，教員免許の開放制によって保たれていた人材の幅が狭まることなども懸念されている（佐久間，2009）。

3 教職課程コアカリキュラムの作成

　2012年の中央教育審議会答申では主に，教員養成における大学院の役割が強調されていたが，2015年の中央教育審議会答申「これからの学校教育を担う教員の資質能力の向上について」では，学校現場および教育委員会の役割を強調しつつ，「養成」「採用」「研修」を一体的に扱う総合的な教員政策が具体的に提示された。この答申を受けて，大学の教職課程に関してはその質保証をねらいとして，新たに教職課程コアカリキュラムが作成・発表された。

　教職課程コアカリキュラムは，全国すべての大学の教職課程で共通的に修得すべき資質能力を示したものである。教職課程の各事項について，学生が修得する資質能力を「全体目標」，全体目標を内容のまとまりごとに分化させた「一般目標」，学生が一般目標に到達するために達成すべき個々の規準を「到達目標」として表している。表5-3はその一部である。各大学では，学生が教職課程コアカリキュラムの「全体目標」「一般目標」「到達目標」の内容を修得できるよう授業を設計・実施し，単位認定が行われる。現在，こうした取り組みを通して，専門職である教師を育成する教職課程の質保証が目指されている。

表5-3　教職課程コアカリキュラムの「教職の意義及び教員の役割・職務内容（チーム学校運営への対応を含む。）」

全体目標：現代社会における教職の重要性の高まりを背景に，教職の意義，教員の役割・資質能力・職務内容等について身に付け，教職への意欲を高め，さらに適性を判断し，進路選択に資する教職の在り方を理解する。
(1) 教職の意義
一般目標：我が国における今日の学校教育や教職の社会的意義を理解する。
到達目標：1) 公教育の目的とその担い手である教員の存在意義を理解している。
　　　　　2) 進路選択に向け，他の職業との比較を通して，教職の職業的特徴を理解している。
(2) 教員の役割
一般目標：教育の動向を踏まえ，今日の教員に求められる役割や資質能力を理解する。
到達目標：1) 教職観の変遷を踏まえ，今日の教員に求められる役割を理解している。
　　　　　2) 今日の教員に求められる基礎的な資質能力を理解している。
(3) 教員の職務内容
一般目標：教員の職務内容の全体像や教員に課せられる服務上・身分上の義務を理解する。
到達目標：1) 幼児，児童及び生徒への指導及び指導以外の校務を含めた教員の職務の全体像を理解している。
　　　　　2) 教員研修の意義及び制度上の位置付け並びに専門職として適切に職務を遂行するため生涯にわたって学び続けることの必要性を理解している。
　　　　　3) 教員に課せられる服務上・身分上の義務及び身分保障を理解している。
(4) チーム学校運営への対応
一般目標：学校の担う役割が拡大・多様化する中で，学校が内外の専門家等と連携・分担して対応する必要性について理解する。
到達目標：1) 校内の教職員や多様な専門性を持つ人材と効果的に連携・分担し，チームとして組織的に諸課題に対応することの重要性を理解している。

出所：教職課程コアカリキュラムの在り方に関する検討会（2017）。

4 教師の専門性とは何か ──「チームとしての学校」論を題材に

1 「チームとしての学校」論

　上述した教職課程コアカリキュラムのなかにも盛り込まれ，近年の教育政策においてその実現が進められているのが「チームとしての学校」論である。簡単に言うと，これは校長のリーダーシップの下，教師がチームとして取り組むことができるような体制を整えようとする構想である。「チームとしての学校」論は，改めて教師の専門性とは何かという問いを私たちに投げかけている。

　「チームとしての学校」が求められる背景として，2015年の中央教育審議会答申「チームとしての学校の在り方と今後の改善方策について」では以下の3点があげられている（中央教育審議会，2015b）。

(1) 新しい時代に求められる資質・能力を育む教育課程を実現するための体制整備
- 新しい時代に求められる資質・能力を子供たちに育むためには，「社会に開かれた教育課程」を実現することが必要。
- そのためには，「アクティブ・ラーニング」の視点を踏まえた指導方法の不断の見直しによる授業改善や「カリキュラム・マネジメント」を通した組織運営の改善のための組織体制の整備が必要。

(2) 複雑化・多様化した課題を解決するための体制整備
- いじめ・不登校などの生徒指導上の課題や特別支援教育の充実への対応など，学校の抱える課題が複雑化・多様化。
- 貧困問題への対応など，学校に求められる役割が拡大。
- 課題の複雑化・多様化に伴い，心理や福祉等の専門性が求められている。

(3) 子供と向き合う時間の確保等のための体制整備
- 我が国の教員は，学習指導，生徒指導，部活動等，幅広い業務を担い，子供たちの状況を総合的に把握して指導している。
- 我が国の学校は，欧米諸国と比較して，教員以外の専門スタッフの配置が少ない。
- 我が国の教員は，国際的に見て，勤務時間が長い。

　答申では，日本の教師が学習指導から生徒指導まで幅広い職務を担当し，一定の成果を上げてきたことを認めつつも，課題が複雑化・多様化するなかで，

▷5　アクティブ・ラーニング
教師による一方向的な講義形式の教育とは異なり，学修者の能動的な学修への参加を取り入れた教授・学習法のことである。

▷6　カリキュラム・マネジメント
適切かつ効果的なカリキュラムを創造し，実施し，それを維持および改善していく営みのことである。

十分に対応できなくなりつつあるとの認識が示されている。さらに，教師にはアクティブ・ラーニングやカリキュラム・マネジメントといった新しい課題に対応することも求められていることにも言及されている。こうした状況を改善するために提示されたのが，「チームとしての学校」論である。

2 専門性に基づくチーム体制の構築

「チームとしての学校」論では，多様な職種の専門性を有するスタッフを学校に置くことになっている。表5-4は，答申のなかで示された教員以外の専門スタッフの一覧である。

さらに答申では，教員が携わってきた従来の業務を，表5-5に示した(a)～(d)の観点から見直し，専門スタッフとの間で連携・分担を行うことが提案されている。学校に多様な専門スタッフを置き，教員が(a)の業務により専念できるようにすることが強調されている。

このようにして，教職員や専門スタッフが自らの専門性を十分に発揮し，学校の教育力を最大化できる体制を構築する。図5-5はそのイメージ図である。

3 教師の専門性という点からの課題

「チームとしての学校」論は，学校現場に多様な職種のスタッフを配置し，連携・協力することで，教師が本来的な業務に専念できる環境を作ろうとする提案である。教師の専門性という点から「チームとしての学校」論をみた時，次の二つの捉え方がある。一つは，教師の専門性を明確にし，その専門職化を促進するという捉え方である。「チームとしての学校」論では，これまで不明確であった教師の仕事の内容が明示された。これにより，教師の専門職としての地位はより確かなものになると考えられる。

もう一つは，専門スタッフが学校に入ることで，教師の専門性の発揮が危ぶまれるのではないかという捉え方である。例えば，「チームとしての学校」論の問題として，伊藤（2016, 125ページ）は，次のように述べている。

「チーム学校」で新たに心配の種となるのが，「連携」に伴う現実的問題である。たとえば，スクールカウンセラー（心理）やスクールソーシャルワーカー（福祉），ICT専門員（情報）など，専門性の違う多様な職員が教師集団と連携し協働することで，対応の幅は確実に広がるであろう。しかし，その関わりが互いに才盾なく専門性を尊重した形で行われるためには，スタッフ同士が，互いの専門性を理解したうえで，綿密な情報共有と共通理解に至るプロセスが不可欠となる。そして，それを実現するには，想像以上の時間とエネルギーを必要とするだろう。

表5-4 教員以外の専門スタッフ一覧

分 野	専門スタッフ
心理・福祉	スクールカウンセラー,スクールソーシャルワーカー
授業等における教員支援	ICT支援員,学校司書,英語指導を行う外部人材と外国語指導助手(ALT)等,補習など学校における教育活動を充実させるためのサポートスタッフ
部活動	部活動指導員(仮称)
特別支援教育	医療的ケアを行う看護師等,特別支援教育支援員,言語聴覚士(ST)・作業療法士(OT)・理学療法士(PT)等の外部専門家,就職支援コーディネーター

出所:中央教育審議会(2015b)をもとに作成。

表5-5 教員の業務の分類(例)

観 点	具体的な業務内容
(a) 教員が行うことが期待されている本来的な業務	学習指導,生徒指導,進路指導,学校行事,授業準備,教材研究,学年・学級経営,校務分掌や校内委員会等に係る事務,教務事務(学習評価等)
(b) 教員に加え,専門スタッフ,地域人材等が連携・分担することで,より効果を上げることができる業務	カウンセリング,部活動指導,外国語指導,教員以外の知見を入れることで学びが豊かになる教育(キャリア教育,体験活動など),地域との連携推進,保護者対応
(c) 教員以外の職員が連携・分担することが効果的な業務	事務業務,学校図書館業務,ICT活用支援業務
(d) 多様な経験等を有する地域人材等が担う業務	指導補助業務

出所:中央教育審議会(2015b)をもとに作成。

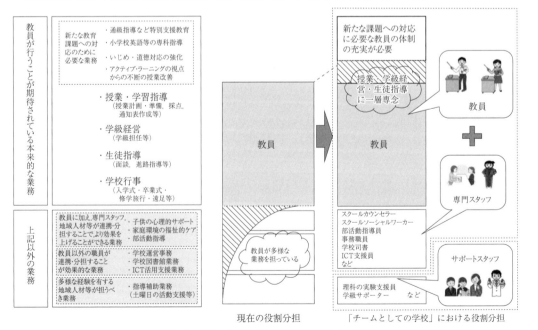

図5-5 「チームとしての学校」論のイメージ図

出所:中央教育審議会(2015b)。

伊藤が指摘するように，学校に専門スタッフを置くことで，ただちに連携が進むわけではない。もしもスクールカウンセラーなどの専門スタッフの意見と，教師の意見が対立したらどうするのか。専門職としての教師の意見はどこまで尊重されるのか。本章の第2節で述べたように，教師の仕事の特性の一つは不確実性である。ある子どもへの対応を考える時，どの選択肢が最も適切であるかは一義的には決まらない。それぞれの専門スタッフが子どもたちのことを真剣に考え，自らの専門性に基づいて対応を検討するからこそ，意見が分かれることもあるだろう。「チームとしての学校」論は，改めて教師の専門性とは何か，それはどのように発揮されるのか，という問いを提起している。

Exercise

① 日本では教師の専門性を高めるために，本章で取り上げたものの他にどのような政策が実施されてきたのか調べてみよう。
② 教員養成に6年間をかけた場合に何が課題となるのか。そうした課題に対して，諸外国ではどのように対応しているのか調べてみよう。
③ リーバーマンの専門職の要件の一つは自律性であった。現在の日本の教員養成改革では，教師の自律性についてどのように取り扱われているのか調べてみよう。

📖 次への一冊

佐藤学編『学びの専門家としての教師』岩波書店，2016年。
　　日本の教師の危機の本質は，教師教育の高度化と専門職化の著しい遅れにあるという視点に立ち，教師の仕事の現状を踏まえ，「学びの専門家」としての成長に必要な施策を多角的に検討している。
今津孝次郎『新版　変動社会の教師教育』名古屋大学出版会，2017年。
　　1996年に刊行された旧版の改訂版である。旧版では1960年代後半から1990年代後半までの約30年間の政策や研究成果に焦点をあてていたが，新版ではその後の20年間を合わせた50年間を取り扱っている。
三石初雄・川手圭一編『高度実践型の教員養成へ──日本と欧米の教師教育と教職大学院』東京学芸大学出版会，2010年。
　　全国のさまざまな大学の試みや諸外国の教員養成改革を紹介しながら，新しい教員養成のシステムを模索した本である。今後の教職大学院のあり方，大学院レベルでの教員養成についても取り上げている。
天笠茂『学校と専門家が協働する──カリキュラム開発への臨床的アプローチ』第一法規，2016年。

学校管理職が，学校外の専門家との協働をいかに進めていけばよいかについて，筆者が外部の専門家としてかかわった事例や，その体験を踏まえた提言を通して学ぶことができる実務書である。

引用・参考文献

秋田喜代美「教師の日常世界へ」秋田喜代美・佐藤学編著『新しい時代の教職入門〔改訂版〕』有斐閣，2015年，1～20ページ。

市川昭午『専門職としての教師』明治図書出版，1969年（市川昭午『市川昭午著作集第1巻』学術出版会，2013年に所収）。

伊藤美奈子「教師のメンタルヘルス」佐藤学ほか編『学びの専門家としての教師』岩波書店，2016年，113～134ページ。

今津孝次郎『新版　変動社会の教師教育』名古屋大学出版会，2017年。

教職課程コアカリキュラムの在り方に関する検討会「教職課程コアカリキュラム」2017年11月17日。

国立教育政策研究所『教員環境の国際比較　OECD国際教員指導環境調査（TALIS）2013年調査結果報告書』2014年。

佐久間亜紀「六年制教員養成の可能性と問題点」『季刊教育法』No.163，エイデル研究所，2009年，21～27ページ。

竹内洋「準・専門職業としての教師」社会学研究会『ソシオロジ』17(3)，1972年，72～102ページ。

中央教育審議会「今後の教員養成・免許制度の在り方について（答申）」および基礎資料「大学院修士課程と専門職大学院との制度比較」2006年。

中央教育審議会「教職生活の全体を通じた教員の資質能力の総合的な向上方策について（答申）」2012年。

中央教育審議会「これからの学校教育を担う教員の資質能力の向上について（答申）」2015年a。

中央教育審議会「チームとしての学校の在り方と今後の改善方策について（答申）」2015年b。

日本教師教育学会『日本教師教育学会年報』第25号，2016年。

文部科学省「平成28年度学校教員統計（学校教員統計調査報告書）」2018年。

UNESCO "Recommendation concerning the Status of Teachers," 1966（引用は解説教育六法編修委員会『解説教育六法2018　平成30年版』三省堂，2018年に所収された訳による）．

第6章
教師の職務

〈この章のポイント〉
「教師の職務内容の全体像や教育公務員に課せられる服務上の義務・身分上の義務を理解する」ことは重要である。本章では，(1)幼児，児童及び生徒への指導及び指導以外の校務を含めた教師の職務の全体像，(2)教育公務員の身分及び教育公務員に課せられる職務上の義務・身分上の義務，(3)教師の多忙化等の現代的な課題，について学ぶ。

1 教師の職務の全体像

「教師の仕事をあげよ」と聞かれたらみなさんはどう答えるだろうか。授業をしている教師，休み時間に児童と一緒に遊んでいる教師，部活動の指導をしている教師などであろうか。一般に，教師の職務の大半は授業に関係していると思われがちであるが，実は教師の職務は多様である。

そして，みなさんの教師観に誤解があることがある。教師の活動の一部分しか知らないのに，よく知っていると錯覚して，「教師とはこういうものだ」という見方を形成しているのである。

そこでみなさんには学校や教師について正しく理解できるよう努めてほしい。そのためには大学での学習はもちろんのこと，自分の視野を広げるために積極的に学校ボランティアや学校インターンシップとして出向いたり，教育関係の図書を読むことも大切である。

さて，教師の職務は，大きく分けると次の七つになる（坂田ほか，2017，109ページ）。

(1) (主たる職務として) 直接，児童生徒の教育活動を行う
(2) 分掌しているその他の校務
(3) 教務事務
(4) 教育課程外の教育活動
(5) 文書作成
(6) 保護者・地域住民との連絡・調整
(7) 施設及び設備の管理

▷1 本章では，基本的に公立学校の教師を対象とする。

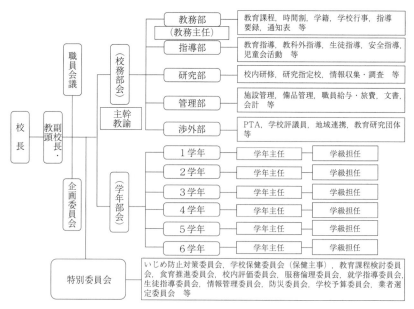

図6-1 学校の組織図（例）
出所：中央教育審議会学校における働き方改革特別部会（2018）。

　もちろん主たる職務は授業等において直接，児童生徒に対して教育活動を行うことである。しかしそのほかに学校の運営に関する業務，保護者・地域住民との連絡調整はじめ多種多様な職務（校務ともいう）を行っているのである。そしてこれらの職務を円滑に遂行するために，教師集団が役割分担しつつ，必要に応じて全体で対応する，いわば委員会活動として，校務分掌がある。

　具体的には図6-1のようになる。教務部，指導部，研究部，学年部会などさまざまな部会が設置され，担当する教師が配置され，職務を遂行するのである。校務分掌は，学校という組織が機能するためのいわば血管に相当するものである。

2　教師の職務の特徴

1　多様性

　教師の職務の特徴としてよく言われるのは，多様性である。文部科学省が教師の勤務実態を調べた調査結果に掲載されている教師の職務を諸外国と比較した資料（表6-1）によれば，わが国におけるこの傾向は一目瞭然である。この資料によれば教師の職務は大きく分けて，「児童生徒の指導に関わる業務」「学校の運営に関わる業務」「外部対応に関わる業務」となっている。

　世界的に見ると，わが国の教師の職務は多様である。欧米では教師の職務と

表6-1 教員の職務についての諸外国との比較

	業務＼国名	アメリカ	イギリス	中国	シンガポール	フランス	ドイツ	日本	韓国
児童生徒の指導に関わる業務	登下校の時間の指導・見守り	×	×	×	×	×	×	△	×
	欠席児童への連絡	×	×	○	○	×	○	○	○
	朝のホームルーム	×	○	○	○	×	×	○	○
	教材購入の発注・事務処理	×	×	△	×	×	×	△	×
	成績情報管理	○	×	△	○	○	○	○	○
	教材準備（印刷や物品の準備）	○	×	○	○	○	○	○	○
	課題のある児童生徒への個別指導，補習指導	○	×	○	○	○	○	○	○
	体験活動の運営・準備	○	×	○	○	○	○	○	○
	給食・昼食時間の食育	×	×	○	×	×	×	○	○
	休み時間の指導	○	×	○	△	×	○	○	○
	校内清掃指導	×	×	○	×	×	×	○	△
	運動会，文化祭など	○	○	○	○	×	×	○	○
	運動会，文化祭などの運営・準備	○	○	○	○	×	×	○	○
	進路指導・相談	△	○	○	○	○	○	○	○
	健康・保健指導	×	×	○	○	○	△	△	○
	問題行動を起こした児童生徒への指導	△	○	○	○	○	×	○	○
	カウンセリング，心理的なケア	×	×	○	○	○	×	△	×
	授業に含まれないクラブ活動・部活動の指導	△	×	○	△	×	△	○	△
	児童会・生徒会指導	○	○	○	×	○	○	○	○
	教室環境の整理，備品管理	○	×	△	○	○	○	○	○
学校の運営に関わる業務	校内巡視，安全点検	×	×	○	×	×	×	△	○
	国や地方自治体の調査・統計への回答	×	×	△	×	×	×	○	△
	文書の受付・保管	×	×	△	×	△	×	○	△
	予算案の作成・執行	×	×	×	×	×	○	×	×
	施設管理・点検・修繕	×	×	△	×	×	×	△	×
	学納金の徴収	×	×	○	×	×	○	○	×
	教師の出張に関する書類の作成	×	×	△	×	×	×	○	△
	学校広報（ウェブサイト等）	×	×	○	×	×	○	○	×
	児童生徒の転入・転出関係事務	×	×	○	×	○	×	△	×
外部対応に関わる業務	家庭訪問	×	×	○	×	×	×	○	△
	地域行事への協力	○	○	△	×	○	×	△	△
	地域のボランティアとの連絡調整	×	×	△	×	×	○	△	×
	地域住民が参加した運営組織の運営	△	×	×	×	×	△	△	×

注：教員の「担当とされているもの」に○を，「部分的にあるいは一部の教員が担当する場合があるもの」に△を，「担当ではないもの」に×を付けている。三か国以上の国で△又は×が選択されている業務をグレー表示している。全部で40業務設けたが，「出欠確認」「授業」「教材研究」「体験活動」「試験問題の作成，採点，評価」「試験監督」「避難訓練，学校安全指導」等すべての国で「担当とされているもの」7項目は掲載していない。
出所：中央教育審議会学校における働き方改革特別部会（2017a）。

考えられていない，「児童生徒の指導に関わる業務」に含まれる生徒指導や部活動の指導，「外部対応に関わる業務」も含まれている。そして近年それらに充てられる時間が増加していることが教師の多忙化の原因として指摘されているのである（妹尾，2017，38～46ページ）。

2 不確実性

次に，教師の仕事には不確実性が付きものだとよく言われる（佐藤，1997，12～18ページ）。医師や弁護士のような専門職の場合，仕事のバックボーンとなる理論と知識は比較的明確である。しかし教師の場合，授業のバックボーンとなる理論と知識は明確ではない。知識をこれだけ身につけていれば授業を行うのに支障がないという知識の量も範囲も明確ではない。

また入職時に担当した第4学年のクラスと，数年後に再び担当した第4学年

のクラスが同じだということはありえない。しかも教室には30～40人の児童がおり，教師対個々の児童，教師対児童集団で複雑な動きをするのである。

そのため「こうすれば必ずうまくいく」という確実性が高い指導法や児童生徒理解法はないのである。ある時うまくいった方法が次の時にはうまくいかないことはよくある。そこで教師は目の前の児童生徒に合わせながら，手探りで指導していく。そして経験を重ねていく過程で経験知を高めていくのである。

3 ジレンマ・マネージャー

教室には基本的に1人の教師と30人前後の児童がいる。そのなかで授業は展開する。1対多という環境のなかで教師は，多数の児童のニーズを調整する必要がある。授業には教師から見た目標やねらいがあり，他方児童の間にも多様な興味関心がある。それらが同じ方向に向いている時は問題ない。

しかしそれらが相反する方向に向くことがある。その時教師はその場でジレンマを調整する。例えば，普段手をあげない児童が挙手したので指名したいが，その児童の発言を聞いている時間が無いような場合である。このように多様な要望に同時に直面し，矛盾や妥協を受け入れその場で即時的な判断と意思決定を求められる状況にある教師を，ランパート（M. Lampert）はジレンマ・マネージャーと名づけた（高木，1995，88～95ページ）。

4 非金銭的報酬

金銭的報酬は教師にとってのインセンティブとなりにくい。代わってインセンティブとなるのが，児童生徒や保護者，同僚や自分自身からのフィードバックである。行事終了後のやり遂げたという満足感，卒業式の際に卒業生から掛けられる「先生が担任で良かった」という一言等々である。このことは次の節で述べるように教師の職務が児童生徒の発達に関わっていることと密接に結びついているのである。

5 他の専門職との違い

最後に教師の職務の特徴を他の専門職との比較によって明らかにしてみたい。ある調査の結果（表6-2）によれば，小学校教師の場合，初級者（新人）時代から他職種の初級者（新人）に比べて熟達に役立った経験の項目数の黒丸がかなり多く，入職時から多様な仕事に従事していることがわかる。他の専門職では入職時には先輩の振る舞いを間近で見聞することを通じて徐々に仕事に慣れていく。それに対して教師の場合は，いきなり担任をもち先輩教員とさほど遜色のない職務を担当することになる。つまりいきなり責任のある職務を担当することになる。この点が他の専門職とは大きく異なっている点である。そ

のため入職時のストレスは高くなる反面，その分仕事に慣れるのも早いのである。

また教師の仕事の特徴は1対多の対人職ということである。営業職や看護師の場合，基本的には1対1の対人関係が基本である。

表6-2　4職種の段階別に見た14の経験リスト

No	熟達に役立った経験	初級者				一人前				指導者			
		小学校教諭	看護師	客室乗務員	保険営業	小学校教諭	看護師	客室乗務員	保険営業	小学校教諭	看護師	客室乗務員	保険営業
1	その場の指導・アドバイス 指導的立場の人に，そのときに，その場で，指導・アドバイスを受ける。	●	●	●	●	●	●	●			●	●	
2	ゼロからの出発 目の前の実務を一つ一つ覚えたり，確認したり，迷い試行錯誤をしながら，実行していくことに集中する。	●	●	●	●	●				●			
3	実践の観察 他者のサービスの実践を注意深く観察する。	●		●	●	●	●	●	●				
4, 5	強制的な実践 思いがけない，自分が試される実践。準備が完璧でなくても，やりたくなくても，自信がなくても，実践に臨まなければならない。	●	●			●	●	●	●	●			●
6	方向性をもちながら「つなぐ」 意図して，サービスをする側と顧客との関係や顧客同士の関係，顧客とサービスをつなぐ関係をつくり出す行動をとる。	●				●	●		●	●	●	●	●
7	現場を離れる 現場を離れた仕事に携わったり，現場を離れた研修に参加したりする。	●					●			●	●	●	●
8	サービスのあり方全体を考える サービスの全体の流れやあり方を考え，つくる。					●	●			●	●	●	●
9	仲間との深い議論 同じ目的や同じ立場にいる者同士で，意見や情報を交換をし，深い議論をする。	●				●				●	●	●	●
10	異なる世代に合わせる 世代の異なる顧客や仲間に自分を合わせる。	●				●				●	●	●	●
11	重大なライフイベント 育児，病気，ボランティアなど，重大なライフイベント。	●				●	●			●			
12	新しい知識を得る 主体的に，自律的に，内的な喜びをもって，新しい分野を学ぶ。	●	●	●	●	●	●	●	●	●	●	●	●
13	信頼する熟達者と出会う 自分が信頼し，親しみをもてる先達，教えを請い，助けられ見守ってもらえるような先達との出会い。	●	●	●	●	●	●	●	●	●	●	●	●
14	顧客への働きかけと反応を得る 顧客に意図的に働きかけ反応を得たり，意図的ではない顧客への働きかけに意外な反応を得たりする経験。	●	●	●	●	●	●	●	●	●	●	●	●

注：黒丸がついた経験が，それぞれの対象者へのインタビューで確認できたもの。グレーで示した部分は4つの職種ともに各段階で熟達に役立った経験を示している。
出所：笠井（2009, 27ページ）をもとに作成。

3 教師の職務上の義務・身分上の義務および身分保障

1 教師の職務上の義務・身分上の義務

　公立学校の教師は，地方公務員であり，「すべて公務員は，全体の奉仕者であり，一部の奉仕者ではない」ことが規定されている（日本国憲法第15条）。そして「すべて職員は，全体の奉仕者として公共の利益のために勤務し，且つ，職務の遂行に当つては，全力を挙げてこれに専念しなければならない」（地方公務員法第30条）という服務の根本基準が定められている（図6-2）。

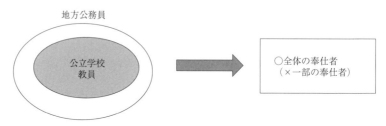

図6-2　服務の根本基準
出所：坂田ほか（2017，111ページ）。

　さらに地方公務員法には，職務上の義務と身分上の義務等が示されている。
　職務上の義務とは，公務員がその職務を行う際に，法律や規則に十分従いよく守らなければならないという義務を指し，次の三つが該当する。
　まず「職員は，条例の定めるところにより，服務の宣誓をしなければならない」（地方公務員法第31条）とする「服務の宣誓」が規定されている。
　次に「職員は，その職務を遂行するに当つて，法令，条例，地方公共団体の規則及び地方公共団体の機関の定める規程に従い，且つ，上司の職務上の命令に忠実に従わなければならない」（地方公務員法第32条）という「法令等及び上司の職務上の命令に従う義務」がある。
　さらに「職員は，法律又は条例に特別の定がある場合を除く外，その勤務時間及び職務上の注意力のすべてをその職責遂行のために用い，当該地方公共団体がなすべき責を有する職務にのみ従事しなければならない」（地方公務員法第35条）という「職務に専念する義務」が規定されている。
　つまり以上の「服務の宣誓」「法令等及び上司の職務上の命令に従う義務」「職務に専念する義務」の三つが，「職務上の義務」に該当するのである。
　次に身分上の義務等には一つの義務，二つの禁止，二つの制限が該当する。身分上の義務等とは，その身分にともない，職務の内だけでなく職務外においても遵守しなければならない義務等，つまり勤務時間外の私生活においても守

る必要がある義務のことを指している。

まず「職員は、その職の信用を傷つけ、又は職員の職全体の不名誉となるような行為をしてはならない」（地方公務員法第33条）という「信用失墜行為の禁止」が規定されている。

次に「職員は、職務上知り得た秘密を漏らしてはならない。その職を退いた後も、また、同様とする」（地方公務員法第34条）とする「秘密を守る義務」、「職員は、政党その他の政治的団体の結成に関与し、若しくはこれらの団体の役員となつてはならず、又はこれらの団体の構成員となるように、若しくはならないように勧誘運動をしてはならない」（地方公務員法第36条）とする「政治的行為の制限」が規定されている。

そして「職員は、地方公共団体の機関が代表する使用者としての住民に対して同盟罷業、怠業その他の争議行為をし、又は地方公共団体の機関の活動能率を低下させる怠業的行為をしてはならない。又、何人も、このような違法な行為を企て、又はその遂行を共謀し、そそのかし、若しくはあおつてはならない」（地方公務員法第37条）と定める「争議行為等の禁止」がある。

さらに「職員は、任命権者の許可を受けなければ、（略）自ら営利企業を営み、又は報酬を得ていかなる事業若しくは事務にも従事してはならない」（地方公務員法第38条）とする「営利企業等の従事制限」がある。

つまり「信用失墜行為の禁止」「秘密を守る義務」「政治的行為の制限」「争議行為等の禁止」「営利企業等の従事制限」の五つが身分上の義務等にあたり、守秘義務は在職中だけではなく退職後も守らなければならないのである。

2 教師の身分保障

公立学校教師は、地方公務員でありかつ教育公務員の身分を有しているので、上記の条文が教師にそのまま適用されるわけではない。このように規定されているのは、教師という仕事が有する「職務とその責任の特殊性に」由来している。そのため教師の職務の特殊性に応じて、教師の身分が保障されているのである。

教育の基本的理念を示す教育基本法では、第9条において教員について次のように規定している。

> 第九条　法律に定める学校の教員は、自己の崇高な使命を深く自覚し、絶えず研究と修養に励み、その職責の遂行に努めなければならない。
> 2　前項の教員については、その使命と職責の重要性にかんがみ、その身分は尊重され、待遇の適正が期せられるとともに、養成と研修の充実が図られなければならない。

この条文によると，教師には「絶えず研究と修養に励むこと」を，教師を養成，採用する側には，教師の「身分を尊重し，待遇の適正を期すること」「養成と研修の充実を図ること」を求めていることがわかるのである。
　そして具体的な内容は，教育公務員特例法に規定されている。教育公務員特例法は「教育を通じて国民全体に奉仕する教育公務員の職務とその責任の特殊性に基づき，教育公務員の任免，人事評価，給与，分限，懲戒，服務及び研修等について規定」（教育公務員特例法第1条）しているのである。
　そして一般の地方公務員と教育公務員の服務上の規定で異なるのは，次の3点である。

(1)研修に関すること
(2)政治的行為の制限に関すること
(3)兼職及び他の事業等の従事に関すること

　なお研修に関しては本書の第11章で詳細に扱っているので，ここでは省く。
　「政治的行為の制限」については，教育公務員は地方公務員であることから，地方公務員法に基づき一定の政治的行為が禁じられている。加えて，教育公務員の職務と責任の特殊性に鑑み，「公立学校の教育公務員の政治的行為の

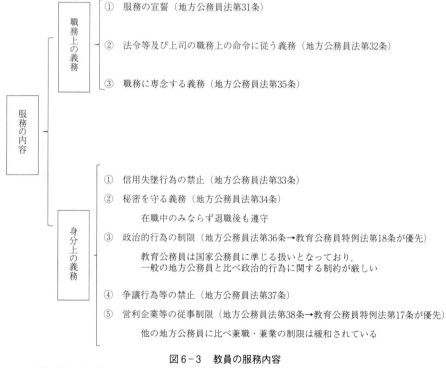

図6-3　教員の服務内容
出所：坂田ほか（2017，111ページ）をもとに作成。

第6章 教師の職務

制限については、当分の間、地方公務員法第36条の規定にかかわらず、国家公務員の例による」（教育公務員特例法第18条）と「公立学校の教育公務員の政治的行為の制限」について規定されているのである。

また、「兼職及び他の事業等への従事」については、地方公務員は、私企業やその他の団体の役員等との地位を兼ねること、私企業を直接経営すること、または報酬を得て事業・事務に従事することを原則として禁じている。しかし、教育公務員は、本務の遂行に支障がないと任命権者が認める場合、教育に関する兼職について給与を受けることができ、職務専念義務の免除を受けて、他の教育に関する兼業を行うことができるというように、緩やかな規程になっているのである（教育公務員特例法第17条）。

以上の教師の職務上の義務・身分上の義務および身分保障についてまとめたものが図6-3である。

4 教師の多忙化

1 多忙化の実態

教師の職務の多忙化は以前から指摘されてきたが、社会的に大きな注目を集める契機となったのは、文部科学省が行った調査結果の公表による。その結果（図6-4）によれば、1週間当たりの教諭の学校における総勤務時間は、小学校は55〜60時間未満、中学校は60〜65時間未満の者が占める割合が最も高い。つまり小学校では週当たり約20時間、中学校では週当たり約25時間の超過勤務

▷2 この調査は、小学校、中学校各400校（確率比例抽出により抽出）に勤務する教師（校長、副校長、教頭、主幹教諭、指導教諭、教諭、講師、養護教諭、栄養教諭）全員を対象に、平成28年10月もしくは11月の1週間の勤務内容を調べたものである。回答数は小学校397校（99.3％）8951人、中学校 399校（99.8％）1万687人であった（文部科学省初等中等教育局、2017）。

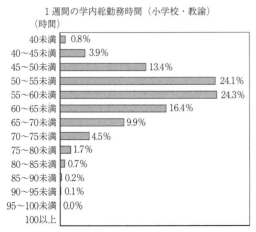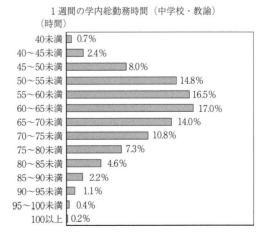

図6-4 小学校教諭、中学校教諭の1週間の総勤務時間数

※「教諭」について、平成28年度調査では、主幹教諭・指導教諭を含む。
※1週間当たりの正規の勤務時間は38時間45分。
※上記グラフは、勤務時間から本調査の回答時間（小学校64分、中学校66分）を一律で差し引いている。
出所：文部科学省初等中等教育局（2017）。

を行っている。加えてそれ以上の超過勤務を行っている教師は小学校で約33％，中学校で約41％おり，多忙な勤務状況にあることが浮き彫りになったのである（文部科学省初等中等教育局，2017）。

2　多忙化の背景

それではなぜこのような長時間労働が行われてきたのであろうか。妹尾は，学校の長時間労働が改善しないのは，次の六つの理由によると述べている（妹尾，2017，93～119ページを一部改変）。

(1) 前からやっていることだから（伝統，前例の重み）
(2) 保護者の期待や生徒確保があるから（保護者と生徒獲得のプレッシャー）
(3) 子どもたちのためになるから（学校にあふれる善意）
(4) 教職員はみんな（長時間一生懸命）やっているから（グループシンキング，集団思考）
(5) できる人は限られるから（人材育成の負のスパイラル）
(6) 結局，わたし（個々の教職員）が頑張ればよいから（個業化を背景とする組織的対応の不足）

さらにこの六つに次の三つが近年付加されたのである（妹尾，2017，88～91ページ）。

(1) ケア，配慮が特に必要な子どもの増加
(2) 家庭の変容に伴う，学校教育が担うべき領域の拡大（"福祉機関化"する学校）
(3) 非正規雇用の増加による，教職員間のコミュニケーションコスト等の増加

妹尾が指摘した上記九つに加えて，「時間外勤務手当がない給与体系」により，管理職や教師に時間管理の意識が希薄なことが多忙化に拍車をかけているのである。

つまり教師や学校が，従来からある業務量を精選することなく新たな業務を次々と引き受け，管理職や教師自身に時間管理の意識が希薄なことが多忙化にますます拍車をかけ，多忙化が常態化しているのである。

3　多忙化の改善方策

前記調査結果の公表を受けて，教師の多忙化を改善しようという機運が高まり，2017年6月22日，松野博一文部科学大臣は中央教育審議会に対して，「新しい時代の教育に向けた持続可能な学校指導・運営体制の構築のための学校に

▷3　教師の給与体系
教師の勤務の特殊性を考慮して，教師には時間外勤務手当，休日勤務手当は支給されない。その代わりに「教職調整手当」（給与の4％相当額）が支給されている。つまり例外として認められている次の4項目以外は，時間外勤務を命じることは原則としてできないしくみになっているのである。
(1) 校外実習その他生徒の実習に関する業務
(2) 修学旅行その他学校の行事に関する業務
(3) 職員会議に関する業務
(4) 非常災害の場合，児童又は生徒の指導に関する緊急の措置を必要とする場合，その他やむを得ない場合に必要な業務
そうすると，上記の例外4項目以外の理由で時間外勤務に従事していたとしても，制度的には時間外勤務手当が出ないとわかったうえで教師が自主的に勤務しているものと見なされるのである。したがって勤務時間を厳格に把握・管理しようとする意識が希薄になりがちなのである。

おける働き方改革に関する総合的な方策について」諮問した。これを受けて中央教育審議会では初等中等教育分科会に「学校における働き方改革特別部会」を設置して検討を開始した。そして2017年8月29日に同特別部会では、「学校における働き方改革に係る緊急提言」を行った。

その後も同部会での検討は続けられ、2017年12月22日に中央教育審議会において「新しい時代の教育に向けた持続可能な学校指導・運営体制の構築のための学校における働き方改革に関する総合的な方策について（中間まとめ）」がまとめられた（中央教育審議会, 2017）。ここでは「これまで学校・教師が担ってきた代表的な業務」を、「基本的には学校以外が担うべき業務」「学校の業務だが、必ずしも教師が担う必要のない業務」「教師の業務だが、負担軽減が可能な業務」に分類して（表6-3）、学校や教師の業務を軽減することを提言している。

この「中間まとめ」を受けて、同年12月26日に文部科学省が実施する内容を緊急対策としてとりまとめた（文部科学省, 2017b）。ここで業務軽減のすべての方策について述べることはできないので、効果が期待できる部活動に関係する「部活動ガイドライン」と「事務支援員」について紹介したい。文部科学省もこれらの事業に予算措置を行っている（文部科学省, 2017a）。

スポーツ庁は、2018年3月に「運動部活動の在り方に関する総合的なガイドライン」を出した（スポーツ庁, 2018）。そのなかでは、「3 適切な休養日等の設定」として、

▷4 このなかでは、
(1)校長及び教育委員会は学校において「勤務時間」を意識した働き方を進めること
(2)全ての教育関係者が学校・教職員の業務改善の取組を強く推進していくこと
(3)国として持続可能な勤務環境整備のための支援を充実させること
の三つを緊急提言した（中央教育審議会 学校における働き方改革特別部会, 2017b）。

▷5 文部科学省の予算措置
二つの事業に対して補助率3分の1の予算措置を行っている（文部科学省, 2017a）。
スクール・サポート・スタッフの配置（12億円）
・教員がより児童生徒への指導や教材研究等に注力できる体制を整備し、教員の負担軽減を図るため、学習プリント等の印刷などを教員に代わって行うサポー

表6-3 これまで学校・教師が担ってきた代表的な業務のあり方に関する考え方

基本的には学校以外が担うべき業務	学校の業務だが、必ずしも教師が担う必要のない業務	教師の業務だが、負担軽減が可能な業務
①登下校に関する対応	⑤調査・統計等への回答等（事務職員等）	⑨給食時の対応（学級担任と栄養教諭等との連携等）
②放課後から夜間などにおける見回り、児童生徒が補導された時の対応	⑥児童生徒の休み時間における対応（輪番、地域ボランティア等）	⑩授業準備（補助的業務へのサポートスタッフの参画等）
③学校徴収金の徴収・管理	⑦校内清掃（輪番、地域ボランティア等）	⑪学習評価や成績処理（補助的業務へのサポートスタッフの参画等）
④地域ボランティアとの連絡調整	⑧部活動（部活動指導員等）	⑫学校行事の準備・運営（事務職員等との連携、一部外部委託等）
※その業務の内容に応じて、地方公共団体や教育委員会、保護者、地域学校協働活動推進員や地域ボランティア等が担うべき。	※部活動の設置・運営は法令上の義務ではないが、ほとんどの中学・高校で設置。多くの教師が顧問を担わざるを得ない実態。	⑬進路指導（事務職員や外部人材との連携・協力等）
		⑭支援が必要な児童生徒・家庭への対応（専門スタッフとの連携・協力等）

※授業については、一部の学校で標準授業時数を大きく上回った授業時数を計画している例が見られる（小5において、週換算で3コマ以上多い学校は20.1％）ことから、各学校における教育課程の編成・実施に当たっては、教師の「働き方改革」に十分配慮すべき。
出所：中央教育審議会（2017）。

ト・スタッフの配置を支援：3000人
中学校における部活動指導員の配置（5億円）
・適切な練習時間や休養日の設定など部活動の適正化を進めている教育委員会を対象に部活動指導員の配置を支援：4500人

(1) 学期中は，週当たり2日以上の休養日を設ける。（平日は少なくとも1日，土曜日及び日曜日（以下「週末」という。）は少なくとも1日以上を休養日とする。週末に大会参加等で活動した場合は，休養日を他の日に振り替える。）
(2) 1日の活動時間は，長くとも平日では2時間程度，学校の休業日（学期中の週末を含む）は3時間程度とし，できるだけ短時間に，合理的でかつ効率的・効果的な活動を行う。

といったこと等を求めている。

これまで平日放課後，土日のほぼ毎日を部活動に費やしてきた教師も少なくないが，ガイドラインでは休養日の設定と練習時間の短縮化が求められている。加えて部活動指導員という外部人材の活用が求められている。

次にチーム学校の一環としての「事務支援員（教師業務アシスタント）」について紹介する。役所や企業の場合，資料の印刷を担当するスタッフが配置されているが，学校は違う。授業で使用するプリント，学級通信等の印刷は教師が行うことがほとんどである。そこで岡山県や北九州市では教師の事務負担を軽減する方策の一環として学校に「事務支援員（教師業務アシスタント）」を配置して効果を上げているという（表6-4）（『読売新聞』2017；『西日本新聞』2018）。

表6-4　教師業務アシスタントが担当する業務の例

・授業準備（コピーやパソコンなどの準備）
・資料作成，コピー（授業準備以外）
・学校行事，会議，校内研修の準備・後片付け
・学級，学年，部活動，PTA の会計処理
・ホームページの更新
・教室の環境整備，掲示物の作成・掲示
・名簿の作成，出席簿の集計
・調査統計，データ入力

出所：『読売新聞』2017年6月15日付。

Exercise

① 教師が学校で行っていたことであなたが不思議に思ったことがあれば，出しあってみよう。またなぜそれを不思議に思ったのか考えてみよう。
② 多忙化にもかかわらず教師の多くが教職を続けている理由を考えてみよう。
③ 次の事例の場合の，A 教諭に問われる責任について考えてみよう。
　　A 教諭は，上司から個人情報の持ち出し許可を得ないまま，生徒の成績が入った USB メモリーをバッグに入れ，持ち運んでいた。ある日，そのバッグを車の座席に置き，駐車場に駐車していたところ，車上荒らしにあ

い，バッグを盗まれた（香川県教育委員会，2008）。

📖 次への一冊

坂田仰・黒川雅子・河内祥子・山田知代『図解・表解　教育法規——"確かにわかる"法規・制度の総合テキスト新訂第3版』教育開発研究所，2017年。
　　教育法規・制度について図表を多用していてわかりやすい。
妹尾昌俊『「先生が忙しすぎる」をあきらめない——半径3ｍからの本気の学校改善』教育開発研究所，2017年。
　　教師の多忙化解消のために，実践可能な具体的な考え方と方法を示している。
多賀一郎・苫野一徳『問い続ける教師 教育の哲学×教師の哲学』学事出版，2017年。
　　現役小学校教師の多賀が教師の本質を問い，教育哲学者の苫野が読み解くことを通して，難解なテーマをわかりやすく説明している教師論の入門書である。

引用・参考文献

香川県教育委員会「研修用資料　信頼される教師を目指して」2008年3月（2014年一部改訂，2017年一部改訂）。https://www.pref.kagawa.lg.jp/kenkyoui/somu/pdf/education/shinraikyoushi201711.pdf（2018年8月22日閲覧）
笠井恵美『サービス・プロフェッショナル——営業，販売，接客「上位2割」の熟達者になる14の経験』プレジデント社，2009年。
坂田仰・黒川雅子・河内祥子・山田知代『図解・表解教育法規——"確かにわかる"法規・制度の総合テキスト新訂第3版』教育開発研究所，2017年。
佐藤学「序論＝教師というアポリア 《中間者》から《媒介者》へ」佐藤学『教師というアポリア——反省的実践へ』世織書房，1997年，3～21ページ。
スポーツ庁「運動部活動の在り方に関する総合的なガイドライン」。http://www.mext.go.jp/sports/b_menu/shingi/013_index/toushin/__icsFiles/afieldfile/2018/03/19/1402624_1.pdf（2018年8月22日閲覧）
妹尾昌俊『「先生が忙しすぎる」をあきらめない——半径3ｍからの本気の学校改善』教育開発研究所，2017年。
多賀一郎・苫野一徳『問い続ける教師 教育の哲学×教師の哲学』学事出版，2017年。
高木光太郎「教室にいること，教室を語ること——私の物語と教室の物語」佐藤学編著『教室という場所』国土社，1995年，87～119ページ。
中央教育審議会「新しい時代の教育に向けた持続可能な学校指導・運営体制の構築のための学校における働き方改革に関する総合的な方策について（中間まとめ）【概要】」2017年。http://www.mext.go.jp/component/b_menu/shingi/toushin/__icsFiles/afieldfile/2018/01/26/1400723_02.pdf（2018年8月24日閲覧）
中央教育審議会学校における働き方改革特別部会（第1回資料4-3）「『今後の検討すべき主な事項（案）』に関する参考資料」2017年a。http://www.mext.go.jp/b_menu/shingi/chukyo/chukyo3/079/siryo/__icsFiles/afieldfile/2017/07/24/1388265_8.pdf（2018年7月10日閲覧）

中央教育審議会学校における働き方改革特別部会「学校における働き方改革に係る緊急提言」2017年b。http://www.mext.go.jp/b_menu/shingi/chukyo/chukyo3/079/sonota/__icsFiles/afieldfile/2017/09/04/1395249_1.pdf（2018年7月10日閲覧）

中央教育審議会学校における働き方改革特別部会（第13回資料3-4）「学校の組織図（例）」2018年。http://www.mext.go.jp/b_menu/shingi/chukyo/chukyo3/079/siryo/__icsFiles/afieldfile/2018/05/23/1405285_6.pdf（2018年8月24日閲覧）

文部科学省「平成30年度文部科学関係予算（案）のポイント」2017年a。http://www.mext.go.jp/component/b_menu/other/__icsFiles/afieldfile/2017/12/22/1399821_1.pdf（2018年8月13日閲覧）

文部科学省「学校における働き方改革に関する緊急対策について（概要）」2017年b。http://www.mext.go.jp/b_menu/houdou/29/12/__icsFiles/afieldfile/2018/01/25/1399949_02.pdf（2018年8月13日閲覧）

文部科学省初等中等教育局「教員勤務実態調査（平成28年度）の集計（速報値）について」2017年。http://www.mext.go.jp/b_menu/houdou/29/04/__icsFiles/afieldfile/2017/04/28/1385174_002.pdf（2018年8月13日閲覧）

「教育ルネッサンス　教員の働き方改革1　事務作業の委嘱でゆとり」『読売新聞』2017年6月15日朝刊。

「教員の負担減へ　北九州市が40校に「サポートスタッフ」主婦らが資料印刷，仕分け――早くも効果が［福岡県］」『西日本新聞』2018年8月3日。https://www.nishinippon.co.jp/nnp/f_kitakyushu_keichiku/article/438177/（2018年8月13日閲覧）

第7章
カリキュラムを創る教師

〈この章のポイント〉
　教育課題が複雑化する現代において，教師がカリキュラムを創る意義とは何だろうか。本章では，カリキュラムづくりの視点について，教育課程とカリキュラムの捉え方を理解するとともに，カリキュラム開発の基礎的な概念に注目し，「学校に基礎を置くカリキュラム開発」の考え方や，学習指導要領に拠らないカリキュラムづくりのあり方を検討してみたい。そのうえで，カリキュラムを創る教師の事例として，一教師としての実践から，学級・学年や組織としてのカリキュラムづくり，カリキュラムづくりにおけるリーダーシップの問題について学ぶ。

1　現代におけるカリキュラムづくりの意義

1　カリキュラムづくりの必要性

　以前より，教育課程の編成・実施をめぐっては，学校の「裁量」の重要性が指摘されてきた。例えば，学習指導要領［2008年改訂］の基本方針を示した2008年1月中央教育審議会（以下，中教審）答申においては，教育課程編成における各学校の「責任」が明示された。また，従来，教育課程の編成・実施の「裁量」をめぐる「入り口」についての議論が多かったのに対して，同答申では「このような現場主義の重視は各学校がその責任を全うすることを求めるものであり，各学校の創意工夫の成果の検証が不可欠である」と「出口規制」についても言及された。
　同答申は，「教育課程におけるPDCAサイクルの確立」と各学校に「教育課程や指導方法等を不断に見直すことにより効果的な教育活動を充実させるといったカリキュラム・マネジメントを確立すること」を求めていた。
　新学習指導要領においても強調されているのが，各学校における「カリキュラム・マネジメント」の確立である。
　2003年10月中教審答申が「校長や教員等が学習指導要領や教育課程についての理解を深め，教育課程の開発や経営（カリキュラム・マネジメント）に関する能力を養うことが極めて重要である」と重要性を確認する表現であったことを踏まえると，新学習指導要領では，各学校や教師のカリキュラムづくりへの期

▷1　教育課程編成における各学校の「責任」
「各学校は，大綱的な基準であるこの学習指導要領に従い，地域や学校の実態，子どもたちの心身の発達の段階や特性を十分考慮して適切な教育課程を編成し，創意工夫を生かした特色ある教育活動が展開可能な裁量と責任を有している」（2008年1月中央教育審議会答申）。

▷2　カリキュラム・マネジメント
カリキュラム・マネジメントとは，「学校においては，児童や学校，地域の実態を適切に把握し，教育の目的や目標の実現に必要な教育の内容等を教科等横断的な視点で組み立てていくこと，教育課程の実施状況を評価してその改善を図っていくこと，教育課程の実施に必要な人的又は物的な体制を確保するとともにその改善を図っていくことなどを通して，教育課程に基づき組織的かつ計画的に各学校の教育活動の質の向上

を図っていくこと」とされている（小学校の新学習指導要領「総則」）。

待がさらに高まってきていることがうかがえる。

これらの背景には，近年の教育課題の複雑化がある。「教育の問題解決は学校現場で」の発想のもと，国をはじめさまざまなシステムや制度が担ってきたことを，個々の学校の努力や工夫に委ねるという大きな社会環境の変化があり，教師の役割や仕事のあり方を見直すことが求められている。

全国の画一的な横並びの教育実践や教科書と指導書に依存しすぎるのではなく，個々の教職員が自校の実情や，学習指導要領のどこに自校課題克服の手がかりがあるかなどを踏まえ，教師や学校の主体性・意思を前提に豊かなイメージのもと教育活動を展開することが期待されている。

2 組織としての取り組み

カリキュラム・マネジメントの実現に向けては，校長を中心に教科等の縦割りや学年を越えて，学校全体で取り組むよう学校の組織や経営の見直しを図っていく必要があることも新学習指導要領で指摘されている。

具体的には，(1)管理職だけでなく，すべての教職員が「カリキュラム・マネジメント」の必要性を理解し，日々の授業等についても，教育課程全体のなかでの位置づけを意識しながら取り組むこと，(2)また，学習指導要領等の趣旨や枠組みを生かし，各学校の地域の実情や子どもたちの姿等と指導内容を見比べ関連づけながら，効果的な年間指導計画等のあり方や，授業時間や週時程のあり方について，校内研修等を通じて研究を重ねていくことも重要とされている。

▷3 カリキュラム・マネジメントにおける組織としての取り組み
「カリキュラム・マネジメント」では，管理職や教務主任のみならず，生徒指導主事や進路指導主事なども含めた全ての教職員の参加が期待されている。

このように，カリキュラム・マネジメントにおける組織としての取り組みによって，学校の特色を創り上げていくことが近年期待されている。

2 カリキュラムづくりの視点

1 教育課程とカリキュラム

前述のように，近年，カリキュラムの開発やマネジメントが重視されはじめているが，それは，学習指導要領や教科書に従うだけではなく，学校現場の創造性や組織性により期待する考え方である。それでは，「教育課程」や「カリキュラム」という用語にはどのような意味合いがあるのだろうか。

▷4 教育課程
日本では戦前の小学校で「教科課程」，中学校で「学科課程」が使われていた。学校の教育活動が教科学習のほか，学校行事など教科外活動を含むことから戦後は「教育課程」が使われるようになった。

「教育課程」は，学校で学ぶ内容についての国家的基準をはじめ制度化された公的なものを指し，学習指導要領や教科書に関わる行政用語である。

それに対して，「カリキュラム」は，ラテン語の競走場，競走路を語源とし，人生の来歴も含意している。転じて学校で教えられる科目・内容や時間配分な

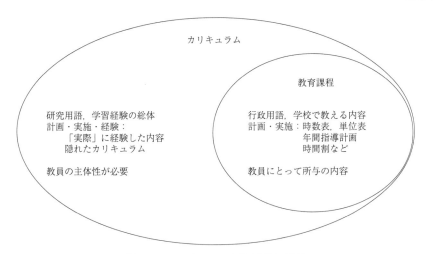

図7-1 カリキュラムと教育課程の関係
出所：安藤（2016, 56ページ）。

ど、学校の教育計画を意味する用語となった。また、明示されたカリキュラムとは別に、教育の過程で文字化も意図もされずに、教え、学ばれることが潜在的カリキュラム（latent curriculum）や隠れたカリキュラム（hidden curriculum）として研究されてきたが、それらを含むより広義なものがカリキュラムと呼ばれている。

以上から、カリキュラムと教育課程では、その語の指し示す範囲が異なることがわかる（図7-1）。教育課程に加えてカリキュラムという視点をもつことの意義は、教科書・教材にとどまらず学習経験の総体にまで教師の視野を広げる点にある。

カリキュラムは教育計画より学習経験を重視し、開発主体をはじめ、教師の開発過程への参加や授業改善、研修などを含む包括的な用語である。教育課程やカリキュラムをめぐってどのような議論がなされてきたのか、それらを検討していくことはこれからの学校のあり方を考えていくうえでは欠かせないといえる。

▷5 潜在的カリキュラムと隠れたカリキュラム
前者は教師が無意識に伝え、児童生徒が無自覚に学習する価値内容の存在を、後者は社会統制や階級的不平等の再生産に好都合な価値内容が学校教育に隠されていることを問題とする。

2 経験の評価と教師の主体性の重視

それでは、カリキュラムの概念を教師が理解することには、日常的な教育活動にとってどのような意義があるのだろうか。先に見たように、カリキュラムは「学習経験の総体」という意味を有する。学校の教育内容と言うと、「教える内容」や「教えた内容」をイメージする者も多いだろうが、ここには「何を」「いつ」教えるのかという「計画」の層、それを教えるという「実施」の層がある。ところが「学習経験の総体」は、「教える内容」「教えた内容」だけでなく、「学んだ内容」までをも含む。これは「経験」の層である。つまり、

カリキュラムという語には，教育内容をめぐる計画，実施，経験の層があると考えられる。

これらのうち，学習者が実際に学習した内容を問う点に重きを置くことができるのが，「カリキュラム」という考え方の一番の特徴である。

意図的，計画的である「教える内容」「教えた内容」と，結果として「学んだ内容」を同一視することはできないが，そのような同一視は教育実践では頻繁に起こりうることである。そのため，子どもたちが結果として何を学んでいるのかに絶えず留意しなければならず，ここに，教師がカリキュラムに対して主体的にかかわる必要性があることがわかる（安藤，2016，53ページ）。

3 カリキュラムづくりの主体

教育課程の基準設定や編成を誰が担うかは，政治的な論争点であり，教育内容の決定権をめぐる教育権論争などが有名である。文部科学大臣や教育委員会にあるとする説もあるが，学習指導要領の総則に「各学校においては（略）学校や地域の実態を十分考慮して，適切な教育課程を編成するものとし」とあることから，学校の教育課程編成権を認めるのが通説である。

各学校は，学習指導要領など教育課程の公的基準に基づき，教育目標の設定，教育内容の構成，授業時数の配当を総合的に行う。現在では，国が基準設定を，学校が編成を担うというのが通説であるが，学習指導要領が絶対的基準かまたは大綱的基準か，編成権が校長と教職員のどちらにあるかなど議論は続いている。また，教育課程編成の概念は，カリキュラム開発と比べて国や地方の基準を前提とする点で，技術的な作業の側面に強調があり，そのもとになる理念や思想は含まれない性格が強い。

その一方で，先にも述べたように，近年は，教育課題が複雑化し，国や地方行政レベルで一律に問題を解決することが難しくなってきた。現場主義の問題解決が学校に求められており，教育課程編成という考え方より柔軟で包括的なニュアンスをもつカリキュラム開発や，開発のなかでも条件整備活動に重きを置くマネジメントが注目されている。学習指導要領や教科書の基準性が強く教育課程にかかわる権限や資源が限られていた時代には，その発想や伝統が希薄で，教科書や指導書を用いた授業が当然とされ，公的基準に基づいて教育課程を管理する傾向が強く，民間団体による教育課程の自主編成にしても，多くは教科の教育内容についてのものであったと言える。

▷6 教育権論争
学習指導要領の法的拘束性や教育課程の編成権について，国民の教育を受ける権利（日本国憲法第26条）を受けて，国家の教育権説と国民の教育権説が対立してきた。学校教育の内容について，民主的手続きに従って国民の信託を受けた国が全国一律に決定する権能を有すとするのが前者で，後者は親及びその付託を受けた教師を中心とする国民全体に教育内容の決定が委ねられるべきとする。

3 カリキュラム開発とは

1 カリキュラム開発の定義

　カリキュラム開発については、多くの論者が定義を試みてきたが、例えば、田中は「カリキュラム開発は、変動する社会の要求に対応して、コース・オブ・スタディを改訂する試みであるが、その際、各学校が教師を積極的に参加させながら授業内容を改善しようとするところに特徴がある。すなわち、カリキュラム開発の考えは、①経験概念をもとに、より広義の機能的なカリキュラム観に立ち、②各学校・授業を基礎にして、教師の再教育と専門的な意思決定を重視しながら、③カリキュラム評価とそのフィードバックによる循環の蓄積を強調する。カリキュラムの開発はゼロの状態から開始されるのではなく、教師が今あるカリキュラムのどこに問題点があるのかをチェックし、これを少しずつ手直しする試行錯誤の積み重ねによって達成される」としている（田中，1999，76～77ページ）。

　また、カリキュラム開発の主体については、(1)「研究（Research）・開発（Development）・普及（Diffusion）モデル（RDD）」と(2)「学校に基礎を置くカリキュラム開発（School-Based Curriculum Development：SBCD）」の立場がある。前者は中央機関で専門家と教育関係者がカリキュラムを開発し、学校で実践および普及させるモデルである。後者は、学校をカリキュラム開発の場と考え、日常的な活動を通して進めていくものである。

2 学校に基礎を置くカリキュラム開発

　カリキュラムづくりに関して、学校をカリキュラム開発の場と考え、日常的な活動を通して進めていくのがSBCDである。学習指導要領のように上からの基準によるものではなく、各学校が置かれた環境や条件に応じて下から開発をしていく点に特徴がある。日本においては、文部省とOECD-CERI（経済協力開発機構・教育研究革新センター）が1975年に開催した「カリキュラム開発に関する国際セミナー」で、スキルベック（M. Skilbeck, 1932～）によって初めて紹介された（文部省，1975）。

　SBCDではカリキュラム開発が、(1)状況分析、(2)目標設定、(3)教授・学習活動のプログラム構成、(4)プログラムの解釈と実施、(5)評価、フィードバック、再構成、の5段階で捉えられている。外的な基準をまず参照するのではなく、自校が置かれた状況やそれまでのカリキュラムの分析から始める点に特徴があり、そのプロセスでは、教師の省察、学校の問題解決志向、開発のためのネッ

トワーク構築が特に重視される（末松, 2014）。

SBCD が注目されたのは, 国家等の教育課程基準の開発が, 学校の実態や現場の教育課題と乖離していることに不満や批判があったためである。中央集権的環境のもとで実験的に開発し, 学校に伝達・普及するトップダウン的なものではなく, 地方分権的環境で学校・地域の実態・条件を重視する草の根によるボトムアップ的な性格をもつのがSBCD である。

ただし, SBCD は, イギリスなどではその後の1980年代のナショナル・カリキュラムの設定により急速に衰退した。そもそもイギリスなどの SBCD はスローガン的に言葉だけが流布したもので, 具体的な開発手法を各学校が持ち合わせていなかったとも指摘されている。計画段階以上に実施・評価が重視されることから, 教師個人の専門性に頼るだけではなく, 学校として組織的な活動ができていたかが検証される必要もあった。

日本に目を向けても, 研究開発学校, 教育課程特例校[7], スーパー・サイエンス・ハイスクール（SSH), スーパー・イングリッシュ・ランゲージ・ハイスクール（SELHi）などは日本版 SBCD ともいえ, その動向は注目に値する。

▷7 教育課程特例校
教育課程特例校制度により, 学習指導要領等の教育課程の基準によらない特別の教育課程の編成・実施を可能とする特例を認められた学校で, 構造改革特別区域研究開発学校設置事業として行われてきたが, 2008年4月より文部科学大臣の指定により行うことが可能となった。

3 授業との関係, 学年・学級経営との関係

実際に, 学校における教育活動において, 教師が「カリキュラムをつくる」と聞いても具体的なイメージをもちにくい。日常的に学校でどのようにカリキュラムがつくられているか, まず実際の授業成立を考えてみよう。

授業というと各教科の授業をイメージしやすい。教科書と指導書があれば, おそらくある程度は展開できる。学習指導要領改訂の時期であれば, 多少, そのことも考慮に入れられるかもしれない。自分で考えて行うのは, 指導計画を立てて, 時数管理をすることが中心となる。またその前提として教務主任等による時間割編成や時数調整, 法令遵守などがある。このような各教科の実践の寄せ集めが, その学校の教育課程と言えるだろうか。

また, 小学校における外国語活動の導入など, 既存の知識・方法では対応できない内容が導入された場合を考えてみたい。この場合は, 多くの研修会への参加, 民間のノウハウ活用, 他校種や先進校での取り組みなど幅広い知識や知見を吸収して活かすことになるだろう。実際の授業では教科書や指導書に頼るとしても, そのための準備として, 授業研究や校内研修など多くの授業外での取り組みを行うはずである。

それらに十分に取り組むことができた場合でも, 自校の教育目標との関連性や, 他の同僚との関係, 他教科, もしくは自分が担当する子どもがこれまで学んできたこと, 小・中学校9年間あるいは高等学校を含めた12年間を視野に入れるなど幅広く検討する必要がある。

このように，一つの授業成立を考えるだけでも途方に暮れそうになるが，カリキュラムづくりの過程は単純ではないと理解することが，まず最初のステップとなる（末松，2012）。

また，一教師にとどまらず，学年・学級経営においても，カリキュラムづくりの視点をもつことによって，次のような効果があることが指摘されている（天笠，2009，67ページ）。

(1) 教職員が抱いている教育課程に関するイメージを豊かにする。
(2) 授業や学年・学級経営に関する教職員の活動を，カリキュラムが掲げる目標の達成と結びつける。
(3) 校内における教職員の協働の核をカリキュラムに求め，協働文化の形成をはかる。
(4) カリキュラムへの計画・実施・評価を通して，教職員に学校経営への参加を促す。
(5) カリキュラム評価の結果をふまえて学校の改善をはかる。

掲げる趣旨や理念が適切でも各学校に浸透せず，個々の教師の実践も持続性のないものに終わる。このような問題状況を克服するためにも，カリキュラムづくりにおいては，「ロジスティクス」という発想も重要になる。具体的には，教師の力量に加えて，教育行政の戦略や支援，教育センター，附属学校，研究開発学校，学校，大学などがネットワークを結び，教育課程や授業実践の情報など，互いの交流を具体化させる地域におけるカリキュラムセンターの構築と学校間の緊密な連携が必要になる（末松，2012）。

さまざまな制約があるなか，カリキュラムづくりに直向きに取り組んでいる個々の教師や学校の実践も多く見られる。以下ではいくつかの具体的な事例をもとに，カリキュラムづくりのあり方をさらに考えてみたい。

▷8　ロジスティクス
企業が必要な原材料の調達から生産・在庫・販売まで物流を効果的・効率的に行う管理システムのことである。

4　カリキュラムを創る教師の事例

1　一教師としての実践

安藤（2016，72ページ）では，「カリキュラムを自分で作る教員」として興味深い中学校社会科教師の実践が紹介されている。

その教師は，地域を教材とする授業を心がけており，そのためには，教科書や副読本だけでは足りないと考えている。独自の教材が必要ということで，彼は，例えば歴史分野では，自分の赴任先の図書館や郷土資料館などに通って，

その地域のことを徹底的に調べあげ，それを教材化している。それは，通常の歴史学習では中央の歴史や主流の歴史が扱われるが，子どもにとっては地域という身近な場所での語りがないと歴史学習は深まらないと彼が考えているためである。

彼の勤務する県は，明治維新で活躍した人間を多数輩出しているが，県内すべての市町村の子どもにとって身近な存在とは限らない。「その時代に，自分の地元にも○○という人間がいて，○○をしたんだけど，それが明治維新の○○とつながっている」といった授業を目指しているとのことである。

中央の歴史を学ぶことも重要だが，自分の身近な地域の歴史を知り，それを中央の歴史と関連づけることで，歴史の理解を深める可能性を示唆する事例と言える。

以上を踏まえて，一教師としてのカリキュラムづくりの実践の意義を安藤（2016，72ページ）は次のように指摘している。

> 教科書「だけ」ではなくて，それ以外の教材への関心や自分オリジナルの教材作成が求められます。昔から言われていますが，教科書「を」教えるのではなくて，教科書「で」教えることの重要性を指し示す事例だと思います。

2 家庭科のカリキュラムづくりからの示唆

次に，ある中学校家庭科教員X氏の実践に注目してみたい。技術・家庭科では，他の教科とはちがい「単元」と言わずに「題材」という扱いになっている。そのため，学習内容を題材構成するなかで，中学校3年間を通して学習内容を網羅していくことになっており，題材構成は各教員に委ねられている。

このように，家庭科の実践は他の教科のカリキュラムづくりに対しても非常に示唆に富むものであり，彼女のカリキュラムづくりへの想いや，どのような課題に向き合ってきたかを，ここでは筆者のヒアリング（2017年8月22日実施）をもとに紹介してみたい。

① カリキュラムづくりの概要

例えば，家庭分野B「食生活と自立」の領域にある日常食については，学習指導要領に載っている「食品や調理用具等の適切な管理ができること」「日常食または地域の食材を生かした調理などの活動について工夫し，計画を立てて実践できること」などの内容を総合的に習得させることをイメージして題材を構成する。

家庭科は，体験的な学習を重視しているため，知識として習得した内容を基

盤として「魚，肉，野菜の中から食材を選択して煮る，焼く，炒める，などの加熱料理できる調理実習」の項目について実践的な学習を構築する。その実習に付随して，生鮮食品の定義や流通，よりよい食品の選び方，食品に含まれる栄養素や食材の特徴を生かした調理の仕方などの習得が必要になる。これら関連する内容を構造的に配置し，調理実習という体験的な学習に向かって，題材（カリキュラム）を作成する。

　これらの展開の際に，次のようなことがポイントになると彼女は述べている（2017年8月22日，筆者によるヒアリング）。

　　わかりやすい教材や教具の工夫をしたり，全員が安全に調理実習を達成させるために必要な技能の習得のための工夫を行ったり，学習後に自分の生活にどのように活用させていくのかについて考えさせたりする指導の工夫をカリキュラム作成前に検討しておくことは重要です。指導過程や指導方法によって，カリキュラム構成も違ってくるからです。
　　特に家庭科における調理実習では，調理上での失敗や美味しくない食事ができてしまうことは生徒のその後の学習意欲に密接に関係してしまうことがあります。
　　さらに，未熟な調理技術が安全上の危険性を含んでいることもあり，本当に結果が予測できない一発勝負の授業なのです。教員一人では難しいことなので，事前に生徒の中から先生役として指導できる人材を育成し，それぞれのグループとしての課題を把握して補助教材や視聴覚機器を用意して，生徒たちだけで主体的に課題解決できるグループワークのシステムが稼働できるよう準備しておきます。調理実習の成果は，それまで積み上げてきた指導の工夫等を含んだカリキュラム構成の良し悪しにかかっているのです。
　　カリキュラムづくりで留意してきたことは，入念に計画をたて指導内容の構造化を図ること，基礎的・基本的事項の習得しやすい配列に考慮すること，一人一人の知識や技能の既習状況を把握した上で，すべての生徒にとって面白い発見や習得の喜びが感じられる指導法を織り込んでいるのかということでした。

② 学習指導要領や法的規制とどのように向き合ってきたか
　以上の実践に際して，「学習指導要領は，隅々まで研究しました」と彼女は述べている。学習指導要領の解説にある内容がどの程度求められているかを丁寧に検討し，家庭科では発展課題も設定されているため，発展課題の目標達成ラインを決め，その課題を実践するための基礎的な内容を詳細に分析して抜き出し，習得順に配列したこともあったそうである。次のような学習指導要領と

の向き合い方は，教師としての主体性が非常によく表れている（2017年8月22日，筆者によるヒアリング）。

　学習指導要領は教えるべきスタンダードですから，きちんと内容を理解して独りよがりな学習指導計画にならないように心掛けました。学習指導要領の解説にある内容には，行間に自分らしさの入り込む隙間があり，到達点は示されているけれども，その山に登るルートはたくさんあるのだと感じることはよくありました。また，読み深めていくと，関連する内容が自分で把握できるようになり，指導の構造化がおのずと深まっていくようでした。
　何回も読み深めていくうちに，解説なさった方の意図とは別のオリジナルの学習過程を発見することもあり，学習指導要領を十分に解読することの大切さは感じました。特に教材については，様々なものを利用できる教科でしたので，特定の思想に偏ったりせずにできるだけ中立な立場の教材を選択するように心がけました。生徒が，多様な思考ができるように，自分の思考が刷り込みにならないような教材を準備しました。

③　実践上の課題と困難
　実践上の課題や困難は何であったかを彼女に尋ねたところ，自分で計画した学習過程が予定通りに行かなかったと答えた。どうしても，一時間にたくさんの内容を盛り込んで目標を達成できずに終わることがあり，家庭科では3年間87.5時間の指導計画を立てるが，毎週，学習内容を見直して精選する作業を自らの課題としていたとのことである。
　その際に，内容削減ができない授業では，補助教材の開発に努力し，見て理解しやすいようにしておくことや，調べられる資料をたくさん準備することで，主体的に学習する環境づくりを毎時間行っていたそうである。
　ただし，このようにしてつくり上げたカリキュラムでも，小学校で習得してきた内容や生活環境がそれぞれ違うため，どの程度の習得状況であるか，生徒個々の学習へのモチベーションはどのような状態にあるか，生活経験はどのようになっていたかということも評価して，生徒の実態に合うように学習過程を模索することも日々の課題であったと振り返っている。
　そして，興味深いのは，彼女がカリキュラムづくりで最も参考にしたのが，他教科の指導内容・方法であったという点である。彼女はすべての教科の教科書を見せてもらい，どの学年でどの程度まで学習しているかを確認したそうである（2017年8月22日，筆者によるヒアリング）。

　担当の先生はどの内容に重点を置いているのかも聞いてみました。他教科

と同じような内容については，家庭科の授業では既習事項として扱うことにして，学習する時期をあわせたり，他の授業で使った教材を持ってこさせたりしていました。

　カリキュラム構成を行うときに参考にしたのは，問題解決型の学習や課題解決型の学習原理を説明している本です。グループ学習の基礎として，構成的グループワークの指導法も参考にしました。ルソーの『エミール』は何回も読んで，エミールの学習過程を参考にしました。

　現在は，校長として働く彼女に，校長という立場になって，教師としてのカリキュラムづくりの実践がどのように活かされているかも尋ねたところ，「カリキュラムづくりのために他教科や他の先生を常に視野に置いて自分の立ち位置を決めてきたので，校長に赴任したばかりでも，学校全体の教育活動の進行状況を把握しやすかったです」と述べた。教師としては「10年後の生徒像」を常に意識してカリキュラムをつくってきた彼女は，教師を志す者や若い先生への「カリキュラムづくり」という点でのメッセージを次のように述べてくれた（2017年8月22日，筆者によるヒアリング）。

　カリキュラムづくりは，教師の指導における最大の創造過程だと思っています。既存のものをどう捉えているのかという，自分のなかにあるひらめきを大切にしていました。教材開発が趣味でしたので，新しい指導法に気付ける感性を磨くために様々な新しい理論や実践例に触れる努力はしました。先生方にも一人一人の個性を生かした，オリジナルのカリキュラムづくりの時間をたくさん確保してほしいです。

　これからの先生方には，他の先生とのコミュニケーションを大切にしてコラボレーションしたり，外部人材を活用したり，調査したり，追求したりする授業を考えてほしいです。たくさんの人から学ぶ機会は必要です。各教科として教科別に孤立するのではなく，生活に活かせることが実感できるカリキュラムづくりを心掛けてほしいです。

③ カリキュラムづくりにおけるリーダーシップ

① 学級・学年における教師との取り組み

　新学習指導要領では，カリキュラムづくりにおける校長のリーダーシップの重要性も再三強調されている。

　小学校で学級担任，副校長，校長を経験してきたY氏は，筆者のヒアリング（2017年8月28日実施）に対して，自らの実践を振り返りながら，「小学校の

▷9　校長のリーダーシップ　例えば，2016年12月21日中央教育審議会「幼稚園，小学校，中学校，高等学校及び特別支援学校の学習指導要領等の改善及び必要な方策等について（答申）」は，学習指導要領の実施に必要な諸条件の整備として，「教員」の資質・能力の向上に加えて，「学校が家庭・地域とも連携・協働しながら，新しい学習指導要領等の理念を実現していくためには，園長・校長のリーダーシップの発揮をはじめとする学校のマネジメント機能の強化が必要」と述べている。

現状において学級担任が，個人の力で広範囲の担当教科のカリキュラム開発を行うことは難しい面があります」と述べている。その一方で，「しかし，学年組織や校内研究組織の中で連携・協働することで，各教師の専門性や特性を生かして学校の実態に即したカリキュラム開発を行うことも可能です」と指摘している。

彼が勤務した小学校では，「認め合い励まし合い高め合う児童の育成」を研究主題として掲げ，個と集団のかかわりを重視した授業を中心に校内研究を数年継続してきた。学級経営を基盤にした道徳・特別活動・各教科として，指導法の充実・改善，年間指導計画の作成が取り組まれた。その際，研究組織（道徳部会，特別活動部会，教科部会）ならびに学年担任組織（学年会）のなかで，教師が連携・協働することで指導法の改善とカリキュラム開発が行われた。

Y氏は，特別活動部に所属し，第6学年特別活動の授業研究とカリキュラム開発を担当し，学年会では学校や児童の実態に即した授業研究のあり方やカリキュラム開発について，Y氏の企画案を同学年の担任教師と協議・検討を重ねた。

また，研究部会で，学年会で練り上げた案について，他学年の特別活動担当教師と協議・検討を重ねた。さらに，定期的に外部講師を招いて，専門的な見地から指導・助言を受け，授業研究を実施し，年間指導計画を作成した。

特別活動全体計画及び年間指導計画に基づいて授業研究を継続的に行い，児童が主体的・発見的に学習する指導過程を探究しながら指導計画の検証や評価・改善を行った。その際，学年会や研究部会で指導過程や児童の活動・変容について協議し，特別活動全体計画作成にも反映させ，カリキュラム開発に携わった。あわせて，研究発表会を開催し，他県の教師とも意見交換し，作成したカリキュラムを検証したとのことである。

② 管理職としての取り組み

また，Y氏は副校長時代には，総合的な学習の時間の校内研究の推進を担当した。周囲の人や自然に主体的にはたらきかけながら，よりよく生きる態度や資質を身につけられるようなカリキュラムづくりを目指して，学年会の教材研究や研究分科会における指導計画づくりへの相談役や助言者を担った。保護者への情報提供や地域住民への具体的な学校支援の依頼もこまめに行い，カリキュラムづくりの素地の整備に努めた。

「地道な努力であった」ものの，3年間の取り組みにより，総合的な学習の時間のカリキュラムを見直し，改善したことで，地域教材の開発や授業支援者の輪を広げることができたとY氏は振り返っている。

また，Y氏が校長として5年間勤務した小学校では，「考える力を育てる算数の授業づくり」に取り組み，職員室に算数研究コーナーを設置し，複数の教

科書会社が出版している教科書や算数教育に関する先行研究文献を揃え，いつでも教職員が活用できるようにしたそうである。

職員室前の掲示板にも算数コーナーを設置し，初級・中級・上級の算数の問題を定期的に出題し続け，難問に挑戦する児童が増えただけでなく，複数の担当教師が児童の反応を楽しみながら算数研究に取り組んだとのことである。そのほか，授業研究には外部講師を招聘して，指導助言を受けることで，各教師が授業づくりや算数のカリキュラムづくりを学べる環境づくりを行った。

算数のカリキュラムづくりでは，各学年が教科書に準じたカリキュラムを活用しつつ，考える力を育てる活動に関して5項目に整理して，カリキュラムに盛り込んだそうである。その5項目とは「図を使って考える」「式を使って考える」「言葉を使って考える」「既習事項を活用して考える」「友達とのかかわりの中で考える」で，既存のカリキュラムにわずかな工夫をする試みだが，全校的な取り組みを数年継続することで，児童の学習意欲が高まり，学力が確実に定着したことを実感したということである。

各教師は算数研究の先進校にも積極的に足を運び，自身が学んだことを学校の算数教育の充実に還元しようとする意識が高まり，切磋琢磨しながら教師としての資質能力を向上させることにもつながったと説明している。以上の実践の過程において，児童が進学する中学校との算数・数学教育のカリキュラムの連携の課題も明らかになっていったそうである。

このように，カリキュラムづくりの課題とともに授業開発や学校経営の取り組みが構想され，実践されることが学校のあり方に大きな影響を与えていくことがわかる。"あなたの専門は何ですか？"と聞かれて"国語です""生徒指導です""学年経営です""バスケットです"という答えはあるとしても，"カリキュラムです"との回答はなかなか得られないと思われるが，これからの教師の専門性として「カリキュラム」を位置づけてみる意義をどのように受け止められるだろうか。

Exercise

① 「教育課程」と「カリキュラム」について，基本的な考え方や，各用語が指し示す範囲や意味内容にどのような違いがあるか説明してみよう。
② 「学校に基礎を置くカリキュラム開発」について，そのような考え方が求められるようになった背景と，他のカリキュラム開発モデルとの違いについて説明してみよう。
③ カリキュラムを創る教師の三つの事例のうち，一つの事例を取り上げ，教師が単に「教科書を教える」という授業と比べて，教育実践上，どのような

違いや意義があるか分析してみよう。

📖 次への一冊

末松裕基編著『現代の学校を読み解く――学校の現在地と教育の未来』春風社，2016年。
 第2章の安藤福光「『教科書を教える学校』から『カリキュラムを開発する学校』へ」では，カリキュラム開発の基本的な捉え方や具体的な実践が紹介されており，カリキュラムづくりの基礎理論として必読である。

安彦忠彦編『カリキュラム研究入門』勁草書房，1985年。
 1995年新版とともに，カリキュラム研究の基礎理論をはじめ，カリキュラム開発や授業研究との関係について体系的に学ぶことができる。

日本カリキュラム学会編『現代カリキュラム事典』ぎょうせい，2001年。
 カリキュラムづくりに関するキーワードや基礎概念について，教育学の関連事項や他の学問領域との関係も含めて詳細に学習できる。

文部省『カリキュラム開発の課題』大蔵省印刷局，1975年。
 OECD-CERIのセミナーにおいて，日本が世界各国の動向のなかで，カリキュラム開発の考えをどのように受容したかがわかるカリキュラムづくりを考えるための入門書。

Skilbeck, M., *School-Based Curriculum Development*, Harper & Row, 1984.
 「学校に基礎を置くカリキュラム開発」を提唱したスキルベックによる研究書。難解で和訳もないがSBCDの基礎的理解のために挑戦してみたい一冊。

引用・参考文献

天笠茂「カリキュラムを核にした協働――カリキュラム・マネジメントの3つの側面」小島弘道編『学校経営』学文社，2009年，61～71ページ。

安藤福光「『教科書を教える学校』から『カリキュラムを開発する学校』へ」末松裕基編著『現代の学校を読み解く――学校の現在地と教育の未来』春風社，2016年，51～80ページ。

末松裕基「教育課程経営」篠原清昭編著『学校改善マネジメント――課題解決への実践的アプローチ』ミネルヴァ書房，2012年，100～118ページ。

末松裕基「教育課程行政とカリキュラム開発」浜田博文編著『教育の経営・制度』一藝社，2014年，117～128ページ。

田中統治「カリキュラムの社会学的研究」安彦忠彦編『新版 カリキュラム研究入門』勁草書房，1999年，76～77ページ。

文部省『カリキュラム開発の課題』大蔵省印刷局，1975年。

第8章
学級を創り育てる教師

〈この章のポイント〉

　教師にとって最も大切な実践ステージは,「授業づくり」と「学級づくり」である。なかでも,いじめや,不登校などの「問題」の解決には学級づくりの視点が欠かせない。しかし,学級づくりは必ずしも「よい学級」をつくることを意味しない。では,学級づくりとは何をテーマにすべきなのか。本章では,それを集団づくりの視点から明らかにしていく。そしてその具体的な指導論を「班・グループ」「リーダーとフォロアー」「討議・討論（話し合い）」という三つの実践的観点から学ぶ。

1　学級づくりの主要なテーマ

1　学級とは何か

　学級とはなんだろうか。法令では40人を上限として（小学校第1学年は35人），地方等において一部例外的に複式学級はあるものの,原則として同学年の児童生徒で編成されるものとしている。

　簡単にいえば,同世代の子どもたちが共に学び,生活する「場」が学級である。その教育力は非常に大きく,そこでの被教育体験が子どもたちの人生に大きく影響する。どんな学級で過ごし,そこでどんな体験をしたかによって,人間観や人生観が変わるといっても過言ではない。学級は本来,「子どもの中に生きる希望と勇気と自信を育てる」（全生研常任委員会,1990,30〜31ページ）ものでなければならない。しかし,今日においてはいじめによる自死などに代表されるように,学級がむしろ子どもたちの尊厳と自信を剥奪するような空間になりやすい傾向に注意を払わなければならないだろう。それゆえに,「授業づくり」と同時に「学級づくり」が最も大切な教師の仕事とされるのである。

▷1　ただしクラスの定数等に関しては,都道府県によって弾力的な運用がなされている。
2002（平成13）年,公立義務教育諸学校の学級編制及び教職員定数の標準に関する法律（標準法）が改正され,都道府県の判断により,児童生徒の実態等を考慮して,国の標準（40人）を下回る特例的な学級編制基準を設定することが可能となった。

2　集団と団体の違い

　学級は人間の集まりをひとくくりにした「学級集団」という単位で語られる。同じような言葉としては「団体」また「群れ」があるが,これらの違いは何だろうか。まずは団体についての定義をみてみよう。『大辞林 第三版』（三省堂）によれば以下のようになっている。

だんたい【団体】
①人々の集まり。仲間。くみ。むれ。「―で行動する」「―旅行」〔明治時代につくられた語〕
②同じ目的を達成するために意識的に結合した集団。法人・政党など。「―職員」「政治―」

ただの人の集まり（集合体）を指すわけではなく，同じ目的をもった人たちの集合体が団体である。同じ目的というのは指向が共通していることを指す。しかし，学級は同世代とはいえ，指向も感性も異なる子どもたちの集合体である。また，団体への参加は基本任意で，出入りが個人の意志に依るが，一般的な学校教育における学級はそうではない。子どもたちに「どの学級に入るか，抜けるか」という選択権はない。しかし，路上に集う無目的な「群れ」ともまた違う。そう考えてみれば，学級というのは不思議なものである。整理してみよう。

団体：一つの目的や指向をもつ人たちの集まりで硬質なイメージ
群れ：とくに決められた目的があるわけではなく，例えば雲（Cloud）のように雲散霧消する人たちの集まり
集団：異なる考えや指向をもつ人たちの集まり。ただし，そこには一定の目的がある

先に述べたように，学級は共に学び，生活する「場」である。しかし，同年齢ではあっても，個々の発達状態や生育環境，周辺文化などによって考えも指向も異なる子どもたちの集団において，分裂や対立―トラブルが起きるのは必然である。一定のまとまりのある「よい」学級とは，そうした対立を乗り越えるなかで形成されていく。すなわち集団とは分裂や対立を繰り返しながら発展していくものである。

3 集団づくりの意味

では，どうやって学級を学びと生活を協同する「場」にすることができるのだろうか。そのヒントは次の言葉にある。

金を払う相手は先生だが，実際に私の息子を教育してくれたのは生徒たちだ。
　　　　　　　　　（エマーソン（R. W. Emerson, 1803〜82），アメリカの思想家）

エマーソンの言わんとしていることは何だろうか。「教師は教え，導く存在

▷2　この場合の「よい」は子どもの成長と発達に有意であるという意味である。しかし，一般的に「よい学級」とは，表面的に秩序や規則が守られているきちんとした状態を指し（それはそれで間違っているとは言えないが），往々にして教師にとって，または管理上都合のいいもの（管理・コントロールしやすい状態）であることが多い。

だが，実際に自分の子どもの自立と発達に影響し，寄与してくれたのは，一緒に過ごした子どもたちだ」という意味であろう。つまり，子どもたちはその相互の関係性のなかで，ときにネガティブなことも含め，さまざまな体験を通して成長発達していくのである。学級づくりが集団で行われ「学級集団づくり」と呼ばれているのは，こうした文脈に基づいている。つまり，学級担任たる教師の仕事は，子ども一人ひとりを直接，教え導くと同時に，子どもたち同士の関係性をつなぎ，豊かなものにしていく活動を組織していくものでなければならないのである。子どもたちは集団のなかで育つ。かつてフルガムは（R. Fulghum, 1937～）「人生に必要な知恵はすべて幼稚園の砂場で学んだ」という言葉を残している。幼児であっても，小・中学生であってもその本質は変わらないと言えるだろう。

しかし今日，管理や競争が主流となりつつある学校空間において，子どもたちの関係性を豊かなものにしていくアプローチは容易ではない。むしろ放置しておけば，排他的または「関わり合わない関係性」が日常化するのがまた学級である。とするならば，学級担任はどのような指導方針をもち，具体的なアプローチをすればいいのだろうか。次の節ではその基本となる「指導」の概念について考えてみよう。

2　学級担任の仕事

1　指導とは何か

教育における「指導」とは何だろうか。「○○先生，きちんと指導しておいてください」。学校現場では，そんな言葉が日常的に飛び交う。しかし，本来の意味での「指導」とは教師や大人の都合で「子どもに言うことをきかせること」「きちんとさせる（躾ける）こと」ではない。

戦後民主主義教育の理論を構築した城丸章夫は「指導とは子どもをその気にさせること」（城丸，1978，51ページ）と述べている。つまり指導とは子どもの可能性を信じて「自発性を引き出す教師の働きかけの総体」と言える。

そもそも指導は拒否する権利があることが前提である。それは正しいコトには従うが間違ったコトには従わない（異議を申し立てる）という民主的人格を育てることを意味する。単に指示に従わせることは指導ではなく，命令もしくは管理である。もちろん，場面によって指示や管理が必要なことはあるが，自治の場面を増やすことによって教師や大人による上からの管理を小さく，やがてなくしていくこと（自主管理）を目指す。

例えば，荒れた学校（学級）においては「抑える指導」と「育てる指導」の

▷3　ヴィゴツキー（L. S. Vygotskii, 1896～1934）は「発達の最近接発達領域（ZPD）」という概念で「子どもは，集団行動における模倣によって，大人の指導のもとであるなら，理解をもって自主的にすることのできることよりもはるかに多くのことをすることができます」と述べ，近い世代における相互の教育力に注目している。詳しくはヴィゴツキー（2003）を参照されたい。

▷4　社会問題の構築主義的研究で注目を浴びているのが「クレイム申し立て活動」である。社会問題には実体があるのではなく，それは問題であるとするクレイム申し立て活動によって構築されるという立場（イバラ・キツセ，1993＝2000）。学級集団づくりで言えば，ある子どもが「困ったこと，異議」を申し立てることによって初めて，その子どもの主張が集団の課題とされる。一般的に「クレイム＝苦情」とネガティブに捉えられる傾向があり，「モンスターペアレント」という名付けなどはその典型であるが，その意識を転換する必要があるだろう。

両輪が必要で，当初は「抑える指導」を重視せざるをえない場面がままあるが，「育てる指導」の分量を増やすことで，「抑える指導」は徐々に小さく，やがて消えていくことになる。それは指導が管理を乗り越える（飲み込む）ことを意味し，子ども集団が自治的集団に向かっていく道筋（命令されたから，仕方ないからやる→自分たちの生活（社会）にとって必要だから，有益だからやる）と一致する。整理すれば学級づくりの指導とは次のようなものである（全生研常任委員会，1990，46ページ）。

> 子どもたちの必要と要求にもとづいて，自主的・自治的な学級活動をすすめ，その中で，学級を民主的集団に形成していく教育活動である。そしてそれらをつうじて，子ども一人ひとりを民主的な権利主体・自治主体にまで高めていくと同時に，彼らの人格的自立をはげましていく教育活動である。

とするならば，学級を創るとは必ずしも「よい」学級をつくることを意味しない。むしろ，集団のなかに内在する対立やトラブルが顕在化することを恐れず，起こったその問題を子どもたちの必要と要求に基づいて自分たちで解決していく手段とちからを養うこと，子どもたちがこんな学びや生活がしたいという願いが実現できるように支援していくことが担任としての指導課題ということができよう。

2　対話と指導のあり方——「もう一人の子ども」

次に教師がどのように子どもたちと接すればいいか，その視点について考えてみよう。サン＝テグジュペリ（Saint-Exupéry, 1900～44）は『星の王子さま』のなかで「大切なことは目には見えない」と記した。学級づくりにおいても本

▷5　先に述べたように，この場合の「よい」とは「きちんとしている，トラブルがない，静か，決まりやぶりがない」など教師にとって都合のいい見栄えのよい（管理された）学級という意味である。むしろ，そうした学級は水面下で未解決な問題が放置されている可能性も否定できない。

▷6　正確には以下の記述である。教師になる人にとって多くの示唆を含む本なので，機会があれば是非，一度読んでみるとよい（サン＝テグジュペリ，2006，108ページ）。
じゃあ秘密を教えるよ。とてもかんたんなことだ。ものごとはね，心で見なくてはよく見えない。いちばんたいせつなことは，目に見えない。

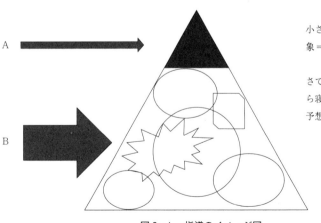

図8-1　指導のイメージ図
出所：筆者作成。

第8章 学級を創り育てる教師

質は同じである。目に見えている現象だけにとらわれずに，問題が起きている本質や背景に働きかけることが重要である。例えば，1時間目から寝ている子どもがいたと仮定しよう。「夜遅くまでゲームをしている」「朝練習でクタクタになっている」「家が安心して眠れる状況ではない」「何らかの疾病を抱えている」「教師に反抗している」「授業が理解できなくてあきらめている」「かまってほしい」「耐えられないくらいのストレスがかかっている」などいろいろな要因が考えられるだろう（それが図8-1の下の台形のなかにあるさまざまな図形である）。

▷7 例えば発達障害の人のなかには「感覚過敏（過剰反応性）」など，光や音などをはじめとする特定の刺激を過剰に受け取って強いストレスを感じることもある。登校途中の朝の強い光でこの子どもが「クタクタ」になってしまったという可能性も考えられる。

要因は一つのこともあるし，複合している場合もある。いずれにしても，▲は下の大きな台形（要因）によって生み出されているとしたら，そこに働きかけなければ本質的な解決にはつながらない。しかし，一般的には「○○先生，あの子はいつも寝ているので，寝ないで授業を受けるように担任としてきちんと指導してください。言うことを聞かなければ顔でも何でも洗わせてください」のように▲に働きかけるAの矢印のみを「指導」とすることが多い。しかし，本来の指導とはBの矢印のことであり，当の子どもとどうすればいいかを考え合い，ともにそれ（要因）に働きかける営みをさすものである。

割合はA＜B

個々の子どもと対話する場合も同じである。どんな子どもでもよりよく生きたいという自立への願いをもっている。しかし，思春期の場合はとくに，その願いがストレートに出るわけではない。むしろ，反抗，非行，「問題」行動という形で表れる場合も少なくない。そうしたときに教師の対話や働きかけはどのように行えばいいのだろうか。

▷8 反抗や非行など「問題」行動と呼ばれるものの多くは，内面の葛藤や抱えている悩みが外に表出——アクティングアウトしたものと言える。

ポイントは子どもに「自分の中にいるもう一人の自分」を意識化させることである。例えば万引きをした子どもがいたとしよう。その子どもを指導しなければならない場面に遭遇したとき，われわれはどういった言葉をかけるだろうか。多くの民主的とされる教師ならば，いきなり怒鳴りつけるようなことはしないはずだ。

「どうしてとっちゃったの？」そんな風に優しい口調で聞く教師が多いのではないだろうか。しかしその問いはほとんどの場合，残念ながら不毛である。自身の行為の背景にある葛藤や要因が言語化できるようであれば，そもそものような行為には至らないからだ。

とすれば，どのような声かけがいいのだろうか。正解は一つではないが，「とる時にドキドキしなかった？」というものはどうだろうか。これならば語る言葉を失っている子どもであっても，頷くくらいのリアクションならばする可能性がある。

105

「よかった！ ドキドキしたということは，きみのなかに，他人の物をとってはいけないという　もう一人のきみがいるからだと思うよ」
「ぼくは，きみの心のなかにいるもう一人を信頼するよ」

　こういった働きかけによって「対話」は始められなければならないのではないだろうか。教育的「対話」とは，目の前の子どもそのものではなく，その子どものなかに住んでいるもう一人の子どもに語りかけることなのだ。子どもは未完成で未発達な存在である。よって彼らの言動はしばしば，ちぐはぐであり「問題」も多い。その見えている現象面だけに働きかけてしまうと，思わぬ袋小路に陥ることが多いのだ（渡辺，2014）。

　学級で起きたトラブルや問題も同様に，見えている現象がすべてではない。むしろ，見えていない部分に光をあてて，子どもたちとともに解決に向かうという視点が必要になる。

3　実践的指導法

1　学級集団づくりの三つの側面

　今まで見てきたように，学級を創り育てるということは，集団のなかで子どもたちの関係性を耕し，生きる希望と勇気を生み出すことである。それは，「活動を組織し，集団をつくることを通じて，子ども一人ひとりを権利主体・自治主体にたかめると同時に，かれらの人格を民主的に形成していくことを課題とする」（全生研常任委員会，1990，48ページ）。

　具体的なアプローチは，「班・グループ」「リーダーとフォロアー」「討議・討論（話し合い）」という三つの側面から考えるとよいだろう。以下，具体的な指導について考えてみよう。

2　班・グループの指導

　子どもたちにとって学級という集団は大人が思う以上に重いものである。とくに学級がスタートした当初においては，そこで友だちとつながり自分の思いを述べ，自身の力を発揮することは難しい。とするならば，まず小さな単位で集団に慣れ，集団とは何かを学ぶことが必要になる。それが班・グループの指導である。

　そのためにはまず「班は安心して過ごせる居場所」という位置づけが必要になる。何より，子どもたちには安全で安心できる場——楽しい場を保障したい。班の活動はまず，「子ども同士のふれあいの場」になるように心がけると

第8章 学級を創り育てる教師

よいだろう。例えば、班単位で給食を食べるようにすれば、子どもたちのなかで会話が生まれやすい。そうした日常的な会話を通して、「こんな考え方もあるのか」といった他者認識や、語り合うことによって、自分は受け入れられているのだという所属意識をもつことができる。また、教師はそうした様子を見ながら、班のなかで誰と誰が仲良しなのか、誰がこの班をリードしているのか、誰が外れ気味なのかといった子どもたちの人間関係を観察することも可能になる。年度初めの自己紹介などもいきなり全体で行うよりも、まずは班単位で行うといいだろう。そして、班単位の係活動や集団あそびの会を実施すれば、子どもたちは作戦会議を開いたり、他の班と対抗することで、団結力や親密感を高めることができる。こうした親密感や一体感、さらに支え・支えられる関係を味あわせることは、新自由主義化が進展し、子ども同士がばらばらにさせられている現在の子どもにとって、貴重な体験となる。

次に、班は「問題」を解決することを学ぶ場所である。班は子どもたちにとって、述べてきたように「居場所」としての役割をもっているが、ときに班内で対立やゴタゴタが起きる。それを話し合いで解決するように導き、班員同士の関係を修復することが大事になる。同一歩調が暗に求められ、それと異なる子どもが弾き出されて、いじめが起きるという状況下にあって、差異のある他者同士をどう向き合わせるかは、きわめて重要な課題である。

例えば、班づくりが、表面的な「仲良し」や居心地の良さを目指すならば、対立が起きにくい同質かつ同性同士の編成のほうがいいだろう。しかし、対立やゴタゴタが起きやすい男女混合の編成にすることによって、眠っていた問題を表面化させ、それを解決に導く力を養うことができる。

そして班は自分たちの願い・要求を実現する場所でもある。「問題」を乗りこえた子どもたちは、自信と信頼感を深め、班を根拠地にして、他の班や学級に対して、提案や要求を出せるようになる。「1班は授業中うるさいので静かにしてほしい」「楽しいレク（レクリエーション）をしたい」「班を替えたい」「西日が眩しいのでカーテンを付けてほしい」というように。班活動は自分たちの手で自分たちの社会（学級）を変えることができることを学ぶ場でもあり、それを通して大きな社会（世の中）を変える見通しにもつながるのである。

また、班と似た小集団として、自由度の高い「（私的）グループ」がある。気の合う人たちの集まりであるグループは子どもたちにとって最も安心できる場となる。グループは(1)多くが同性、(2)所属してもしなくても自由、(3)自然発生的に作られる、(4)とくにやるべき仕事はもたない、(5)同じ部活・趣味などをもつ仲良したち……こう並べてみると、「グループ」は子どもたちの居場所としての性格が強い。そのため、ほとんどの子どもたちは班（公的集団）とは別にグループ（私的集団）にも所属する。ただグループはそのままだと閉鎖的で

▷9 ラウンドゲームといって、自分の好きなことや得意なことをトピックに語り合うなどが有効。例「○○の好きな渡辺です」→「○○が好きな渡辺くんの隣の△△が好きな鈴木です」→「○○が好きな渡辺くんの隣の△△が好きな鈴木くんの隣の××が得意な山田です」。適宜トピックを変えて行うとよい。

▷10 新自由主義は「色々ある（法的）規制を緩和または取り払って経済活動を活性化させ、自由競争によって世の中を豊かにする」という考え方（市場原理主義）。自由な経済活動は世の中を活気づける効果もあるが、一方で市場（経済）は、基本的に弱肉強食（優勝劣敗）なので、みんな勝ち残ろうと必死になる。その結果、人員の削減（解雇や非正規雇用）も進み、安全対策などもないがしろにされがちになる。そして「負けたのは努力が足りないから、能力不足でその人個人に責任がある」という自己責任論が生まれる。ハウスレスになる人、生活保護を受ける人、リストラされて失業保険をもらう人……「失敗も成功も個人の問題、個人の責任」と見なされ、冷たい視線やバッシングにさらされることになる。教育現場で考えれば、「クラスが荒れている、問題が絶えないのはあなたの指導力がないせいだ」という声に苦しみ、心を病む教員の事例があちこちで語られている。「いじめられるのはキミに問題がある」なども同様。

▷11 かつてより「地方自治は民主主義の学校」と言われてきたが、学級もまた民主主義を肌で体感し学ぶ場にすることが必要である。

他者との交流の回路を阻むこともある。しかし，閉鎖的といってそのことを敵視せずに，可能な限りグループのよさや特性が集団（公）に開かれていくように導くことが課題になる。例えば，ゲーム好きの子どもたちが集まったグループが，学級レクでそのゲームを紹介したり，アレンジしてみんなでやってみるなどもいいだろう。たとえ商業的であっても子どもたちの有する文化を尊重するところからスタートする姿勢が大切である。◁12

学級集団づくりでは，公的な性格をもつ班と私的な性格をもつグループを上手に組み合わせていろいろな活動を生み出すことが発展の鍵になる。有志による「いじめをなくし隊」「外で思いっきり遊ぶクラブ」などはそうした活動の発展系といえるだろう。

3 リーダーとフォロアー

「リーダーがいない，いても力が弱い」という声をよく聞く。現場教師にとって切実な悩みの一つと言えるが，まずはリーダー指導の視点と，抱いているリーダー像（イメージ）を変えることが必要である。多くの教師には「マジメ，きちんと，しっかり，言うことを聞く」といったリーダーのイメージがあるがそれは今日において妥当なものなのだろうか。リーダーの要素として「組織性・論理性・大衆性」などがあげられる。◁13 しかしそれらすべてを兼ね備えた子どもが果たしているのだろうか。そしてそのすべてが必要なのだろうか。

個々の子どもがもっている特性をそのまま認め，活かすところからリーダー指導を始めてみよう。リーダー指導は組み合わせ（班長会などのリーダー集団）で行うという発想が大事である。

「忘れ物をするなど，ちょっとだらしないところはあるけれど，大きな声でみんなを集めることができる子」「指示や注意は苦手だけど，コツコツと丁寧に文章が書ける子」「時々脱線するけど，前向きなトーンで集団を明るくする子」「別け隔てなく友だちと話せる子」……学級にはいろいろなタイプの子どもたちがいる。そんな特性（個性）を見つけ出すことがリーダー発見の第一歩と言えるだろう。

論理性のある子と大衆性のある子の組み合わせは，相乗効果となり集団に大きな影響を及ぼす。そうしたリーダー指導は教室内外の活動をつくりだすことによって育っていく。学級における係活動や遊び，話し合いなどの活動をたくさんつくり出すことが何よりも必要なのである。リーダーは最初からそこにいるものではなく，発見し活動を通して育てていくものなのである。鍵は具体的な活動にあると言えよう。

また基本的な視点として学級づくりにおける当初は，教師自身が集団のリーダーである。やり方を示さずに，やってみなさいというのは酷である。

▷12 そうした活動のなかで，マーケットに絡め取られた商業主義がはじめて子どもたち自身の課題になっていくのである。

▷13 組織性：具体的な言動をもって集団に呼びかける力。論理性：物事を論理的に考え，それを表す力。大衆性：分け隔てなく他者に働きかけ，関係性を結ぶ力。

> やってみせる→ともにやってみる→任せて見守る

　リーダー指導にはこうした段階を踏んだ見通しが必要だ。また，リーダーというのは本質的に孤独な存在である。その苦悩を聞き取り，共感し，支える指導が求められる。多くの教師が，悩みを共有する（受け止める）ことなく，解決に向けて具体的な手立てを示すことなく，「やればできるよ」「もっと頑張れ」という励ましに終始してはいないだろうか。◁14

　またリーダー指導は「優れたリーダー（リーダーシップ）」を育てることだけを目的とするものではない。リーダーとは何か，どうあるべきかを子どもたちと考え合う営みでもある。それは民主的なフォロアーを育てることを意味する。リーダーだから従うのではなく，自分たちで選んだリーダーだからこそ支える義務があり，また同時に，身勝手（独裁のような）な振る舞いがあったら「それは違うよ」と言える子どもたちを育てることが肝心である（フォロアーシップ）。

　民主的な社会には必ずリーダーとそれを支える健全なフォロアーが必要になる。教室を小さな社会と考えれば，リーダーの指導とは平和で民主的な社会をつくるいわばトレーニングと言うこともできるだろう。

　まとめれば，目の前の子どもの「よい点」をたくさん見つけ出し，励まし，リーダーとして育てていくこと。そしてそれを支える健全なフォロアーを育てること。それがリーダー指導の本質である。そのためには，「いい子」「教師の言うことをよく聞く子」「みんなの見本になる子」＝リーダーという思い込みを捉え直す必要があるだろう。◁15

４　討議・討論（話し合い）

　学級活動の根幹になるのが話し合い活動である。◁16 これを抜きにして学級集団づくりは進まず，中核になる指導である。しかし，子どもたちの多くは，話し合いで問題を解決した体験の乏しさや，「目立つと陰口を言われる」「上手に発言できる自信がない」などの心理から一般的には話し合いが苦手で，それを避ける傾向が強い。しかし，共に学び生活する場において，話し合いは必須である。そうでなければ，力の強いものに盲目的に従う子ども集団か，自身の関心のあることだけ――狭い私的領域に閉じこもって生きる個人を生んでしまう。子どもたちにそうした自信や力がないのであれば，それをエンパワメントしていくことが課題になるのは言うまでもない。◁17

　ポイントになるのは"みんなで決めて，みんなで守る"ということである。話し合うことに自信がもてない状況においては，給食のおかわりのしかたなどまず簡単なことから始めるとよい。また，４月当初，全員に書かせた「こん

▷14 「リーダーなんだから，しっかりしろ」「学級委員のくせに」そんな言葉，眼差しでどれだけ多くの子どもたちが「リーダーは二度と嫌だ」と思ったことだろうか。自身の経験を振り返ってみよう。

▷15 支配型リーダーに対して，サーバント型リーダーという考え方がある。前者が，人々を命令・支配するのに対し，後者は人々を支援・励ます・支えるリーダーである。「サーバント・リーダーシップの10の特性」（NPO法人日本サーバント・リーダーシップ協会）によれば，他者に奉仕すること，WIN-WINの関係を構築すること，失敗から学ぶ，指示よりも傾聴することが中心などの特徴がある。

▷16 話し合い活動は以下の二つに類別できる。
(1)討議＝決議（決定）が前提。原案があり総会で話し合い，基本的に採決を行う（みんなで決めて，みんなで守る）。
(2)討論＝とくに決定をともなわない。いろいろな意見を出しあう学習的な性格が強い。話し合いを通して間接的に合意形成を促す（多様な考え方を出しあい，ものの見方や考え方を学ぶ）。

▷17 エンパワメントとは，「『人間はみな生まれながらにしてみずみずしい個性，感性，生命力，能力，美しさを持っている』と信じることであり，そのことを肯定する心を持って，これまでの環境から受けた比較や暴力など，自己を否定する影響を取り除き，私たち一人ひとりの誰もが潜在的に持っているパワーや個性を再び生き生きと息吹かせること」（『人権啓発用語辞典』）。

クラスにしたい」をもとに学級目標を作るなども有効だ。班で案を作り，それをクラス全体で話し合うとより深まっていく。レクや掲示物づくりも班の活動とすれば班会議も多くなる。そして，学期の終わりや行事後には「行事ではみんなで立てた目標は達成できたか，誰が活躍したか，次にがんばることは何か」など，簡単でよいから必ず総括（まとめ）の話し合いを行う。また定期的に班長会等を開催し学級で起こっている問題やみんなの願い，班長の悩みなどを共有することも大切である。◁18

また今日においては，誌上討論という手法も有効である。例えば生活するうえで，勉強の悩みや行事などの不安を書いてもらい，悩みや弱さを共有する。それに対しての感想やアドバイスを書き，学級通信に載せ，みんなで見合うやり方である。自分の気持ちや本音を出しあい，また友だちの気持ちを知ることができる。高学年や中学校であれば，時事的な社会問題やニュースをトピックにすることも積極的に行いたい。誌上討論は内容によっては匿名でもいいが，子どもたちの合意のなかで徐々に名前を載せていくといいだろう。◁19

全体にかかわる活動をするときには原案が必要になる。班替えや行事でも，クラス分析や目標そして方法や計画を子どもとともに考え書き込むと，決定をみんなのものにすることができる。自分で考え自分の意志で決め，集団で合意し活動することがポイントである。また，活動や取り組みの過程で，学級でいじめやトラブルが起きたときも，教師の個別指導や謝らせるだけの指導，お説教や教師の話で終わってしまうと，子どもは自分のこととして受け止めることができない。単に個人の問題として終わらせず，話し合うことで学級に起きていることや友だちの思いに気づかせることができる。

その時のポイントは「なぜ」を問いあうことである。前述したように，トラブルや問題は目に見えにくい背景があるものである。実際に起きた事実を共有し，その事実の裏側にある原因に迫ることが必要だ。"不利益には黙っていない（黙っていなくていいんだよ）"という方針をもち，一人ひとりのつぶやきや少数意見を大事にし，共感し他の子どもとつなぐことが大切になる。◁20

子どもたちの願いや考えを大切にしながら，つぶやきから話し合いを積み重ねていくこと。問題が起きたら自分たちで解決していく力を育むこと。それが目指すべき「生活と学びの協同—自治のある学級（集団）」と言うことができるだろう。

▷18 子どもも教師も多忙な一日のなかにおいて，どうやって時間確保をするかが課題になる。当初は，昼休みや，帰りの会のなかで「ちょっと集まって」と呼びかけて短時間で行うとよいだろう。そしてテーマによっては，長時間を要することもある。そうした場合は，子どもたちと「いつなら集まれるか」を相談して実施しよう。

▷19 匿名性の文化は，ネット空間における「ヘイトスピーチ（差別扇動表現）」に見られるように，自らの発言に責任をもたずに，他者への誹謗中傷に終始することにつながりかねないことに注意を払いたい。

▷20 ▷4の「クレイム申し立て活動」の説明を参照すること。

4 社会と教室をつなげる

1 いじめ・不登校

　本章では，学級を創り育てるために教師はどのような指導方針や実践を進めればいいかを，集団づくりの視点で述べてきた。くり返しになるがそれは教師にとって，見栄えのいい「都合のいい」学級をつくることを意味しない。とはいえ，現実には「学級が落ち着いていること」「子どもたちがきちんとしていること」のような目に見える成果を求められる。それに応えないと，場合によっては，「ダメ」教師という批判を受けることさえある。多くの教師が管理的にならざるをえないのはそうした背景があるからである。◁21

　しかし，学級は述べてきたように，異質な子どもの集団であり，トラブルは避けられない。そしてそのトラブルの多くは社会的状況を反映したものなのである。よって，教師自身が社会的状況に目を向けなければ，子どもの世界の問題や背景を見つけることは難しいだろう。子ども世界におけるいじめは，例えば「ヘイトスピーチ（差別扇動表現）」と相似形である。◁22 さらに言えば「ブラック企業と過労死」「紛争地による子どもの犠牲」などは大人社会で放置されている巨大ないじめである。教室の子どもを見るためには，社会（世界）で何が起きているのか，それはなぜなのか，どうすればいいのかを，教師自らが考え追求する姿勢が必要なのである。

　そしてそのような文脈のなかでの実践は「いじめを撲滅する」という発想ではなく，子どもたち自身で解決できる力を育てるなかで，「いじめたり，いじめられたりしなくてもいい関係性」を再構築するというアプローチになる。

　不登校も「学校に来ないのは，その子ども（家庭）の問題」として捉える傾向が強く，学校に来ればいい（問題解決）ということではない。不登校の子ども＝だらしのない子ども，意欲のない子ども，怠けている子どもというような一面的な捉え方を見直すべきである。

　その子の抱えている課題や問題（家庭も含めて）にアプローチすること，自立に向けて励ましていくことは必須だが，そのベクトルをその子や家庭だけに向けるのではなく，「その子が来るに値する学校・学級をつくる」取り組みと並行することが何より大切である。もちろん，それは「ああいう家だから，ああいう子だから」と簡単に「アキラメ」放任することの対極に位置する。その鍵は，いずれにしても友だちとの関係性を育む学級集団づくりを進めることにある。

▷21 学校では「ゼロトレランス（寛容ゼロ）」と呼ばれる例外を許さない「指導」が進行している。それは指導の「マニュアル化」や「〇〇スタンダード」などと同時進行して，子どもを育てることよりも管理すること（きちんとさせること，カタチを整えること，逸脱を許さないこと）に重きが置かれる。

▷22 ヘイトスピーチは「差別扇動表現」と訳され，異質な他者（民族的マイノリティ，セクシャルマイノリティなど）を攻撃，差別する言動である。変更（選択）不可能な出自や属性を，ひとくくりにするという特徴があり，その大半はデマと思い込みによるものである。子どものいじめも「異質な（と感じる）他者」を排除することが根底にある。

2　学びの世界

　今まで述べてきたように，教室にいる子どもたちはそもそもさまざまな個性や特性をもっている。また発達障害（ADHD，LD，ASDなど），セクシュアル・マイノリティ（LGBTなど）の子どもたちが多数存在することも知っておく必要がある。▷23 それらの子どもたちに合理的な配慮が必要なのは言うまでもなく，発達障害の特性や具体的な配慮の仕方について学んでいく必要がある。

　とは言うものの，そもそも発達というのは，そのあり方や進展も個人によってマチマチであり，発達障害と診断されている子どもと定形発達（または通常発達）と呼ばれる子どもに明確な線が引けるわけではない。▷24

　障害があろうとなかろうと，どの子どもも「幸せに生きる権利」をもち，自立への願いを胸に抱いている。教師に必要なのは，「○○だから」とレッテルを貼るのではなく，言動に表れている現象（内面も）を子どもの特性や個性と捉え，個別の悩み相談（カウンセリング）も含めて，その子に合わせて必要な援助やケアを行うことである。

　そして，最新の知見から教師自身が学び続けることが必要になる。例えば性的指向に関しては，日々研究が進んでいる。LGBTもQ（クエスチョン＝どれにも入らない）が入り，さらに複数形で表すLGBTQsとされることが増えた。セクシュアル・マイノリティについての理解が深まり，それによって当事者への不当な扱い（差別）が減るのはよいことであるが，「多数派である私たちがLGBTの人たちを理解しよう」というような姿勢は教育的であるとは言えない。LGBTは結果として，社会における多数派である「ヘテロセクシャル（異性愛）とシスジェンダー（身体と心の性に違和感がない）」と性的少数者であるLGBTを区切る言葉であるという指摘も存在する。人間の性というものはグラデーション（色が段階的に少しずつ変わるようなこと）であって，そもそも多数派と少数派に二分できるようなものではない。「70億人いたら70億の性的指向がある」，つまり「みんなそれぞれ違うこと」を基準に考えるべきであろう。▷25

　「ふつう」に接しながら，合理的な配慮やケアを行うという複眼的で多面的な指導がいま求められていると言えよう。そして担任教師がそうした視点を持つことによって，子どもたち自身も他者に対する認識や理解を深めることが出来る。教師が学び，子どもたちも学ぶ。そうした共に学ぶ世界を広げていくことが，学級を創り育てるための基盤となるだろう。

▷23　大手広告代理店が2015年4月に全国約7万人を対象に行ったインターネット調査では，LGBTの割合は"13人に1人"（7.6％）。また知的発達に遅れはないものの学習面又は行動面で著しい困難を示すとされた児童生徒の割合は，文科省の2012年調査によれば約5％（通常学級では6.5％の割合）。その他にも身体的な障害――ハンディキャップをもつ子どもも存在する。40人学級で言えば，平均的にはそれぞれ2〜3人ずついる計算になる（あくまで平均値なので，実際にはゼロの場合もあるし3人以上のケースもあるだろう）。いずれにしても特別なニーズをもつ，これらの子どもたちには合理的な配慮――ケアが必要なのは言うまでもない。

▷24　以下の書籍が参考になる。松本雅彦・高岡健編『発達障害という記号』メンタルヘルス・ライブラリー，2008年。

▷25　最近はSOGIEという概念が広まりつつある。これはどの性別を好きになるかという「性的指向(Sexual Orientation)」，自分の性別をどう認識しているかという「性自認(Gender Identity)」「性表現（Gender Expression)」の頭文字を取ったものであり，人のセクシュアリティを多数と少数に区切らない。すべての人に関わる属性（性質や特徴）として使われている。

Exercise

① あなたが考える「よい学級」とはなんだろう。それをまず箇条書きにして整理してみよう。また学級で起きうるトラブルの具体的な場面を一つ考え、その解決に向けてのフローチャートを作成しよう。

② 学級を創るために、あなたが考える望ましいリーダーのイメージをイラストで描いてみよう。

【リーダーイメージ参考例】

③ 「あなたの指導力がないから学級が落ち着かない」「もっと子どもたちをきちんとしつけてください」と校長や先輩教師から言われたらどう応えるか、考えてみよう。

📖次への一冊

鈴木大裕『崩壊するアメリカの公教育——日本への警告』岩波書店、2016年。
　ゼロトレランスはアメリカが発祥の地といわれている。なぜそうした方法が生まれ、現在はどうなっているのかが解説されている。

渡辺雅之『いじめ・レイシズムを乗り越える「道徳」教育——暗闇（ダークサイド）から希望のベクトルへ』高文研、2014年。
　いじめとレイシズム（人種民族差別）の相関関係について、さまざまな角度から解き明かし、本来の道徳教育のあり方と学級づくりについて記されている。

山下敏雅・渡辺雅之『どうなってるんだろう？　子どもの法律——一人で悩まないで』高文研、2017年。
　子どもたちが置かれているさまざまなネガティブな状況に対して、その解決への道筋を法律と教育の両面から解説してある。

全生研常任委員会『学級集団づくり入門　小学校／中学校』明治図書出版、1990, 1991年。
　小・中それぞれにおいて、学級集団をどのように形成していけばいいか。理論と実践の両面から、詳細に記されている。

杉田明宏『コンフリクト転換の平和心理学——沖縄と大学教育をフィールドとして』風間書房、2017年。
　社会と個人の集合体―集団内部に起きるさまざまなトラブル・問題について解説

し，ガルトゥングの平和学をもとに，解決へ向けてのアプローチを示す。

引用・参考文献

イバラ，P・キツセ，J.，中河伸俊訳「道徳的ディスコースの日常言語的な構成要素」平英美・中河伸俊編『構築主義の社会学——論争と議論のエスノグラフィー』世界思想社，2000年。

ヴィゴツキー，L. S.，土井捷三・神谷栄司訳『「発達の最近接領域」の理論——教授・学習過程における子どもの発達』三学出版，2003年。

埼玉県生活指導研究協議会編『教育実践のパンフレット——先生が"先生"になるために』SAISEIKEN，2016年。

サン＝テグジュペリ，河野万里子訳『星の王子さま』新潮社，2006年。

城丸章夫，全国保育団体連絡会編『ちいさいなかま』No.86，1978年。

全生研常任委員会『学級集団づくり入門　小学校』明治図書出版，1990年。

平英美・中河伸俊編『構築主義の社会学——論争と議論のエスノグラフィー』世界思想社，2000年。

テンプナレッジマガジン「『本当に強いリーダー』として求められるサーバント・リーダーシップ」。https://www.tempstaff.co.jp/magazine/manage/vol20.html（2017年5月29日閲覧）

フルグム，R.，池央耿訳『人生に必要な知恵はすべて幼稚園の砂場で学んだ』河出文庫，2016年。

松本雅彦・高岡健編『発達障害という記号』メンタルヘルス・ライブラリー，2008年。

渡辺雅之『いじめ・レイシズムを乗り越える「道徳」教育』高文研，2014年。

第9章
授業を創造する教師

〈この章のポイント〉
　授業の創造という視点から教師のあり方について考えてみよう。本章では，まずは，授業を創造するにあたっての必要不可欠な基礎的・基本的知識として，学習指導要領，教科書，教材，学習指導案について説明する。次に，今を生きるために必要な能力として，OECD の PISA 型リテラシーについて解説する。さらに，学習指導要領の改訂のポイントである「主体的・対話的で深い学び」「資質・能力の育成」「カリキュラム・マネジメント」について解説する。最後に，これからの教師のありようについての課題と展望を提示する。

1　授業をつくる教師

［1］　学習指導要領と教科書

　学校で学ぶ教育内容の基準を公的に示したものが学習指導要領である。学習指導要領は文部科学大臣の諮問を受け，中央教育審議会の教育課程部会で審議される。答申がまとまると学習指導要領として告示される。告示されてから実施まで移行措置期間があり，この間，民間の教科書会社が教科書を作成し，文部科学省による教科書検定を受けることになる。教科書会社では，学習指導要領の目標や内容をもとに教科書を作成する。教科書は主たる教材として位置づけられ，小・中学校では無料配布されている。したがって，教師は現在の学習指導要領がどのような趣旨で作成され，子どもにどのような能力を育成しようとしているのかを理解しておかなければならない。学習指導要領の目標と内容は，学校で行われている日々の学習において，単元の目標や授業のねらいのなかに具体的に表れてくる。

［2］　単元の目標の決めだしと単元計画の作成

　各教科書会社は，教科書とともに教師用指導書も作成している。ここにはその教科書を使用した場合の年間指導計画も掲載されている。教科書の教材は，各教科の年間指導時数をもとに計算されて配置されている。国語科の場合を例にとると，単元やそのなかの教材の指導時数も明記されている。そればかりで

なく単元や各教材の指導目標も明記されている。教師はこれを参考に単元計画案や「本時の展開」を作成する。年度初めに提出する「年間指導計画」も教師用指導書の年間指導計画を書き写し提出する教師も多い。このことは学校のカリキュラム，単元計画は，教科書会社によって決められているといっても過言ではない。これが学校の教育の隠れたカリキュラムである。

「主体的・対話的で深い学び」の授業改善を行うために，新学習指導要領では，提示方法が「資質・能力」ベースに変わった。ここでは「①知識及び技能」「②思考力，判断力，表現力等」「③学びに向かう力，人間性等」に整理している。そして指導目標の書き方をこの三つの観点で例示している。文部科学省は中学校理科の「生命領域」の場合を例にとって，単元目標の書き方を説明している。新学習指導要領以後の「単元の目標，本時のねらい」は，この書き方にそって書くのがよいであろう。◁1

3　教材とは何か

「教育内容」「教材」「教具」の違いはどこにあるか。「教育内容」は次世代を生きる子どもがもつべき文化的価値の高い知識と技能のことである。一方「教材」は，この「教育内容」を授業のなかで具体化するための事実・現象・素材・象徴のことである。ここには子どもと教師の意識と行動も含まれる。「教具」は，学習者の提示する時に使用する物的手段のことである。

教材は目に見える物質的な物だけとは限らない。目に見えない象徴，つまり雰囲気や思考，感情なども教材になる。授業は「教師」と「子ども」と「教材」が時間軸をともに流れていくものである。この時子どもにとって，教材はどこにあるのだろうか。筆者は授業を構成する要素として，「教師」「子ども」「教材」をあげる。◁2

三つのカテゴリーをもとに，「教材としての教師」「教材としての子ども」という象徴的な「副次的教材」も含めて「教材」と捉えることができるのである。例えば，Bという子どもが「Aという子どもの言葉，行動，意識」に触れ，その内面の意識が変化した場合，AはBにとって教材となる。これも副次的な教材である。また，Cという子どもが「Bという子どもの言葉，行動，意識」に触れ，その内面の意識が変化した場合，BはCにとっての教材となる。これも副次的な教材である。

4　子ども理解と単元の目標設定

授業をつくるにあたって，子どもの既習事項の理解の確認が必要である。学習指導案には子どもの既習事項の理解度について，「児童観」という項目で書く場合がある。

▷1　①生命の体のつくりと働き，生命の連続性などについて理解させるとともに，②観察，実験など科学的に探求する活動を通して，生命の多様性に気づくとともに規則性を見いだしたり表現したりする力を養い，③科学的に探求しようとする態度や生命を尊重し，自然環境の保全に寄与する態度を養う（文部科学省，2017，1ページ）。

▷2　この三つのカテゴリーの下に詳細なサブカテゴリーを設定すると次のようである。
a「教師」
「教師の言葉」「教師の行動」「教師の意識」「教材としての教師」（「教師の言葉」「教師の行動」には教師が内面で考えている意識が表れている。）
b「子ども」
「子どもの言葉」「子どもの行動」「子どもの意識」「教材としての子ども」（「子どもの言葉」「子どもの行動」には，子どもが内面で考えている意識が表れている。子どもは1人ではなく複数存在する。）
c「教材」
「教育内容」「教材としての教師」「教材としての子ども」。狭義の「教材」は，教育内容を具体化したものである。子どもにとっては，「教材としての教師」「教材としての子ども」も教材となる。これを「副次的な教材」と呼ぶことにする。

集団一斉の授業の場合，子どもは複数いる。理解の早い子もいれば遅い子もいる。また，それぞれの子どもによって学習スタイルも違っている。集団学習が適している子どももいれば個別学習が適している子どももいる。発言が活発な子どももいれば苦手な子どももいる。こうした子どもを全員含めて，単元や本時の目標を設定するのはなかなか難しい。一般に，学習の目標は低めに設定するのが効果的である。学習指導案を作る時，教師は自分の世界だけしか見えなくなり，目標を高めに設定する傾向がある。自分がよいと考えてできることは，子どももできると考えがちである。ところが，子どもはそのことに関しては白紙の状態であり，興味関心も少ないであろう。授業を考える場合，そうした子どもの側に立って計画を考えるのがよいのではないか。高い目標は子どものやる気をそいでしまう。また，低い目標は「乗り越えた」という達成感を得られにくいであろう。一般的に，学習の目標は低めで，しかも，少し頑張って乗り越えられる程度にするのが効果的である。

5 学習指導案の作成

まず，学習指導案の例を掲載する。これは筆者が作成した学習指導案である。対象は6年生の国語科で，教材は宮沢賢治の「やまなし」である。

国語科学習指導案

平成○○年○月○日（月）　　　　　　　　　　　　　○○市立○○小学校　　6年○組
　　　　　　　　　　　　　　　　　　　　　　　　　　　　　授業者　　　○○　○○

Ⅰ　単元について
　1　単元名
　　「⑥作品の世界を深く味わおう」（『創造』光村図書）
　2　教材について
　　「⑥作品の世界を深く味わおう」という単元は「やまなし（宮沢賢治）」と「〈資料〉イーハトーブの夢」（畑山博：宮沢賢治の伝記）と「本は友達：宮沢賢治の他の作品を紹介した」で構成されている。宮沢賢治の「やまなし」は，前半と後半が「五月」と「十二月」で構成され，谷川の底のカニの親子の会話を中心に描いている。宮沢賢治の作品の中でも主題が明確に表現されていないものに属する。しかし，比喩表現，擬声語・擬態語，色彩語などは宮沢賢治特有のものである。この情景描写から児童が創造力を発揮して自らの読みを深めていく教材として価値のあるものである。また，宮沢賢治の伝記「イーハトーブの夢」も重ねて読むことによって宮沢賢治の世界をより深く理解することができよう。
　3　児童の学習経験と実態
　　児童は既に「カレーライス」を読み，優れた表現や心情を理解することは学習している。しかし，「やまなし」のような主題が明確でない，感覚的な表現の作品ははじめてである。したがって，物語の意味がよく分からないと疑問を持つであろう。また，「クラムボンとは何か」「なぜ『やまなし』という題名がついているのか」「宮沢賢治はどうして『やまなし』の話を作ったのか」「宮沢賢治はどういう人か」という疑問もわくであろう。

4 単元の目標
　単元の目標は「作品の中で使われている表現を味わい，自分の考えをまとめることができる。また，複数の文章を比べて読み，作者について理解を深める」である。
- 「やまなし」と「イーハトーブの夢」を比べて読んで，作者の思いや感じ方を深める。（C：読む，指導：カ）
- 擬態語・色彩表などの優れた叙述から，情景をイメージすることができる。情景から作者の思いを想像することができる。（C：読む，指導：エ）
- 感じたことを発表し合い，自分の感じ方や考え方を深める。（C：読む，指導：オ）

5 単元計画（全9時間）
　第1時　全文を通読して，新出漢字や意味の分からない語句を理解する。初めの感想を書く。教師はそれを持ち帰り1枚のプリントにまとめる。
　第2時　初めの感想をまとめたものを読む。友達のいい感想に赤線を引く。自分の読み深めたいことをカードに書く。
　第3時　子どもの読み深めたいことをまとめカテゴリーに分け，これを柱立てとする。柱立てごとに「対話による読みの交流」を行う。まず「自分が感じたこと，響いてきたこと」を各自ノートに書き，それを対話形式で発表する。全員発言をする。教師は児童の発言を板書する。（本時）
　第4時　「柱立て」ごとに「対話による読みの交流」を行う。
　第5時　同上
　第6時　同上
　第7時　同上
　第8時　「イーハトーブの夢」「本は友達」を読む。全文を通読して新出漢字や意味の分からない語句を理解する。
　第9時　「やまなし」を通して，自分が読み深めたことを400字でまとめる「論文テスト」を書く。

6 単元構成上の工夫点
　「やまなし」は主題性が低いので，分析的な読みではなく，児童が自分の読みで感じたことを深めて明確にしていくような指導を行う。このために「感じたこと，響いたこと，伝わってくること」など直観を刺激し表現させる指導を行う。

7 単元の評価の観点
　擬態語や色彩語などの叙述から情景をイメージし，感じたことを発表しあい，自分の感じ方を深める（思考力，判断力，表現力等）。このことによって宮沢賢治の世界に興味関心を持つ（学びに向かう力，人間性等）。

Ⅱ 本時の学習（第3時）
　1 ねらい
　　柱立てごとに文章と関連させながら読み，他の児童の発言も聞きながら，自分の考えを広げたり読めたりすることができる。
　2 準備
　　・柱立てを書いた模造紙
　3 本時の工夫点
　　「感じたこと」「響いたこと」「伝わってくること」という視点で読むことによって児童が感じたイメージの世界を言語化できると考えた。また，他の児童の発言を聞くことによって刺激を受け，自分の読みを深めることができると考えた。さらに，全員発言によって学習に参加した喜びを得ることができると考えた。
　4 展開（45分）

学習活動	『発問』「指示」	児童の反応と指導上の留意点	時間(分)
1 柱立ての説明をする。	「みんなが書いてくれた読み深めたいことをまとめてきたよ。順番に読んでいくよ。」	・児童は聞きながら自分の書いた物も含まれていることを確認する。	5

2	「五月」を読む。	「『五月』を地の文,弟のかに,兄さんのかに,お父さんかにに別れて読んでください。」	・机の列ごとに役割を決める。(パート読み)	10
3	柱立てと関連させて読む。	「1の柱立てについて感じたこと,響いてきたことをノートに書いてください。」	・こわい,冷たい,青い,死という言葉が出るであろう。 ・クラムボンって何。泡かな,カニかな。	5
4	対話をする。	「机を向かいあわせて。対話をしてください。発言が重なった時は譲り合ってください。全員発言できるように頑張りましょう。」	・正解を一つに決めるような話し合いをさせないようにする。 ・青く暗くはがねのように,つうと銀の色の腹を,日光の金,黄金の光をくちゃくちゃにして,ぎらぎらする鉄砲玉,銀色のコンパス,光の網,の言葉に着目し情景をイメージさせる。	25

5 本時の評価の観点
　擬態語や色彩語などの叙述から情景をイメージし,感じたことを発表しあい,自分の感じ方を深める(思考力,判断力,表現力等)。このことによって宮沢賢治の世界に興味関心を持つ(学びに向かう力,人間性等)。

　上掲したように,学習指導案は,「単元計画案」と「本時の展開」で構成される。学習指導案の書き方には決まりはない。学校によっても違い,教科によっても違う。また,校種によっても違ってくる。教育実習の時は,指導教員の指示に従うのがよい。例えば,国語科の場合は,教材を中心に学習指導案を書くことが多い。しかし,社会科の場合は単元ごとに書くことになる。

　「単元名」には,使用した教科書も書く。次に,単元や教材の説明を行う。国語科の場合は「教材について」となる。その教材の単元のなかでの位置づけや教材自体の説明,その教材の教材としての価値を書く。

　「児童生徒の学習経験と実態」では,子どもの既習事項とこれから学習する内容との接続を説明する。また,クラスの子どもの学習の実態に触れ,そこから「単元の目標」を設定する。なお,子どもに対する呼び方であるが,幼稚園の場合は「園児」,小学校の場合は「児童」,中学校・高等学校の場合は「生徒」となる。学習指導案にはこの呼称で記載する。

　「単元の目標」では,単元自体の指導目標を書く。この時,学習指導要領の「目標・内容」の項目番号も書いておく。学習指導要領を踏まえた目標設定であることを明確にするためである。

　「単元計画」では,単元全体の時間数と一時間ごとの学習内容を書く。「本時の展開」がこの単元計画のなかの何時間目に相当するかも書く。

　「単元構成上の工夫点」では,単元計画のなかで,教師がとくに工夫した部分について説明する。

　「単元の評価の観点」は,「単元の目標」が評価の観点となる。目標が達成されたかどうかをみるからである。ここは「本時の展開」の評価の観点とは区別する必要がある。評価の観点は従来「観点別評価」でまとめられてきた。新学

▷3　観点別評価
学校で児童生徒の各教科の学習状況を分析したものである。各教科の学習状況をいくつかの観点に分け,教師はその観点ごとに児童生徒の学習の到達状況を3段階で評価する。観点としては,「関心・意欲・態度」「思考・判断・表現」「技能」「知識・理解」に分かれている。

習指導要領では「知識及び技能」「思考力，判断力，表現力等」「学びに向かう力，人間性等」にまとめられている。今後はこの観点で評価をまとめることになるであろう。

「Ⅱ本時の学習」の説明に移る。まず，「ねらい」では，この授業（本時）のねらいを一つ書く。授業のねらいを複数にしないほうがよい。一時間には一つのねらいに絞るべきである。ねらいが複数あると児童生徒の理解が難しくなるからである。次に「準備」では，授業で使う資料，ワークシート，教具を書く。次に「本時の工夫点」では，教師がこの授業を組み立てるにあたってとくに工夫したこと，いわば教師の独創的な部分について説明する。

「展開」では，一時間の授業の流れを書く。小学校は45分，中学校・高等学校は50分である。展開に書かれる項目は，「学習活動／『発問』「指示」／児童生徒の反応，指導上の留意点／時間」である。「学習活動」は一時間の授業の流れをいくつかの文節に分けて記載する。「導入」「知識の理解」「活動」「まとめ」等に分け，それぞれの部分で「発問・指示」「児童生徒の反応と指導上の留意点」を書いていく。授業のなかで教師によって発せられる質問を「発問」と呼ぶ。これは業界用語である。また，児童生徒に「指示」する言葉も教師は使用する。筆者は発問を『発問』，指示を「指示」と書き，区別して「本時の展開」に記載するように指導している。これで『発問』と「指示」を明確に区別して意識することができる。また，教師の発問はきわめて重要である。発問のしかたによって，児童生徒の思考活動は活発にもなり，深くもなる。抽象的な発問，何を求められているのかわからない発問は，児童生徒を混乱させるだけである。したがって「本時の展開」に書く発問は，実際の教室で発する言葉をそのまま書くようにする。抽象的な発問，現実場面にまで落とし込まれていない発問は，児童生徒の思考を活発にしないからである。

「本時の評価の観点」は，授業のねらいがそのまま評価の観点となる。つまり，授業の「ねらい」がどの程度達成されたかが評価になるのである。新学習指導要領では，評価の観点が「知識及び技能」「思考力，判断力，表現力等」「学びに向かう力，人間性等」となった。従来の観点別評価とは異なってくる。「学びに向かう力，人間性等」においては，「〇〇の態度を養う」と書きたいところであるが，一時間の授業で〇〇の態度を養うことは不可能である。せめて「〇〇について興味・関心を持つ」程度の表現にとどめておくのがよい。

「本時の展開」の「児童生徒の反応」の欄はきわめて重要である。小学校の指導案では「児童の反応」はよく見受けられる。しかし，中学校・高等学校の指導案では「生徒の反応」はあまり見受けられない。「本時の展開」は実際の授業を綿密に計画するために行うものである。教師が一人で机上のプランを立てると実際の授業と乖離することが多い。教師の意識がエスカレートして「こ

のようにできるはずだ」と思い込み，教育内容を盛り込みがちになってしまう。しかし，児童生徒は生身の人間である。教師の思うとおりにはいかない。そこで「ずれ」が生じてしまう。この「ずれ」を最小限にとどめるには，児童生徒の反応を予想することが重要である。児童生徒の立場に立って考えれば，指導内容の盛り込みすぎも抑制され，また，児童生徒のいろいろな反応に対して教師の次の出方も準備することができる。「本時の展開」は授業の想定問答集である。したがって，「児童生徒の反応」のない「本時の展開」は単なるタイムスケジュールになってしまう。これでは学習指導案の意味をなさないことになる。筆者は，「本時の展開」に「児童生徒の反応」を盛り込むことを推奨したい。

6 学習指導案の意味

よい授業を行うためには，教材研究と授業研究は不可欠である。このために教師は授業の前に学習指導案を作成する。しかし，これはあくまでも事前の計画である。実際の授業では学習指導案どおりにはいかない。それは授業を受ける子どもは，教師の予想どおりには反応しないからである。そこで，実際の授業では，教師は子どもの反応に即して授業を柔軟に変えていく必要がある。よく学習指導案どおりにいかないと嘆く教師がいる。しかし，学習指導案どおりにいった授業は，子どもの内面を無視して教師の側に引っ張ったことの表れでもある。視点を変えていえば，当初の学習指導案から離れれば離れるほど，教師は子どもの内面を汲みとって授業を展開したことになる。授業運営の根本は子ども理解である。子どもの内面を理解できてこそ，子どもに寄り添った授業が行える。そうした意味で教師は，子どもの内面の変化に臨機応変に対応できる技術をもつ必要がある。子どもと相対した時，子どもの内面を即座に感じとり，いつでも自分を変えられる柔軟性をもたなければならない。こうした技術は感覚的なものである。そうした意味で授業は芸術であるとも言える。

2 「生きる力」を育成する教師

1 知識の道具的使用と教師の創造性

現代社会の特徴として，グローバリゼーションと技術革新をあげることができる。自由貿易は人・物・金の移動を可能にし，世界をグローバル化させた。また，技術革新は，世界の労働市場に変化をもたらした。かつては製造業に携わる人が多かったが今は減少している。単純な作業はコンピュータや機械にとって代わられたからである。反対に知的な専門的技術者の労働市場が拡大し

▷4 知識基盤社会
知識が社会・経済の発展を駆動する基本的な要素となっている社会であることを意味している。平成20年改訂の学習指導要領で求められる能力観は「知識基盤社会の到来や，グローバル化社会」に対応していると説明されている。

▷5 キー・コンピテンシー
ここで言う能力とは，単なる知識や技能だけではなく，態度や人間性も含めた広範囲な能力概念となっている。定義は次のようなものである(Rychen & Salganik, 2003, pp. 85-107)。
①相互作用的に道具を用いる (using tools interactively)
　A 言語・シンボル・テクストを相互作用的に用いる。
　B 知識や情報を相互作用的に用いる。
　C 技術を相互作用的に用いる。
②異質な集団で交流する (interacting in heterogeneous groups)
　A 他人といい関係を作る。
　B 協力する。
　C 争いを処理し解決する。
③自律的に活動する (acting autonomously)
　A 大きな展望のなかで活動する。
　B 人生計画や個人的なプロジェクトを設計し実行する。
　C 自らの権利，利害，限界やニーズを表明する。

ている。専門的な知識・技術を生かし新たな価値を生み出していく仕事に新しくマーケットが開かれている。このような世界の労働市場の変化にともない，人間にとって必要な知のあり方も変化している。現在は知識基盤社会である。知識基盤社会は知識・情報の量が膨大である。こうした状況下では，知識・情報はすぐに陳腐化し，新しい知識・情報が生まれていく。人々は多大な情報の前で何を選択すればよいか迷っている。こうした知識基盤社会においては，もはや知識は絶対的な価値をもたない。インターネットですぐ得られるからである。むしろ，知識を組み換え，新たなる知識と価値を生み出していく能力が求められてくる。いわゆるイノベーションである。これからの教師は，授業において，子どもの創造力を育成する必要がある。教師が教科書をなぞり解説する授業では，子どもの創造性は育たない。まずは教師自身が創造的な授業を展開してこそ，創造力が育つのである。これからの教師は子どもの内面を刺激し，豊かな発想で授業を創造できる資質・能力が求められてくる。

2 PISA型リテラシー

今を生きるために必要な能力とは何か。OECD（経済協力開発機構）は，知識基盤社会を生きるために必要な能力として「キー・コンピテンシー（Key Competencies：鍵となる能力）」を定義した。これは子どもたちの個人の幸福と社会の持続的発展を意図している。

「相互作用的に道具を用いる」とは，知識は獲得することが目的ではなく，知識を道具として使用し，人との相互作用（コミュニケーション）のなかで使用してこそ意味があるとするものである。また，「異質な集団で交流する」は，価値観や考え方が違う人間同士が共存しながら，社会全体を発展させていくとするものである。さらに，「自律的に活動する」は，鳥瞰的，全体的な視点から自己の生き方を捉え，自律と自己責任を果たすとするものである。

「キー・コンピテンシー」はOECDのPISA調査の基礎となるものである。「①相互作用的に道具を用いる」のなかの「A言語・シンボル・テクストを相互作用的に用いる能力」は，PISA調査の「読解力」と「数学的リテラシー」に相当する。また「B知識や情報を相互作用的に用いる能力」は，PISA調査の「科学的リテラシー」に相当する。PISA調査は知識・技能を実生活に活用する力を測定している。これが「活用」と呼ばれる考え方である。PISA調査では「活用」をどのように考えているか。PISA調査の作問は「知識領域(Knowledge domain)」「関係する能力(Competencies involved)」「状況文脈(Context and situation)」の観点からつくられている。この「状況文脈」の考え方も「活用」の一つである。これは子どもの情況文脈に入った問題を作成するということである。授業に置き換えて言えば，学習内容と子どもの日常生活，

現実社会をつなぐ授業を行うということである。また，「関係する能力」の考え方も「活用」と捉えることができる。例えば，PISA型読解力を例にとって考えてみる。PISA型読解力の調査では，「関係する能力」で作問されている。

この能力は認知のレベルの低いものから高いものへと階層的に能力が並んでいる。このうち「テキストの熟考・評価」は鳥瞰的，全体的な視点で対象をメタ認知することである。これは認知レベルの高いものであると言える。こうした能力を問うには，必然的に文章で記述することになる。現実の生活場面でいえば，言葉による自己表現と他者とのコミュニケーションとなる。このようにPISA型読解力では，単なる読解力ではなく，「読解力・表現力」となっている。「熟考・評価」したことを表現し，コミュニケーションのなかで使用していくことがPISA型読解力であり，「活用」の考え方なのである。

この「活用」が学習指導要領では「思考力・判断力・表現力」となっている。このようにこれからの教師は，PISA型リテラシーをよく理解していなければならない。

PISA型リテラシーは，現在の時代，社会状況と深くかかわっている。現在は競争社会である。また，自由貿易主義はビジネスの世界展開を可能にした。この社会では自由競争と自己責任が根本的な原理となる。こうした自由競争の下では，持てる者と持てない者との格差が生み出されることになる。そこでは，いかに相手を説得するかが重要な鍵となる。この説得の手段が「論理」となるのである。つまり，判断の根拠や理由を示しながら自分の考えを論理的に示すことを育成する必要がある。これを学習指導要領では「思考力，判断力，表現力の育成」とした。これからの教師は，論理的に思考する能力とそれを表現する力を子どもに培うことが求められている。

▷6 関係する能力
「関係する能力」は以下のとおりである（国立教育政策研究所，2010）。
「情報へのアクセス・取り出し（Access and retrieve）」
「テキストの統合・解釈（Integrate and interpret）」
「テキストの熟考・評価（Reflect and evaluate）」

▷7 思考力・判断力・表現力の育成
平成20年改訂の学習指導要領でも「思考力，判断力，表現力」を育成することが推奨されている。そのために学校現場では，国語科を中心として「言語活動の充実」を教科横断的に行うこととしている。思考力・判断力・表現力の育成は，PISA型リテラシーの育成でもある。

3 新学習指導要領で求められる教師像

1 「主体的・対話的で深い学び」と資質・能力の育成

新学習指導要領の目玉は「主体的・対話的で深い学び」の授業改善である。このために学習指導要領の提示の仕方も従来の教育内容の提示から，資質・能力の提示に変わった。つまり，授業を想定しての行動目標を学習指導要領の提示方法としたのである。また「主体的・対話的で深い学び」を実現させるために，カリキュラム・マネジメントも推奨している。

「主体的・対話的で深い学び」の授業改善を行うためには，まず，教科書自体がそうした資質・能力を育成するテキストとならなければならない。しかし，現在の教科書はそのように編集されていない。教科書の編集を変えるため

には，まず，学習指導要領の提示の仕方を変える必要がある。このことによって教科書も知識を提示するだけではなく，思考・判断・表現させる活動を教科書に組み込む必要性が出てくるのである。こう考えると「主体的・対話的で深い学び」と「資質・能力」と「カリキュラム・マネジメント」には一貫性がある。前述したとおり，今の時代，個別の知識はもう教育の目的にはならない。知識と知識を組み合わせて，新たな知識と価値を生み出すことが教育の目的となる。思考力，判断力，表現力等の育成が教育の目的となるのである。

2 教科横断的なカリキュラム・マネジメント

今，学校では一斉授業が中心で，教科書をなぞり，ドリルとテストを行う授業になっている。「主体的・対話的で深い学び」のような学習を行うには十分な学習時間が必要である。問題解決学習，調べ学習，体験学習には時間がかかる。ゆとり教育時代の学習指導要領では，教育内容の削減を行い，「総合的な学習の時間」を設定し，その時間の確保を明確に行った。しかし，先の答申ではこの「主体的・対話的で深い学び」のために特別な時間をとっていない。つまり，学習の時間をどのように生み出すかが問題になってくるのである。そこで，重要となるのが「カリキュラム・マネジメント」の考え方である。

中央教育審議会答申[8]では，教科横断的に学習内容を関連させ，カリキュラムをマネジメントすることによって可能であるとしている。

しかし，学校は相変わらず教科書とドリル，テスト中心の授業になっている。教師はこれらをこなすだけでも精一杯である。教師が教科横断的なカリキュラムを行おうとしても，多忙でそれを考える時間がない。また，中学校では，教科の壁が厚く，総合的な学習の時間も職場体験学習等に割かれることが多く，教科横断的なカリキュラムをつくることは難しくなっている。また，小学校教師は観点別評価に苦慮している。保護者への説明責任を恐れるあまり，業者テストを導入している。その結果，テストやドリルの採点に振り回され，教科書どおりに授業を進めていく傾向が加速する。「深い学び」を行うためには，深い学びを行う学習時間の確保を行わなければならない。教科で重複している学習内容を一つにまとめ，学習時間を生み出して，余った時間を「深い学び」に回すのである。

このようにこれからの教師は，教科横断的な学習を推進できる力量が求められてくる。具体的には，単元計画を自らデザインできる教師が必要なのである。

▷8 「幼稚園，小学校，中学校，高等学校及び特別支援学校の学習指導要領等の改善及び必要な方策等について（答申）」2016年12月21日，8ページ。http://www.mext.go.jp/component/b_menu/shingi/toushin/__icsFiles/afieldfile/2016/12/27/1380902_1.pdf（2018年6月25日閲覧）

4 これからの教師に望むこと

1 教師が自らの創造性を発揮すること

　日本の教育は金太郎飴だと揶揄される。「どこを切っても同じ」という意味である。教科書が同じであれば，日本全国どこをとっても，同じような授業が展開されるということである。いわば，教科書をなぞり，チョークと板書，教師中心で教科書を解説する授業が展開されているのである。授業は，教科書の教師用指導書にも影響を受けている。冒頭でも少しふれたが，そこには指導目標や観点別評価が書かれている。多くの教師は単元の指導にあたって，自力で指導目標や観点別評価を学習指導要領から見つけ出していない。教師用指導書から導き出している。教師用指導書には年間授業時数を計算して，各教材にあてられる指導時数まで書かれている。なにより教科書自体がそのような計算でつくられているのである。現在，教師の多忙化，労働時間の超過が問題となっている。教師は教材研究や授業準備の時間がない。多くの学校では，部活指導や教育委員会からの調査依頼，会議資料の作成等の業務が多くなっている。こうした状況では，教師がマニュアルに頼ろうとしてしまうのは無理のないことである。

　今の学校現場において，教師は学習指導要領よりも教科書と教師用指導書を丹念に読み込んでいる。その結果，教科書が学習指導要領と同じように権威をもってしまった。教師は教科書や教師用指導書に書かれている内容を完全に教えようとする。こうなると時間がいくらあっても足らなくなってしまう。マニュアルをただ単に繰り返し，教材をマニュアル通りに進める授業で，教師自身に授業を行う喜びがあるのであろうか。授業に教師として自己の存在を投影できなければ，喜びは得られない。そのうえ現在の学校の教師には教科書を選択する裁量権もない。これでは教師に教える意欲はわいてこない。教師自身がつまらないと思って授業をしていて，子どもがおもしろいと思うはずはない。まずは，教師が「これは」と思う教材を見つけ，「これでどうだ」という授業をしたい。これならば教師の語る言葉にも力が入り，その熱意は子どもにも伝わるであろう。子どもはその熱意に刺激され，学問と出会う喜びを味わう。教師が存在の真実を露呈することは，子どもと教師が醸し出す「その場の雰囲気」も変える。子どもと教師のモチベーションは相乗的にせりあがっていく。教師が現実存在として自己を授業に投げ出してこそ，子どもと教師が響き合う授業が成立するのである。

2 子どもに寄り添う教師であること

　教師の力量として，一番重要なことは，子どもの内面を見取り，子どもに寄り添えることである。横浜市にある「りんごの木子どもクラブ」の代表，柴田愛子は，「子どもの心に寄り添う保育が重要である」と主張する。「子どもの心に寄り添い，その内面を汲み取った言葉をかけてあげるだけで，子ども自らが育とうとする力が生まれてくる」という。

　一方，小学校段階では，教師は自分のねらいどおりの授業を進ませようと必死になっている。子どもをコントロールすることにエネルギーをかけている。しかし，授業では，教師のねらいがすべて子どもに伝わるとはかぎらない。子どもの側では，自分にとって必要なものは受け入れるが，必要でないものは受け入れていない。子どもの側でも取捨選択しているのである。子どもにとって必要なものは，すでに子どもが自己の内側にもっている。子どもにとって必要でないものを外から与えるのではなく，子どものなかにあって，子ども自身がまだ気づいていない，子ども自身のステキな何かを見つけ出し，それを子どもの目の前に引き出して見せてあげることが重要である。それが子どもに寄り添う教育であるといえる。子どもは子ども自身のなかに自己を成長させるプログラムを内包している。それに気づける教師が今，学校において必要なのである。

▷9　りんごの木子どもクラブ
柴田愛子が横浜で1982年に設立した無認可の幼稚園である。4・5歳児クラスには「ミーティング」という園児の話し合い活動がある。子どもが日々感じた問題をここで話し合っている。園の保育の方針として「子どもに寄り添う保育」を掲げており，子どもの主体的な遊びを中心とした保育を行っている（柴田，2015，9～46ページ）。

Exercise

① 今を生きるために必要な能力とは何か。あなたの考えを述べてみよう。また，みんなで話し合ってみよう。
② 教師として重要な資質は何か。あなたの考えを述べてみよう。また，このことをみんなで話し合ってみよう。
③ 授業を行うにあたって，一番重要なポイントは何か。あなたの考えを述べてみよう。また，みんなと話し合ってみよう。
④ 新学習指導要領の改訂のポイントについて，新学習指導要領を読んでまとめてみよう。また，これに関して，あなたの意見を述べてみよう。

📖次への一冊

青木照明『言霊が実現する瞑想読み』文芸社，2011年。
　「主体的・対話的で深い学び」の参考書として推奨する。垣谷松三の「自証体系」

を小学校の文学の授業で行う方法論と実践記録が本書には掲載されている。青木はこの実践を「深層読み」と名づけ，「心の目で読む練習，初発の感想，読み深めたいこと，柱立て，対話による発表，論文テスト」という指導過程で行っている。

柴田愛子『親と子のいい関係』りんごの木，2015年。

「子どもに寄り添う教師」という意味で推奨する。柴田愛子は横浜で「りんごの木子どもクラブ」を開設した。これは2〜5歳児の無認可の幼稚園である。4・5歳児では「ミーティング」という話し合い活動を行っている。「子どもに寄り添う保育」を教育方針としており，子どもの主体的な遊びを中心とした保育を行っている。本書は柴田愛子の講演録であり，柴田の保育観がよく表れている文献である。

引用・参考文献

国立教育政策研究所「OECD生徒の学習到達度調査（PISA）2009年調査報告書」『生きるための知識と技能4』明石書店，2010年，14〜15ページ。

柴田愛子「〈心に添う〉と言うこと」『親と子のいい関係』りんごの木，2015年，9〜46ページ。

溝上慎一「アクティブラーニング論から見たディープ・アクティブラーニング」松下佳代編著『ディープ・アクティブラーニング』勁草書房，2015年，37〜44ページ。

文部科学省「幼稚園，小学校，中学校，高等学校及び特別支援学校の学習指導要領等の改善及び必要な方策等について（答申）」2016年。http://www.mext.go.jp/component/b_menu/shingi/toushin/__icsFiles/afieldfile/2016/12/27/1380902_1.pdf（2018年6月25日閲覧）

文部科学省「幼稚園教育要領，小・中学校学習指導要領改訂のポイント」2017年。http://www.mext.go.jp/component/a_menu/education/micro_detail/__icsFiles/afieldfile/2019/02/19/1384661_001.pdf（2018年12月9日閲覧）

Rychen. D. S., & Salganik. L. H., *Key Competencies: for a Successful Life and a Well-Functioning Society*, Hogrfe & Huber, 2003, pp. 85-107.

第10章
障害のある子どもを支援する教師

〈この章のポイント〉
　インクルーシブ教育が主流になりつつある現状において，通常学級の教師として必要な知識や，指導する際に考えなければならないこと，また心がけたいこととは何か。本章では，まず日本の特別支援教育の現状を知り，特別支援学校や小・中学校に在籍している障害をかかえた子どもたちを担任している教師の実情について，例えば，重度聴覚障害児の具体的な指導の様子や，そのなかで育っていく子どもたちの様子にも触れながら，教師が保護者との連携をどのようにしたらよいのかを学ぶ。ここに書かれたことは，聴覚障害以外の障害にも共通する基本的な内容である。各障害に対応した教育には詳しく触れてないが，特別支援教育で進めている「個別の指導計画」や特別支援教育を実りある形で進めていくうえで必要なことについて解説し，実践的な知識を土台にしながら整理し，今後の教師生活について必要なことについて学ぶ。

1　日本の特別支援教育の現状と課題

　日本において特別支援教育を受けている児童生徒は，2015年度の文部科学省の統計資料によると，全体で36万人余りである（図10-1）。障害の種別で見てみると，知的障害，自閉症，発達障害，言語障害，聴覚障害，視覚障害，肢体不自由，病弱・身体虚弱があげられる。また，ここにあげた障害を重複してあわせもつ重複障害の子どもたちがいる。障害のある子どもたちのうち，通常の学校に在籍しているのは9万人程度である。発達障害児の在籍数は正確にはわかっていないが，通常の学校を含めて多くの学級に在籍していると考えなければならない実態がある。
　発達障害は，そのなかに多様な障害を含み，通常の学校教育全体のなかでさまざまな対応が求められるようになってきた。いくつかの代表的な障害を見てみると，まず「学習障害（LD）」があげられる。この障害は，聴くこと，話すこと，読むこと，書くこと，計算すること，推論することのなかで一つ以上が，著しく困難になる障害である。知的な障害はないが，学習するうえで大きな困難をともない，学ぶことに苦戦する。次に「注意欠陥多動性障害（ADHD）」があげられる。この障害は，行動に多動性があり，衝動的，不注意な行動が見られる。こうした症状は複合して表れることがあり，落ち着かず体を動かさず

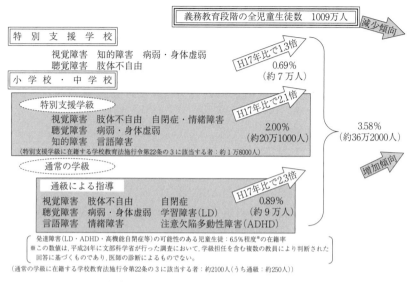

図10－1　2015年度文部科学省特別支援教育概念図（2015年5月1日現在）
出所：文部科学省（2015）。

にはいられなくなったりする場合がある。このように，特別支援教育の対象児は通常の学級で学ぶ場合も多く，子どもの多様な障害についても教育全体の充実に向けて，今後，教師すべてが学ばなければならない大切なこととなっている。

　文部科学省は，教師養成に携わるすべての大学が，教師志望の学生に特別支援教育について学ぶことを2019年から実施する方針を打ち出している。したがって，教師であれば誰もが子どもたちへの必要な支援のあり方を知ることが求められている。この背景には，以下のような国の考え方の動向が大きく影響している。

　1993年に障害者基本法（2004年に一部改正）が公布され，障害のある人たちの積極的な社会参加に向けて，社会を整備し，福祉を増進することとした。そして社会参加を妨げる就業の条件であった「欠格条項」の見直しが行われた。2006年には，教育基本法が改正され，「国及び地方公共団体は，障害のある者が，その障害の状態に応じ，十分な教育を受けられるよう，教育上必要な支援を講じなければならない」（第4条第2項）と規定された。この改正によって，どの子どもも教育を適切に受けられることが法的に明記され，子どもたちへの適切な教育の提供に関して大きな影響力をもった。また，日本は，国際連合が2006年に採択した障害者権利条約に，翌年署名し批准国になった。その第2条では，障害のある人たちに対する「合理的配慮」が定められた。すなわち，国，都道府県，市町村は合理的な配慮を進めるための基礎的な環境整備を進め，そのうえでさまざまな組織の設置者や学校が合理的な配慮を行うことが求

▷1　**障害者権利条約**
あらゆる障害（身体障害，精神障害及び知的障害など）のある人の尊厳と権利を保障するための人権条約。2013年に国会を通過し，翌年の2014年から発効している。

められている。2016年度には「障害を理由とする差別の解消の推進に関する法律」が施行され，学校生活のなかで特別な支援が必要な子どもたちには，必要に応じて対策を講じることが求められるようになった。これによって，すべての学校の教師に，特別支援教育についての理解が求められるようになった。ここでは，こうした背景を踏まえて，教師として必要な特別支援教育の理解と支援について，基本となる考え方を述べていく。

2　子どものもつ特別なニーズや障害の理解

　特別支援学校や特別支援学級，通常の学校のなかにいる，特別なニーズや障害のある子どもたちに対して教育を行う場合，子どもの育ってきた成育歴，また，療育機関や学校でそれまでに受けた指導記録を知る必要がある。特別支援教育では，子どもたち一人ひとりについて，育ちにかかわる医療，保健，福祉，労働のさまざまな専門家のアセスメントや意見を取り入れ，子どもに求められる教育的なニーズを明らかにし，それに基づいて教育計画を策定する。その一つは，「個別の教育支援計画」であり，子どもの生涯にわたっての発達を見通した教育の目標や内容を明確にする。そして，各発達段階では，一人ひとりに応じた「個別の指導計画」を保護者の同意を得て作成し，各指導期間における具体的な目標を作成し，PDCAサイクルのなかで指導を行うことになる。その際に，まず保護者から直接話を聞き，家庭での子どもの様子や，子どもにできること，できないこと，困っていることを知る。また，前担任などから学校での様子や，改善された点などに関する情報をできるだけ多く得て，障害のある子どものことを「わかろうとする」ことから始まる。さらに，教師自身の眼で，子どもの様子をしっかりと見て，どうしてそういった行動を取るのか，なぜこの行動を取れないのかといった，具体的な事実からの出発が大切である。

　一方では，さまざまな検査を子どもに行い，子どもの姿を知ることになる。専門家の行う発達や行動，知能などにかかわる検査をはじめ，身体的な状態を評価する，聴力検査，視力検査，運動能力検査などの結果から，その子どものできること，できないことを客観的に把握し，教育に役立てることも重要である。

　通常学級の多くの教師は，障害のある子どもにはじめて接することになる場合が多い。このことは，まさに未踏の地に足を踏み入れることに等しい。そのような教師には，先入観のない新鮮な眼で，子どもたちのありのままの姿をしっかりと見てほしいと思う。そのような素直な眼で子どもをよく見つめてみると，まず気づくのは，眼が見えにくいので拡大鏡を使っている，耳が聞こえにくいので補聴器を着けている，手足が不自由で移動がスムーズでないといった，比較的どんな困難かを推測しやすい子どもであろう。しかしその一方で，

▷2　PDCAサイクル
指導計画を立て（Plan），実際に指導し（Do），指導した後に指導の評価（Check）をし，それをもとに指導の改善（Action）を行う。

いつも同じおもちゃをもっている，決まった本ばかりを好む，落ち着いて話したり聞いたりできない，文字を読むのに特別な困難がある，漢字だけがうまく書けない，友達と遊べなかったりうまく関係をつくれない，といった，特徴的な行動が見つかりにくかったり，行動の原因がわかりにくい子どもも多くいる。しかし，子どもたちのそれぞれの特徴的な行動に，教師が丁寧に注意を向けることによって，その子どもが，言葉ではうまく表せなくても，伝えられない思いや考えを心のなかにもっていることに気づくことができる。教師は子どもが何を感じ，考え，何を必要としているのかを考えてみることが必要である。そして，教師は，どのようにさせればよいのかを，毎日の生活のなかで考える努力が求められる。こうした努力の積み重ねが，次第に実を結び，子どもの行動に変容をもたらすことにつながる。特別支援教育には障害や特別なニーズのある子どもの理解が欠かせないし，それらの理解のうえに立ってはじめて適切な指導ができる。とは言っても，子どもの心やニーズが，必ずしも簡単にわかるわけではない。指導にとって大切な最初の一歩は，教師が，まだ自分は，子どものことが十分にはわかっていないという自覚をもつことである。同時に，子どもの障害やニーズの特性に関する知識を学び，それを日常の経験を通して自ら活用し，応用できる実践的な知識に変えていくことが大切である。学ぶ内容は，医学や心理学，補装具などに関する知識，また，指導の際に配慮すべき教室環境や，子どもが理解しやすくするための指導上の配慮などがあげられる。▷3

▷3 このような指導のあり方は，障害児だけを対象とする特別なものではなく，すべての子どもの指導にとって必要な視点だと考えられる。

さらに，子どもの学びは，子ども同士の相互作用によっても大きく展開し，深まる。学級の子どもたちが，子ども同士の交流を通して，互いに人間として相手を理解する眼を育み，障害とは何か，楽しくいっしょに生きていくとはどういうことなのかを，相互に経験を通して学び合うことが，現在および将来の子どもたちの生活をより豊かなものにしていくことは間違いない。

3　個別の教育支援計画・個別の指導計画・自立活動

子ども一人ひとりの確かな育ちを実現するには，長期，短期にわたるきちんとした計画に沿って学校教育が行われる必要がある。これを実現するために，個別の教育支援計画と個別の指導計画が，それぞれの子どもについて策定される。これらは，発達に沿って学年ごとに引き継がれていく。またこれと併行して，病院での治療や検査の記録も加わっていく。これらを通して，一人ひとりの将来を見通し，個々の子どものニーズに合ったよりよい個別の取り組みが進められていく。子どもの実態を的確に把握するためのアセスメントや指導時の子どもの様子の記録をもとに，複数の指導者が話し合って，子どもの現在の課

題を明確にする。それに基づいて，今後子どもをどう育てていきたいかを保護者とともに話し合い，指導の方針を決めていく。特別支援学校・学級では，通常の教育に比べて保護者とのつながりはより深く強いものになる。教育の目標や指導方針・指導計画，指導成果の到達状況などを，学期ごとに保護者にわかりやすく説明する責任が教師には求められる。指導の内容は通常の教育に準じて，教科をはじめ教育全体にかかわって計画される。

一方，障害や特別なニーズに特化した学習領域として自立活動がある。それぞれの子どもの特性に応じて，必要な内容を指導し，子どもの発達に沿って，自立していくために必要な指導や支援が行われる。指導体制も子どもの状態に応じた配慮がなされ，教師との1対1での指導が必要な時期，友達も含めて周りの人たちとのつながりが大切な時期など，子どもの育ちの姿に応じた臨機応変の対応が求められる。そのためには，教師が子どもをより深く見る眼をもち，子どもの発達的なニーズによりよく対応するための創意工夫が求められる。一人ひとりに応じた自立活動が基本だから，指導の計画も，一人ひとり違った対応をすることもあり，また，同じような発達の姿を示す子どもたちに対しては，いっしょに複数で指導することが有効な場合もある。

4 指導の実際と教育関係者・組織の協力

個々の子どもの指導は，基本的には学級担任が責任をもって指導をする。また，担任と副担任とが複数体制で指導する場合もある。指導者の構成は，学級の子どもの数，障害の状態，指導内容（教科学習か，特別活動か，行事かなど）によっても変わる。一人の学級担任が中心となって子どもたちの教育を進める場合でも，同じ学校の同僚・先輩の教師だけではなく，教育に関連する学校外の心理や教育，医療，福祉などの専門家との協力がなければ，個々の子どもたちの多様な特徴に対応しながら，適切に教育を展開することはできない。とくに，通常学級のなかにいる障害児の指導では，専門的な支援を得ながらの指導が基本となる。学校のなかには特別支援教育コーディネーターが配置されているので，まず，どのような知識や子どもへの配慮が必要なのかを相談してみるのがよい。具体的には，特別支援学級や通級指導教室，また，特別支援学校の，専門的な知識・技能をもった教師との協働が有効である。日頃から気がついたことについて十分な情報交換ができ，先に述べた観点に沿って子どもを複数の眼で継続的に見続けることが，よりよい指導につながる。さらに，障害や特別なニーズによって連携の深さも異なるが，臨床心理士，言語聴覚士，社会福祉士，医師，看護師などとの継続的な連携も重要である。しかし，一方では，これらの専門職の専門分野の違いは，教育や療育に対する考え方でも微妙

に異なる場合もある。話し合いを重ねて難しい場合は，常に子どもの課題を中心に置いて，少しずつ相互理解を進めようという姿勢が基本であり，異職種の連携ではとくに重要となる。

　円滑で効果的な支援体制を構築するには，解決すべき課題に対して，それを明確にしながら解決への方向性を検討する際に，特別支援教育コーディネーターを中心とする協力体制をつくり，一人ひとりの子どもについて，素直な意見を交わしながら建設的な方向性を模索できるような支援会議が行われるべきである。支援会議は，子どもの課題に応じて，適切な関係専門家が選出され，保護者も出席する。子どもの置かれている生活のなかでの課題，学習面での到達目標と想定される困難な状況などを推察しながら，その解決への方向性について議論が進められる。そこでは，それぞれの専門家の委員の立場から，課題に応じた適切なアドバイスも提案されるだろうし，指導の方向性について，総合的な観点からの議論も可能になる。そうした，さまざまな専門的なアドバイスを考慮することによって，幅広く，深い観点に基づいた指導を進めることが可能になる。

5　保護者への支援

1　保護者とともに

　ここでは，とくに幼児・児童期の保護者への支援について述べる。この時期の子どもは課題が多様であまり明確になっていないことが多い。また，子ども自身が自分のしてほしいことなどをうまく表現できないことも多く，さらにその保護者も，自らが障害や特別なニーズのある子どもへの対応を，戸惑いながら学びつつある段階である。このようななかで，保護者は誰でも，障害のある子どもを育てることに苦闘している。自分が育ってきた経験が，子どもを育てていく時に役に立たないように思え，これまで経験のない障害児の子育てにストレスを抱えている。例えば，お母さんが家族のなかで孤立感をもち，祖父母との確執が生じている場合もありうる。また，子どもといっしょに通学する際に，わが子が好奇の眼にさらされる可能性もある。このような課題を抱える保護者には，まず教師が，家庭生活と子どもの養育で抱える親の大変さを理解し，彼らが少しでも前向きに進めるよう，お母さんの話を聞き続ける，彼らの心情に共感していくといった支援が大切である。多くのお母さんには，自分の思いを他者に開示する機会はなく，誰かに相談する，子どもへのアプローチの仕方を教えてもらうことも難しい場合が多い。障害のある子どもが幼なければ幼ないほどその傾向は強く，わが子が健やかに育ち自立できるだろうかとい

う，お母さんの不安も大きくなる。そんな心情のお母さんに対して，担任教師が投げかける言葉には大きな影響がある。教師は，お母さんが何に困っているのか，どう育ってほしいのか，自立に向かって何を大切にしたいのか，といった課題について，お母さんとの持続的な対話を通してしっかり共有できるかどうかは，子どもの育ちに大きく影響する。とくに，発達や障害などの影響で，言葉がない子どもに対しては，彼らの行動をよく観察し，行動の陰にどんな意味があるのかを読み解くこと，また，身振りやまなざしから，子どもが何を訴えたいのかを推察することはとくに大切である。お母さんにしかわからないこと，教師だからこそわかることをお互いに話し合い，共有して，今の子どもの課題を明確にする必要がある。子どもの行動，身振り，視線などから，子どものやりたいこと，やりたくないことを推測し，その意味をできるだけ捉えることが大切である。

一方，子どもの要求が理解できない場合には，どうすれば要求が大人に伝わるのかを，子どもの気持ちを推察しながら示唆し，方法を工夫しながら，子どもに伝える努力を求めていく。子どもとの意味のあるやり取りを，いかにして成立させるかが大きなカギになる。

また，子どもとの生活づくりを，教師が保護者とともに行うことも大切なことである。子どもが家庭だけでなく，放課後には施設などで過ごすことが多い場合，子どもにストレスや疲れはないか，また，自立に向けての取り組みが，保護者の願いだけでなく，子どもの希望にもかなったものになっているのか，といった子どもの視線，子どもの心で考えることが重要である。家族の生活がより豊かになるにはどうすればよいのかを考えることは，教師の大切な役割でもある。

以下では，筆者が長年，保護者とともに悩み，試行錯誤しながら重度の聴覚障害のある幼児を指導していった事例を紹介する。保護者と教師が力を合わせ，気持ちを合わせながら，日々の実践を重ねることによって，そこに学びが生じ，子どもたちが成長していった事例である。そのなかで，筆者自身の大きな学びも経験できた。

2 子どもと保護者の思いを受け止めともに育つ

これまで指導してきた子どもたちのなかからとくに印象深いAちゃんとの出会いについて述べる。このエピソードは，私に教師としての仕事を深く考えさせるものであった。

Aちゃんは，難聴に加えて，知的な遅れ，お母さんの妊娠時の障害で顔面麻痺があった可愛い子どもだった。ろう学校幼稚部の3歳児学級に入学した時は，嫌な時に泣くことだけが気持ちを伝える手段であった。他の子どもたちに

比べて発達上の遅れが目立っており，私は，Aちゃんに対して，生活のなかで，衣服や靴の着脱，トイレの自立など，できることを少しずつ積みあげたいと思った。それにはどうしても，お母さんの協力が必要であった。しかし，お母さんにはその意欲はまったくなく，子どものためにやろうという気持ちは見えなかった。何度かお母さんとの懇談を重ねたが，話を聞いてくれているのかどうかもわからないような反応だった。そのようななかで，私は「学校でやれるだけのことはやろう」と思ったが，障害の重さに加えてお母さんのやる気のないように見える姿に，Aちゃんのこれからの成長が厳しいように思えて暗い気持ちをもっていた。

　幼稚部入学時に，お母さんたちにアンケートを行い，わが子の成長への願いや，近い将来に育ってほしい姿について回答してもらった。Aちゃんのお母さん以外は，すぐに提出してくれた。しかしAちゃんのお母さんは，何度回答用紙を求めても提出してくれなかった。5月の連休も過ぎて，Aちゃんとの個別指導が終わろうとした時に，お母さんがおもむろに新聞広告の紙を出して，「先生これ！」と言って渡してくれた。はじめ意味がわからなくて，お母さんの顔を見ていると，「アンケートの紙，なくしちゃったの」と言うので，その紙がアンケート用紙の代わりであることがわかった。「書いてくれたの。ありがとう」と受け取った。お母さんと子どもが下校した後，その広告の紙の裏を見ると，「Aのこえがききたい。『おかあさん』といちどでいいからききたい」と書いてあった。その言葉を読んで，私は胸が熱くなった。そうだったのか，子どもの成長には関心がないような素振りしか私には示さなかったけれども，こんな熱い思いがお母さんの心のなかに流れていたのだ，と私は思った。

　お母さんには，子どもを思い，受けとめたいという気持ちは必ずある。教師は，子どもを指導するなかで，親の気持ちを信じて受け止めることが必要なのだと思った。私が，お母さんの表面的な反応しか見ていなかったこと，お母さんには深い思いがあっても，それをなかなか私に表せなかったこと，またそれを受け止める私自身の思いのいたらなかったことを深く反省した。

　Aちゃんが「お母さん」と言えること。最初の目標はこれに決まった。しかし，それはなかなかの難題であった。Aちゃんは声をコントロールして，自分の思い通りに発せないのである。それどころか，私はそれまでAちゃんの声は，鳴き声以外に聞いたことがなかった。そこで，これからの活動目標として，まずはAちゃんに，私といっしょにいることが楽しくて仕方がないという気持ちになってもらうこと，そのためには，Aちゃんの気持ちをしっかり受け止めること，そしてAちゃんがわかるようにできる限り工夫して知らせることだと考えた。子どもは，相手が自分のことを何でもわかってくれると思えると，自分も相手のことをわかりたいと思う。まずは，遊びながら声を出すこと

を大きな目標にした。そして，楽しい時には声が出て，声と同時に簡単なサインを覚えて，気持ちや行動をコントロールできるようになることとした。

「おわり」「はじまるよ」「いくよ」「いいよ」「だめだめ」「いっしょ」などの言葉を遊びのなかで繰り返し使うことによって，それらの言葉がわかり，自分から使えるようになることが，大切だと考えた。言葉は，心と体を自分の意志で切り開くための道具としての役割をもつ。

秋になり，Aちゃんとの個別指導の日に，風船を使って遊んだ。その後，Aちゃんに風船に触らせて，私が風船に唇をつけて声を出す，Aちゃんの手に振動が伝わる。Aちゃんはびっくりしているようである，確かにおもしろがっている。とくに，私のびっくりした動作がおもしろいらしく，いい表情をして見ている。私がリズムをつけて，声を出すという活動を1週間繰り返した。そして7日目のことである。Aちゃんは，これまで何度か声を出すようなそぶりを見せていたが，なかなか声にはならなかった。しかし，そんな準備期間があったのち，Aちゃんはいきなり自分の唇を風船につけて，自分から声を出して，先生をびっくりさせようとした。私がびっくりした表情と仕草で応じると，声で震える風船の振動をおもしろがった。個別指導を見ていたお母さんも，「先生！ 声，聞こえましたよね？」と半信半疑で私に確かめた。「聞こえたね。Aちゃんの声だ」。そして，次に唇を風船から少し離して声を出すことを誘った。風船から離しても声を出せば，風船は震える。声が出た！　これは，言葉を話すための第一歩だった。ともかく自分の意志で声を出したのである。

お母さんが，幼稚部修了の時にしみじみと私に言った。「入学前は幼稚部の3年間は長いと思ったけど，本当に楽しくてあっという間でした。先生，これからも頑張ります」。Aちゃんとの出会いは，保護者との二人三脚の意味，保護者の思いを受け止めることの大切さなど，さまざまなことを教えてくれた。

3　子どもが自分自身の思いで夢を追い続ける

幼児期に3年間担任としてかかわったM君の事例である。耳の聞こえが悪いM君は病院で障害がわかるとすぐに聴覚特別支援学校の乳幼児相談室へ通ってきた。乳幼児期からお母さんがとても熱心に育てられた。M君は，指導のなかで興味をもったことはすぐに覚えるが，そうでないものはとても時間がかかった。繰り返して学習ができるようにやり方をいろいろと工夫するのだが，なかなか必要な言葉を覚えられなかった。

私が担任としてお母さんと話し合ったことは，彼の好きなことを遊びのなかに取り入れてやり取りを楽しむこと，生まれたばかりの双子の妹たちやお母さんとの時間を大切にすること，時間はかかるけれど，ゆっくり成長する姿を大切にすることだった。M君の好きなのは乗り物，とくに電車や地下鉄だった。

なかでも新幹線は大好きで，絵を描き，買ってもらったミニチュアを使った遊びや本を見ることなどが大好きだった。子どものやりたい気持ちを大切にして，電車で遊んだり，絵を描いてきてもらったりしながら，それを使って子どもとの言葉のやり取りをした。私は主に聞き役となり，わからないことをたずねた。遊びながら，ひたすらやり取りを通してお互いにわかり合うことを心がけた。その際，M君が何を考えているのか，思っていることは何か，困っていることは何か，教師の問いかけがわからないのか，わかっているのかなどを知ることに心を砕き，子どもが伝えたいことが表現できる方法は何かを常に考えた。時には，教師の側から興味をもちそうな本をアピールしてみたり，ゲームを使って遊んでみたりした。そこでは，M君が，必要な言葉を学び，使おうとする積極的な行動が見られた。そして，言葉の理解が進むにつれて，わかる内容も増えていった。担任をして2年目に，子どもたちの発案から新幹線を見にいこうということになった。どうやって行くのか，どの駅で見られるのかなどいろいろと話し合って，東京駅まで行くことになった。

　当日，新幹線のホームにひかり号が入ってきた。拍手で迎える子どもたちは大喜びだった。みんなでひかり号の前で記念写真を撮っていると，運転手さんが運転席から降りてきた。たまたま声をかけてくださったので，いっしょに写真を撮らせてもらい，握手をしていただいた。M君は，大満足だった。その新幹線の見学以来，M君の夢は，「大きくなったら新幹線の運転手になること」となった。幼稚部を修了する時に，自分の夢を新幹線の運転手さんになることだと高らかに宣言して，私の指導は終わった。その後，機会あるごとに「大きくなったら何になるの？」とM君に聞いていた。彼の夢は小学生になっても変わらず，6年生の時にも「新幹線の運転手」だった。中学部になり，3年生の卒業式の時にまた聞いてみると，「先生，うーん，耳が聞こえないと新幹線の運転手にはなれない」と，現実の壁に突き当たっているようだった。高等部になって時々会うと，やはり考えているという返事だった。いよいよ大学への進路選択が始まり，どうするのだろうと心配していると，鉄道に関連する仕事をしたいから電気関係のことを学びたいと工学部に進学した。そして大学の4年間を，先生や聞こえる同級生の仲間に支えられて一生懸命に勉強し，卒業することができた。就職の時には，やはり夢をあきらめきれないという気持ちから，JRへの就職希望をかなえるために入社試験を受けた。面接試験では，幼い時からの自分の夢である，新幹線の運転手になりたかったこと，しかし，耳が聞こえないことから運転手は断念したが，新幹線の安全走行を保障するために補修などにかかわりたいという夢を，緊張しながらも語った。M君は，聞こえない人が，このような仕事に就いた例がないので，自分も多分駄目だろうとあきらめかけていた。しかし，何と彼は，採用通知を受け取ることができた。

幼い時の夢，それをもち続け，貫いたM君の熱い思いに会社が応えてくれた。私が，採用のことを電話でお母さんから聞いた時，私は飛びあがるほど喜んだ。彼の夢が叶った。幼稚部の時に育んだ夢を持ち続けて成長したM君に感服するとともに，彼を支えたさまざまな人たちの思いが，そこに実を結んだ。障害があるからといって夢をすべて捨ててしまうことはない。子ども一人ひとりが生きがいをもてるようにするために教育はある。

6 教師にとって必要なこと

1 教師という仕事

　教師は子どもの成長を見守り，育て，その子が今いる状況から少しでも発達をしていくことをさまざまな角度から試みる仕事である。そこには，教師にも子どもにも，必ず学びがある仕事である。教師は，常に今いる状況から脱皮し，成長するための努力を続けなければならない。これはなぜだろうか。教師の仕事は，資格を得て教職に就けばそこからすぐに始まる。経験がなくても一人前の教師と見られ，仕事を任される。大学を卒業したばかりでも教師，ベテランも同じ教師，職場では同等な立場で仕事をする。しかし，教育を受け取る側の子どもや保護者から見るとどうだろうか。たった一度しかない，子ども自身の人生，親としての人生を，たまたま巡り会った教師に任せるわけである。誰でも，自分の人生を豊かに生きることを望むだろう。これに少しでも応えていくためには，教師は仕事に就いた時から仕事を辞めるまで，常に学び続け，自らが少しずつ少しずつ成長するように努力しなければならない。一方では，時代も動き，知識や技術も大幅に変わっていく。教育は社会と深く結びついているから，教師は最先端の情報や知識を学び，理解する努力を常にしなければならない。常の自分自身を振り返り，自分にはまだわからないことがあると自省すること，そして，さらに知りたいと思い続けること，このような気持ちをもち続けるには学ぶ努力が必要である。そんな教師という，厳しくもあり，やりがいのある仕事を志そうとするみなさんに，筆者から伝えておきたいと思う事柄は，以下のとおりである。

① 基本的に子どもを好きになること（そうすれば子どもに好かれる）

　子どもは正直である。眼の前の教師が自分のことを好きかどうかは敏感に察する。子どもは，教師が自分のことを好きだと感じると教師のことが好きになる。この相乗作用で子どもは育っていく。子どもが好きになれない教師がいるとしたら，そこでは教育活動は成り立たない。子どもを好きになることの重要性を教師はまず肝に命じるべきである。

② 親の思いを受け取る

　ほとんどの親が，わが子の障害を知るのは子どもが乳幼児の時期である。病院で障害を診断・宣告されても，「どうして私に」という絶望の淵で，事実を受け入れられず立ち直れないまま生活をし，産んだ自分を責めるということもある。子どもが原因で父親との関係が悪くなる，祖父母から責められるという経験をすることもある。教師は，子どもを担当した時に親の気持ちがどんな状態であるのか，それまでの気持ちを知る努力が必要である。担当する子どもの生育歴についても理解しておき，即明日からの教育に生かしていく。面談をしている時に親とともに泣くこともある。教師にとって，気持ちが重くなるような相談もある。そんな時は，自分のわかる範囲で精一杯対応し，わからないことは正直に伝え，後日また話しましょうと伝える。そして最後に，一番大切なことは，子どもをしっかり見て，大切に育てることだということを親といっしょに確認してほしい。

③ 子どもからの信頼を得ること

　子どもを，いつもしっかりと認め，褒め，励ますことが大切である。特別支援教育では，子どもの行動，振る舞い，子どもが伝えようとしてきたことにできるだけ眼を向けて，子どもが感じたことを受け止める努力が重要である。

　子どもたちにとって，大好きな先生に自分の伝えたことを受け止めてもらった，また，そのことを褒められたということの喜びには大きな意味がある。それによって，また先生に伝えたいという気持ちが育っていく。自分の思いを表現したいと思う気持ちは，言葉が育つための大きな一歩である。言葉の面で課題のある子どもたちを是非受けとめ，褒めて，子どものことを理解できる身近な大人になることが，子どもの大人に対する信頼を高める。信頼することで身近な大人への，子どもからの表出が増え，大人の働きかけを受け止めようとし始める。やり取りが始まり，それが言葉での理解につながり，言葉を育んでいく。

④ 生活のなかで子どもに考えさせること

　子どもたちが考えながら生活できるためには，生活のなかで子ども自身が主体者となることが必要である。朝起きて，何をはこうか？　何を着ようか？　靴下は何色にしようか？　など問いかけ，言葉でやりとりすることによって，子ども自身が，自ら考えたことを意識化できる。大人に言われたとおりに，何も考えずにただ行動するのではなく，やり取りを介して生活のなかに変化が生まれ，考える第一歩になる。子どもたちが活動のなかで選択したり，考えたりする場面をしっかりと用意しよう。そんな場面では，教師が「困ったな」という表情を投げかけ，子どもに考える場面を提示するような仕掛けも必要になる。考える課題は，子どもが少し考えると答えが出るものや，答えが決まったものではないほうがよい。このような積み重ねは，子どもが大きく羽ばたくた

めの土台つくりである。教師は，生活のなかで，子どもに考えようとさせたのか自省し，子どもたちが，自分で考えるような生活をつくっていくことが大切である。

⑤ 子どもの伝えたいことをしっかりと理解し指導につなげる

子どもがさまざまな場面で表現してくることは，伝えたいことが何なのかを教師に教えてくれるヒントである。子どもをよく見ていると，子どもは教えてくれている。子どもから学ぼうとする姿勢があれば，子どもの視線，何気ない一言や行動，顔の表情，具体的な行動が伝えてくることに気づくことができる。そのような気づきがなければ，子どもとかかわれないし，指導につながらない。子どもの気持ち，興味や関心がわからなければ，子どもたちにとって魅力のある有効な教材や教具は準備できない。教師にとって，想像したり，創造したりして子どもにせまる努力は欠かせない。教師は毎日の授業で子どもと生活をともにしているので，子どもたちの様子が一番わかる立場にいるのだから。

⑥ 教師と子どもの学びのなかで，子どもはみんな伸びる

自分の眼の前にいる子が伸びていくこと，変わっていくこと，学んでいくことを本気で信じることが大切である。それによって，子どもたちに何をどう教えるかが見えてきて，それぞれの力を伸ばし，よりよい姿に導くことができるのだと思う。指導の結果は他の子どもとの比較で見るのではなく，個々の子どものなかで何がどう変わったのか，何をより深く知ることができたのかが大切である。子どもはどこまでも伸びていける。

2 教師にとって何よりも重要なこと

一番大切なのは，子どもと周囲の人々との信頼関係である。とくに，子どもたちにとって，教師との信頼関係をもてれば，教師とのかかわりが楽しく，学習もおもしろく感じられ，学びの経験が子どもの情緒や思考に積み重なっていく。教師といっしょに活動したいと思うような授業の実現が望まれる。

教師との強い人間関係に支えられたやり取りのなかで，子どもは言葉を必要とし，言葉を理解し，それによって自らの思考を育てていく。幼児であれば，身振りや動作を含めて，自分なりの言葉を表現しながら，少しずつ言葉を自分のものとしていくだろう。障害のある子どもにとっての言葉の獲得の困難さは，他者にはわかりにくい。言葉は自分の思いをうまく表現し，理解してもらえるためにとくに重要である。教師には，障害のある子どもたちが，今この場面でどんな思いでいるのか，子どもたちの発信する信号を通して，心のなかを想像できる力が必要である。教師が，そのような磨きあげられた感性をもっていないと，子どもの心は見抜けない。しかしそれがわかれば，子どもに合わせた適切な指導が展開していける。これは特別支援教育には重要なことである。

Exercise

① 特別支援教育を担当する際に,はじめにやらなければならないことは何か。それはどうしてなのか。考えてみよう。
② 子どもの今を把握するときに教師が心がけることは何か。それはどうしてか。考えてみよう。

📖 次への一冊

飯野順子・岡田加奈子・玉川進編『特別支援教育ハンドブック』東山書房,2014年。
　障害ごとにまとめた本で,新しく教師になった人を対象に書かれている。担当している子どものことを知るために必要な本である。
齋藤佐和・前川久男・安藤隆男・四日市章編『講座特別支援教育〔第2版〕1〜3』教育出版,2016年。
　特別支援教育の理論と実践について障害に応じて書かれている。現場の教師も多く執筆しているので,参考になることが多い。

引用・参考文献

飯野順子・岡田加奈子・玉川進編『特別支援教育ハンドブック』東山書房,2014年。
齋藤佐和・前川久男・安藤隆男・四日市章編『講座特別支援教育〔第2版〕1　特別支援教育の基礎理論』教育出版,2016年。
齋藤佐和・前川久男・安藤隆男・四日市章編『講座特別支援教育〔第2版〕2　特別支援教育における障害の理解』教育出版,2016年。
齋藤佐和・前川久男・安藤隆男・四日市章編『講座特別支援教育〔第2版〕3　特別支援教育の指導法』教育出版,2016年。
柘植雅義編『「特別支援教育」100問100答』教育開発研究所,2017年。
文部科学省「共生社会の形成に向けたインクルーシブ教育システム構築のための特別支援教育の推進（報告）」2012年。http://www.mext.go.jp/b_menu/shingi/chukyo/chukyo0/gijiroku/__icsFiles/afieldfile/2012/07/24/1323733_8.pdf（2019年2月8日閲覧）
文部科学省「平成27年度　特別支援教育資料」2015年。
文部科学省教員養成部会「これからの学校教育を担う教員の資質能力の向上について」（教員養成部会答申素案）2015年。http://www.mext.go.jp/b_menu/shingi/chukyo/chukyo3/002/siryo/__icsFiles/afieldfile/2015/10/28/1363051_01_1.pdf（2019年2月8日閲覧）
文部科学省教員養成部会　教員の養成・採用・研修の改善に関するワーキンググループ「教員の養成・採用・研修の改善について──論点整理」2014年。http://www.mext.go.jp/component/b_menu/shingi/toushin/__icsFiles/afieldfile/2014/10/09/1352439_01.pdf（2019年2月8日閲覧）

第11章
教師のライフサイクルと教員研修

〈この章のポイント〉

　教師のライフサイクルは，学校現場の視点から，教師になるまでの準備期と，教師になってからの4期のステージに分けることができる。各期の特徴（課題と対応例など）から，先輩の教師の具体例などを知り，約40年ある教師人生を見通して，困難を乗り越えられるようしてほしい。本章では，公立学校で勤務していた筆者の経験をもとに，教師のライフサイクルと，学び続ける教師であるための教員研修について解説する。

1　教師になるための準備期

　教員免許状を取得して採用が決まれば，学生だった時と立場が一転し，4月早々から自分が教える立場となる。子どもたちや保護者，地域の人たち，そして同僚（先輩の教師）からも，すぐに「先生」と呼ばれることになる。経験の多少は関係なく「先生」なのである。教師は，子どもたちに授業をするだけではない。社会人として，保護者や学校職場の同僚，関係諸機関とも対応していかなければならない。そのための準備期が大学時代である。

　では，大学時代の授業や学びは教師生活においてどのくらい役立っていると感じられているのだろうか。教員養成ルネッサンス・HATOプロジェクト（2016）による「教員の仕事と意識に関する調査」の「6．大学時代の現在の教員生活」において，「大学時代に学んだことで役立ったこと」を見ると（図11-1），教育実習と教職実践演習（後述）について，8～9割の教師が「役に立っている（「とても役に立っている」＋「まあ役に立っている」）」と回答している。つまり，教育実習や教職実践演習は，学校の子どもたちと直接かかわり，実践的な学びができる科目なのである。

① 教育実習

　教育実習は，教員免許状の取得以前に行う現場体験である。教育実習の単位は，教育職員免許法施行規則で小・中学校は5単位，高等学校は3単位修得することが定められている。実習期間は，大学によって異なるが，おおむね小学校4週間以上，中学校3週間以上，高等学校2週間以上としているところが多い。学生は，3週間の教育実習で，教師として必要な知識，技能，態度，心構

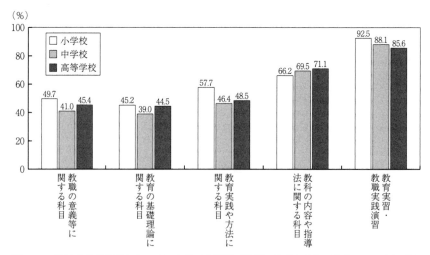

図11-1 現在の教員生活において，大学での授業（科目）はどれくらい役立っていると感じますか（大学の授業（科目）の役立ち度）。
出所：教員養成ルネッサンス・HATO プロジェクト（2016, 16ページ）。

えなど，教職課程の授業で学習してきたことをもとに学校現場で実務を体験することになる。教育実習の学びのポイントは，(1)教師の仕事や子どもの様子をよく観察する，(2)進んで子どもたちのなかに入り，コミュニケーションをとる，(3)教材研究を十分にして授業を行う，の3点である。教育実習期間に教師の姿と子どもの様子をよくみて，教師としての心構えをさらに深めてほしい。

② 教職実践演習

「教職実践演習」は，教育職員免許法施行規則の改正（2009年4月）により，2010（平成22）年度入学生が4年生になる時から導入された科目である。文部科学省の趣旨・ねらいは，教職課程や他の授業科目の履修や教職課程外での活動を通じて，学生が身につけた資質能力が，教員として最小限必要な資質能力として有機的に統合され，形成されたか，課程認定大学が自らの養成する教員像や到達目標等に照らして最終的に確認するものであり，いわば全学年を通じた「学びの軌跡の集大成」として位置づけられたものである。学生はこの科目の履修を通じて，将来，教員になるうえで，自己にとって何が課題であるのかを自覚し，必要に応じて不足している知識や技術などを補い，その定着を図ることにより，教職生活をより円滑にスタートできるようになることが期待されている。

この教職実践演習においては，以下の四つの事項の内容を学習する。
(1)使命感や責任感，教育的愛情等に関する事項
(2)社会性や対人関係能力に関する事項
(3)幼児児童生徒理解や学級経営等に関する事項
(4)教科・保健内容等の指導力に関する事項

▷1 課程認定大学
教員の普通免許状に必要な単位が修得できるように所定の科目を設置している大学。

学生は，教育実習を経験してからこの科目を履修する。一般的にこの講義では，(1)教職の意義，教員の役割，職務内容，(2)児童生徒理解，(3)学級経営，(4)社会性や対人関係能力，(5)教科の指導力，また演習では，(1)〜(5)についてのグループ協議や模擬授業と省察を行い，教育実習校への事後訪問・調査が実施される。2単位（30時間）であるが，この科目は教師になる前に学生として学ぶ最後の機会であるために有効に活用したい。

③ 授業以外での学び

HATOプロジェクトの資料によると「大学生・短期大学生の時に経験したことの中で，現在の教育生活において役立っていると感じたこと」の回答によると，「【人との出会いや人間関係の形成】大学生活で出会った多く人々との関わりから人間的に豊かになり，教員としてだけでなく一人の人として大事だと思うことを子ども達に教えられるようになった（小学校教員）」「【部活動での経験】運動部を通して，他者と協力する力・あきらめずに頑張り抜く力を養えたと思っている。そのために何事も全力で向かっていく姿勢が付いたと思っている（高校教員）」「【アルバイト】様々な職種のアルバイトをしたことで仕事の内容だけでなく働くことの価値やたいへんさがわかりました（小学校教員）」との声がある。

一般的に，大学で学んだ知識をそのまま生かせる職業は少ないが，教師は，学んだ知識等をストレートに教授することができる職業である。しかし，教授だけでなく，学級，学年の経営者でもなければならない。そして，教師は多くの人とかかわり学校を運営していく。このような業務があることを大学時代から自覚していくことが必要である。

2　第1期の現状と課題

1　4期のライフステージ

教員採用試験に合格し，教員として採用されると，定年退職するまで約40年弱，教師としての人生が始まる。

教師はどのように教師人生（教師の期間）を過ごしていくのだろうか。ここからは，教師のライフステージを4期に分け，それぞれの現状と課題，対応策と各ステージにある法定研修について述べていこう。ライフステージの分け方について各都道府県の分類を調べてみると，4期に分けているところが多い。4期に分けている茨城県を例にあげてみると，表11-1のように第1期（形成期）は採用1〜5年，第2期（成長期）は採用6〜11年，第3期（発展・充実期）は採用12〜23年，第4期（貢献・深化期）は採用24年以上と設定されている。

▷2　法定研修
法律で受けることを義務づけられている研修。教育公務員特例法第23条初任者研修，第24条中堅教諭等資質向上研修，第25条指導改善研修がある。指導改善研修については次のとおり。「公立の小学校等の教諭等の任命権者は，児童，生徒又は幼児（以下「児童等」という。）に対する指導が不適切であると認定した教諭等に対して，その能力，適性等に応じて，当該指導の改善を図るために必要な事項に関する研修（以下「指導改善研修」という。）を実施しなければならない」（同法第25条第1項）。

表11-1 茨城県公立小学校等の校長及び教員の資質の向上に関する指標（共通，2018年）

項目		採用時の姿	第1期（形成期）授業力・児童生徒理解の向上	第2期（成長期）教職・教科専門性の向上	第3期（発展・充実期）校務分掌等の企画調整及び若手教員への指導・助言	第4期（貢献・深化期）学校運営及び若手，中堅教員への指導・助言
基本的資質	① 教職を担うに当たり必要となる素養	【社会人として】 ・人間性が豊かで，言葉遣い，あいさつ，礼儀等の備えておくべきマナーをもって行動することができる。 ・人権に関する知的理解があり，人権感覚をもって行動することができる。 ・常にコンプライアンスを意識して行動することができる。 ・コミュニケーション力を生かし対人関係を構築することができる。 ・ストレスと身体の健康を適切に自己管理することができる。 ・多様な文化の生活・習慣・価値観を尊重することができる。		【教員として】 ・子供が好きで，子供とともに考え，子供の気持ちを理解することができる。 ・自己の現状と課題を知り，他の教員の指導や意見に耳を傾け，学び続けることができる。 ・保護者や地域の声に耳を傾け，誠実に対応することができる。 ・学校教育に関する法令等と学校の役割を理解することができる。	
高度専門職としての教員に求められる力量	② 授業力	・学習指導要領の主な目標を理解し，指導に生かすことができる。 ・授業を成立させるための要件（学習課題，板書，発問等）を理解し，基礎的な技能をもって指導を行うことができる。 ・教科等に関する専門的知識を有し，教材の内容を分析・解釈し，適切な授業準備をすることができる。 ・学習課題の設定や探究的なプロセスの重要性を理解し，指導に生かすことができる。 ・主体的・対話的で深い学びの重要性を理解し，授業を実践することができる。 ・ICTの活用方法を理解し，教育活動に生かすことができる。 ・道徳教育の目標や，道徳教育は「特別の教科　道徳」を要として学校の教育活動全体を通じて行うものであることを理解することができる。	・学習指導要領を踏まえて学習指導要領に示されている各教科等や担当学年において，目指す資質・能力，指導内容，指導方法等を理解し，特に教科等に関する専門的知識を有し，指導に生かすことができる。 ・「導入・展開・終末」の各段階で効果的な活動を考え，本時の目標を達成するための授業を行うことができる。 ・一人一人の学習状況を把握しながら，指導することができる。 ・教育課程における各領域の役割を理解し，指導することができる。 ・児童生徒の主体的・対話的で深い学びを引き出す指導をすることができる。 ・学習に対する興味・関心を促すためにICTを活用した授業を実践することができる。 ・児童生徒の実態を把握し，教材提示や，発問などを工夫するとともに「特別の教科　道徳」の授業を実践することができる。	・各単元（題材）や各時間のつながりから授業を考え，単元（題材）の指導計画を作成し，単元（題材）の目標を達成するための授業を行うことができる。 ・教育課程における各領域の目標に照らして，目指す資質・能力の実現状況を適切に把握し，指導を改善することができる。 ・児童生徒の主体的・対話的で深い学びを実現するための授業改善に努めることができる。 ・ICTを活用した生徒の資質・能力を伸ばす効果的な授業を実践することができる。 ・児童生徒の実態に即した多様な教材の開発や活用に努め，問題解決的な学習や体験的な学習を取り入れた「特別の教科　道徳」「道徳」の授業を展開することができる。	・学習指導要領に示されている内容の系統性（学年間，教科間，校種間）を理解して，授業づくりのための具体的な手立てを講じることができる。 ・教育課程における各領域に関する学校全体計画の考え方を理解し，それらを推進するための体制づくりをすることができる。 ・学習評価を基にして，主体的・対話的で深い学びを実現するための授業改善に努めることができる。 ・学習指導に関する指導・助言をすることができる。 ・教育の情報化に関する最新の知識・技術を理解した上で，ICTを活用した教科指導を推進し，指導・助言ができる。 ・学習指導過程や指導方法を工夫し，校内で「特別の教科　道徳」「道徳」の提案授業を行うことができる。	・国や県の動向，学校や地域の実態を理解して，授業を工夫改善するための具体的な手立てや手法をもつことができる。 ・教員一人一人の実態を把握し，授業に関する指導・助言をするとともに，若手・中堅教員のやる気を引き出すことができる。 ・地域の特色を生かし，カリキュラム・マネジメントを取り入れた教育課程の編成及び年間指導計画を作成し，推進することができる。 ・授業改善に向けた組織体制を構築することができる。 ・若手，中堅教員に対し，「特別の教科　道徳」「道徳」の授業における多様で効果的な指導法を指導・助言することができる。
	③ 児童生徒を理解し，指導する力	・子供の心身の発達に関する知識があり，子供の理解に生かすことができる。 ・教育相談の意義，基本的な理論や技法を理解することができる。 ・公平かつ受容的・共感的な態度で子供と関わることができる。 ・法で示すいじめの定義及びいじめはどの子供にも，どの学校でも，起こりうる，ということを理解することができる。 ・学校における生徒指導上の課題を理解することができる。 ・キャリア教育の意義や基礎的な知識を理解し，授業を実践することができる。	・児童生徒一人一人の特性や心身の状況，生活環境など，多面的に把握することができる。 ・児童生徒への声かけを心がけ，信頼関係を築くことができる。 ・いじめ等問題行動の未然防止に努め，早期に気付き，管理職等に報告・相談することができる。 ・子供への対応に不安に思っていることを周囲に相談することができる。 ・生徒指導において，チームの一員として，自分の役割を遂行し，教員間の連携方法を身に付けることができる。 ・体験的な学習活動の意義や内容を理解し，教科等を通してキャリア教育の実践を行うことができる。	・様々なアセスメントの方法を知り，個や集団の実態を把握することができる。 ・カウンセリングマインドを身に付け，児童生徒・保護者との人間関係づくりに努め，児童生徒や保護者との信頼関係を築くことができる。 ・いじめ等問題行動の対処の仕方を身に付けることができる。 ・児童生徒に対して，望ましい勤労観・職業観及び職業に関する知識や技能が身に付くよう，一人一人の進路実現に向けた適切な指導を行うことができる。	・多面的・多角的にアセスメントし，個と集団の実態に応じた適切な対応を取ることができる。 ・カウンセリング技法を身に付け，児童生徒や保護者一人一人に寄り添った対応を行い，必要に応じて外部人材を活用することができる。 ・いじめ等問題行動の未然防止や解決に向け，積極的に関わることができる。 ・生徒指導において，外部人材を活用するなど協働体制を整えて指導を推進したり，教員の役割連携を調整したりすることができる。 ・学校と社会及び学校間の円滑な接続を図るため，学校外の教育資源と協力した効果的な教育を行うことができる。 ・学校の教育活動全体で取り組むためのキャリア教育を体系的に推進することができる。	・的確なアセスメントに基づいた対応をコーディネートしたり，指導・助言したりすることができる。 ・児童生徒の不安や悩みを解消するための保護者との連携の在り方について，指導・助言することができる。 ・生徒指導に関する幅広い知識をもち，チーム対応の過程や結果を検証し，指導・助言をすることができる。 ・キャリア教育の全体計画・指導計画を作成し，計画に沿った教育活動を指導・助言することができる。
	④ 特別な配慮を必要とする児童生徒を理解し，支援する力	・全ての学校・学級に特別な配慮を必要とする子供が在籍している可能性があることを理解し，支援に関する基礎的な知識を身に付け，指導に生かすことができる。	・一人一人の特性や状態，困難さ等を把握し，個に応じた指導や必要な支援をすることができる。 ・個別の教育支援計画や個別の指導計画を活用して，個に応じた指導や必要な支援，合理的配慮をすることができる。	・一人一人の特性や状態，困難さの背景や方法，支援の仕方を工夫することができる。 ・合理的配慮の観点を踏まえ，誰もが安心して学べる授業づくりや環境づくりを行うことができる。 ・児童生徒や保護者の願いを踏まえて，個別の教育支援計画や個別の指導計画を立案し，保護者や関係機関と連携して個に応じた指導や支援を行うことができる。	・状況に応じて指導内容や方法，支援の仕方を工夫することができる。	・特別な配慮を必要とする児童生徒の具体的な指導・支援方法について，指導・助言することができる。 ・合理的配慮の観点を踏まえ，教育環境の改善に向けて指導・助言をすることができる。 ・個別の教育支援計画や個別の指導計画の活用方法，保護者や関係機関との連携について指導・助言し，支援体制についてコーディネートすることができる。
	⑤ 学年・学級を経営する力	・学級経営の意義を理解し，学級を意図的・計画的に指導することができる。	・学校及び学年の目標を達成するための学級経営を行うことができる。 ・集団の状況を把握し，よりよい集団づくりを目指した指導をすることができる。	・学校や集団の状況及び課題を把握した上で，児童生徒を援助し，学級経営等に生かすことができる。	・保護者との信頼関係を基に協力体制を構築し，円滑な学年経営を行うことができる。 ・望ましい人間関係づくり等，学級経営について，指導・助言をすることができる。	
	⑥ 学校運営に関する力	・学校組織の特徴や協働する意義を理解することができる。 ・大学等におけるサークルや団体活動等の運営に主体的に関わることができる。	・組織の一員としての自分の役割を考えて職務を遂行することができる。 ・組織目標を理解し，児童生徒の主体的な活動を促すことができる。 ・安全指導や防災教育等，児童生徒の安全の確保に向けて適切な指導をすることができるとともに，事故発生時において，的確な判断及び迅速な対応を行うことができる。 ・情報モラル，情報セキュリティに関する最新の知識・技術を理解することができる。	・校務分掌において，教員の役割を調整し，協働する体制を構築することができる。 ・教員の特性を把握した上で，教育活動に関する指導や支援をすることができる。 ・組織目標を把握した上で，各行事等の計画の立案・実行・評価・改善をすることができる。 ・安全指導や防災教育等の実施を計画し，児童生徒の安全の確保に努め，指導することができる。 ・情報モラル，情報セキュリティに関する最新の知識・技術を理解し，指導することができる。	・個々の教員の特性を把握した上で，人材を育成するとともに，組織目標の実現に向けた体制を構築することができる。 ・組織目標に基づき，家庭や地域社会，関係機関と連携するなど，学校内外の教育資源を活用し，学校の全体計画の立案・実行・評価・改善を行うことができる。 ・児童生徒の安全の確保のための管理及び非常事態に対応するための危機管理を行うことができる。	

注：各段階は，第1期（1～5年），第2期（6～11年），第3期（12～23年），第4期（24年～）を想定した。
出所：茨城県教育委員会（2018）。

各期の目標は，第1期：授業力・児童生徒理解の向上，第2期：教職・教科専門性の向上，第3期：校務分掌等の企画調整及び若手教員への指導・助言，第4期：学校運営及び若手・中堅教員への指導・助言と設定している。では，このそれぞれの時期をどのように働いていけばよいのだろうか。

2　第1期（形成期）の現状

実際この形成期の教員はどのようなことに時間を費やし，負担を感じているか，聞き取りをした例をいくつかあげてみよう（筆者の調査（2018年）による）。

> (1) 新規採用教員　中学校教諭　男子
> 　子どもに学習内容を定着させるために毎時間小テストを実施しているが，担当している5学級のうち1日平均4学級の授業がある。採点・登録をするだけで放課後の時間が終わる。よって教材研究は，週末にまとめてやるのが精いっぱいである。
> (2) 新規採用教員　小学校教諭　女子
> 　自主学習を毎日するように指導するために，毎日ノートへのコメントを記入している。朝提出させてから，帰宅する前までに返したいためにノートを見るのがたいへんであった。
> (3) 2年目　中学校教諭　女子
> 　子どもに情報モラルの件で指導をしたが，保護者に報告してもなかなか理解してもらえず，どのように話していけば，保護者の協力が得られるようになるのかが難しい（毎回，生徒指導主事等とシミュレーションしてから連絡している）。
> (4) 3年目　中学校教諭　男子
> 　卒業学年を担当している。進路に関する面談が増加した。また，作成する書類も多い。子どもだけでなく保護者とも面談をしていくことは必要なことであり，やりがいも感じるが非常にストレスがかかり何かやり残したことがないかとしばしば不安になることがよくある。
> (5) 3年目　中学校教諭　女子
> 　経験していない競技の部活動を担当し，生徒と一緒に一から学んでいる。

この形成期の教師は，初めての職務に取り組むのであるから，仕事に時間がかかるのは当然である。そのような新任教員の不安や負担を解消するために初任者研修制度がある。

2016年の文部科学省「初任者研修実施状況（平成28年度）調査結果〈確定値〉」によると現在，各都道府県における実施形態としては，校内研修を週8時間程度・年間60日以上，指導教員が中心となって初任者に対する指導・助言を行う。加えて校外研修を20日程度で教育センターにおける講義，他校種参観，社会体験活動などを行うほか，3日程度の宿泊研修を行っている。研修内容としては，教師の職務遂行に必要な事項である基礎的教養，学級経営，教科指導，道徳，特別活動，生徒指導などである。

▷3　初任者研修制度
「公立の小学校等の教諭等の任命権者は，当該教諭等に対して，その採用の日から一年間の教諭又は保育教諭の職務の遂行に必要な事項に関する実践的な研修を実施しなければならない」。
（教育公務員特例法第23条）

3 公立学校の活動事例

　この時期を充実させていくにはどうしたらよいだろうか。各ライフステージの指標を目安にして進んでもらいたい。ここでは茨城県公立学校の活動事例を参考にしながら考えてみよう（表11-1を参照）。表11-1の縦軸には基本的な資質（①教職を担うに当たり必要となる素養），高度専門職として教員に求められる力量（②授業力，③児童生徒を理解し，指導する力，④特別な配慮を必要とする児童生徒を理解し，支援する力，⑤学年・学級を経営する力，⑥学校運営に関する力）の6項目がある。

　例えば，第1期の「②授業力」の指標を確認してみよう。「本時の目標を達成するための授業」や「児童生徒の学習状況の把握」がとくに重要で，「教育課程における各領域の役割の理解」「児童生徒の主体的・対話的で深い学びを引き出す指導」「学習に対する興味・関心を促すためにICTを活用」など教師としての基礎的・基本的な学びを身につけることが求められる。

　「③児童生徒を理解し，指導する力」では，「児童生徒の把握」「児童生徒への声かけ，信頼関係の構築」とある。例えば，「毎日全員の子どもたちに声をかける」ことを目標とする。「放課後に名簿などで確認して，翌日にかけられなかった子どもに声かけをする」ことであれば負担なくできるだろう。声かけ後の子どもの反応によってさらに相談などを行っていく。全員に声をかけてくれる（平等に接する）教師であることを子どもたちが受け止めれば信頼関係を築く一歩になる。また，「管理職や周囲へ相談することができる」と記されている。小さな気づきは早期発見，早期対応につながるために，「これぐらい」というような小さなことでも報告していくべきである。そして経験豊富な教師からの助言や指導から学び，対応の記録を積み上げていくことが望ましい。

4 教員評価制度の活用

　現在では，どの都道府県でも教員評価制度▷4が導入され，毎年各自が自己目標を設定して1年間の仕事に取り組んでいく。これを積極的に活用していくことが重要である。

　教員評価制度は，教師が日々取り組むことができる自己目標を設定して，ステップアップするための制度である。すべての教職員の資質能力を高めることは，子どものよりよい成長のためであるから，校長はそれを意識して，教職員が高い意欲をもって研鑽に努められるように，実態を把握しながら適切な指導や助言を行う。教職員は，自己目標の設定時，進捗状況の確認や授業参観後の面談，達成度の確認など少なくとも年間3回は管理職▷5と面談する。

　新規採用者は，指導教員の助言を受けながら，日々できることで目標を設定

▷4　教員評価制度
「人材育成・能力開発面での活用」「処遇反映等への適切な活用」などを行うために教職員一人ひとりの教育活動に着目したマネジメントを行う制度。

▷5　管理職
学校では，校長，副校長，教頭がこれにあたる。

するとよい。例えばある教師は「授業力向上のために，構造化された板書を構成する」ことを目標とし，毎日の板書を画像で記録し，子どもの感想や指導教員の助言をもとに授業を組み立てた。すると1年後，明らかに構造化された板書となり授業力を高めることができたという。

形成期時代の教師は，考え・感じ方が生徒側により近く，子どもの身に自分を置き換えて，同じ目線に立って感じ，活動できる強みがある。そうはいうものの，仕事は忙しく，悩みも増すためにストレスは積もる。ある時に，筆者は若手の教師に，悩みの解消法を尋ねてみたことがある。すると「困ったことは，同僚（学年のスタッフ）や先輩に話す」「初任者研修の際に，お互いの現状を話して励ましあう」「子どもの納得した様子やつぶやきが聞こえると嬉しくなる」という回答を得た。指導は簡単にはいかないが，勤め始めの最初の5年間は，「教師人生の基礎・基本をつくる」と肝に銘じ，子どもの「授業がわかった」という声を求めてがんばろう。

3　第2期・第3期から第4期にかけて

1　第2期（成長期）

第1期は，無我夢中のうちに日々が過ぎていくが，第2期（成長期，6～11年）あたりから周囲を見渡せるゆとりが出てくる。この時期は，教師の仕事の内容がわかったうえに若さや体力があり，また勤務する学校の子どもや地域の特徴がわかり非常に活力に満ちている時期であるが，公立校に勤務する教師の場合，同一校勤務6年以上になると，定期人事異動（以下「異動」とする）の対象となってくる。周囲や学校のやり方になれたところで異動で新しい勤務校に行くと「振り出しに戻る」ような感じを受けることも多い。しかし，「異動は最大の研修」と言われている。

文部科学省では，小・中学校の交流や中1ギャップ解消に向けて小学校第6学年から中学校第1学年への円滑な取り組みができるように推奨しているが，茨城県では，全教師に対して小学校・中学校両方の免許状をとることを推奨し，また異動では小・中学校交流を目指している。教科のバランスなどがあるが，多くの教師が小・中両方の勤務を経験する。異動システムについては，都道府県ごとに実施要領が異なる。

教師人生のなかでは，異動という大きな出来事もあるが，表11-1の第2期は，「教職・教科専門性の向上」を目指す時期である。「②授業力」では，「各単元（題材）や各時間のつながりから授業を考え，単元（題材）の目標を達成するための授業を行う」と指標のレベルが上がる。各教科の系統性を理解し

▷6　一般にいう転勤（勤務先がかわること）。

▷7　中1ギャップ
「問題行動等調査」の結果，学年別にみて小6から中1でいじめや不登校の数が急増するように見えることから使われ始め，小・中学校の接続の問題全般に使われている言葉。

▷8　異動システム
異動に関する各都道府県教育委員会内部での規定（内規）および2014年（平成26年）9月16日に出された文部科学省「小中一貫教育等についての実態調査」の「異動等」によると，小・中学校の人事交流を実施している都道府県は，茨城県を入れて八つ。その他に過疎地区と都市部を交代に異動する都道府県もあり，人事異動の規定は都道府県によって異なる。

て，単元計画を作成し，単元の目標を達成するための授業を行うことになっている。担当する子どもの実態を把握し，既習内容の定着度が低ければ，単元のなかで定着させる手立てを組み入れて，規定の時間で単元目標を達成できるように工夫していく。これこそ，教師の仕事としての醍醐味である。

「③子どもを理解し，指導する力」の項目では，「様々なアセスメントの方法を知り，個や集団の実態を把握することができる」など，教師として子どもを理解するためのスキルを上げていることが求められている。

この時期は経験知も豊富になり，仕事に対する視野が広がり，研修意欲が高まる時期でもある。10年次前後の研修は法律でも義務づけられ，中堅教諭としての役割を果たすための研修が各都道府県で設置されている。茨城県では中堅教諭等［前期］資質向上研修があり，中堅教諭として，全般的な教育活動のあり方について再認識するとともに，自己の課題を明確にし，授業力を高める目的で，7日実施される。他の都道府県でも同様に研修がある。◁9

2　第3期（発展・充実期）

第3期（発展・充実期）は，「校務分掌等の企画調整及び若手教員への指導・助言」ができることを求められている。「②授業力」では，「学習指導要領に示されている内容の系統性（学年間，教科間，校種間）を理解し，授業づくりのための具体的な手立てを講じることができる」とある。学校のなかでは，若手職員からも管理職からも頼られる時期となる。時間的に余裕が出てくるこの時期は，学年主任や主幹教諭として職員をリードする第2期から徐々に「教員の役割の調整」や「組織目標を把握したうえで，各行事等の計画の立案・実行・評価・完全を行うことができる」ようになり，「個々の教員の特性を把握した上で，人材を育成するとともに，組織目標の実現に向けた体制を構築することができる」ようになるためにある。

この時期の研修としては，「ベテラン教員研修講座」があり，ベテラン教員として校内や地域のほかの学校などにおいて若手や中堅教員の指導・助言ができるような教員の資質・能力の向上を図ることを目的とし，2日間実施される。中堅教員研修では「教科の指導」が中心であったが，ベテラン教員研修の内容には，「学習指導」だけでなく「ベテラン教員の役割」「コンプライアンス◁10研修」「学校のカリキュラム・マネジメント」や「学校の危機管理」「これからの生活設計」なども含まれる。

第3期の教師は，2～3回目の定期人事異動の時期でもある。45歳の頃は，学校間の異動のほかに，行政機関に出向く教師もいる。◁11これは本人の意思もあるが，教師としての業績などから市町村教育委員会の推薦を受け，指導主事や◁12社教主事として教育行政機関に勤務することになる。◁13

▷9　そのほかにも，各教師が自己の専門性を高めるために研修に参加している。

▷10　コンプライアンス
一般的には法令順守のことをさす。学校におけるコンプライアンスとは，「信頼される教職員を目指して校長のリーダーシップのもと教職員一人ひとりが自身の問題として捉え一致団結して服務規律の確保に向けて取り組むこと」（茨城県教育庁学校教育部，2015）。

▷11　県や市の教育委員会など。

▷12　指導主事
指導主事の採用及び昇任，選考は教育長が行う（教育公務員特例法第15条）。「指導主事は，教育に関し識見を有し，かつ，学校における教育課程，学習指導その他学校教育に関する専門的事項について教養と経験がある者でなければならない。指導主事は，大学以外の公立学校の教員をもつて充てることができる」（地方教育行政の組織及び運営に関する法律第18条第4項より抜粋）。

▷13　社教主事
社会教育主事。都道府県および市町村の教育委員会事務局に置かれる専門的職員で，社会教育を行うものに対して専門的技術的な助言・指導に当たる役割を担う。

第11章　教師のライフサイクルと教員研修

　例えば，指導主事や社教主事として行政機関で勤務することになる。勤務場所としては，都道府県の教育庁，関係事務所◁14，市町村教育委員会（各地区事務所から派遣されて配置），教育研修センターなどである。記されているように教師としての資質・能力が高い者であることは大前提であるが，配属先の職員状況により，年齢や担当する教科，男女比などを加味して配置され，希望や実力があれば指導主事として配置されるというものではなく，タイミングにも左右される。指導主事は，どの機関に配属されているかにより業務内容に違いがあるが，教育課程に関する指導が業務の中心となる。所管の学校において教育課程が適切に行われているか，学校訪問などで確認し指導・助言を行う。そのほか，学校が研究している教科などについての指導・助言や，不登校やいじめなどの生徒指導に関することも学校に対して指導するため，学校と離れてしまうわけではない。指導主事や社教主事の在任期間は，4～6年でその後，管理職（教頭）として現場に戻ることが多い。

　都道府県によっては，管理職と教諭の間に指導教諭◁15や主幹教諭◁16の役職がある。指導教諭は「高い専門性と優れた指導力を身に付け，公立学校教員全体の指導力の向上を図る」ために，主幹教諭は「学校運営組織における中心的な役割を担う。管理職を補佐し，教員を育成する」職務がある。指導教諭や主幹教諭，または校務分掌として学年主任や教科主任などのリーダーにも，機会があれば挑戦してほしい。

　発展・充実期の教師には，学校の重要な企画・運営に関する仕事が集中する傾向があるために，精神的な疲れが出やすい。「教職員のメンタルヘルス対策について（最終まとめ）」（2013年3月29日，教職員のメンタルヘルス対策検討会議）によると，職員の構成割合に比較して40代，50代の教職員の療養休暇をとる割合が多いという報告がある。その要因としては，上位から(1)生徒指導，(2)事務的な仕事，(3)学習指導，(4)業務の量，(5)保護者対応，(6)部活動の指導があげられる。部活動については，活動時間の見直しや外部への委嘱などにより改善が図られている。生徒指導や保護者対応では，今までの教師として積み上げてきた経験を生かしていくことができる一方で，社会の変化により以前の指導方法が通用しなくなり，疲弊してしまうことがある。

　指導方法は社会の変化にあわせても，教育の根幹は変わらない。積極的に研修を受けるなど社会変化を柔軟に受け止めて，自身の進化（深化）ができるようにしたい。表11－1の指標の「⑥学校運営に関する力」で「個々の教員の特性を把握した上で，人材を育成するとともに，組織目標の実現に向けた体制を構築することができる」とあるように，一人で仕事を抱え込まずに，若手教師を支援しながら後輩を育成して，「組織の力」を上げていきたい。

▷14　関係事務所
各都道府県が監督する地区を分割して設置する。教員や学校施設，教育課程を管理する。

▷15　職務命令を発する立場にはない。

▷16　教諭と異なる職で，都道府県などの任命権者から任命を受ける。

3 第4期（貢献・深化期）

やがて，24年以上勤務すると第4期がくる。表11-1では，「学校運営及び若手・中堅教員への指導・助言」が指標とされる，まさに教育への貢献・深化の時期である。この時期は，子どもと年齢差は広がってくるが，教師経験やスキルを積み重ねて客観的に子どもに接することができるようになってくる。今まで以上に客観的な視点で学校をみることができる。役職としては，管理職として学校経営する立場になっている教師や学習指導，道徳などの領域での指導，また特別支援教育等の専門性を生かし若手や中堅教員を指導・助言する立場にいる教師などいろいろである。

表11-1の第4期の教師に求められていることを確認してみよう。「②授業力」では，「教師の実態把握」「教師に対して授業に関する指導・助言をする」「若手・中堅教員のやる気を引き出す」こと，つまり「人材育成」である。学校にいる20代から60代まで職員それぞれの持ち味を生かせるようにしたい。また，「③児童生徒を理解し，指導する力」では，「児童生徒の不安や悩みを解消するための保護者との連携の在り方について，指導・助言することができる」と記されている。子どもや保護者の話を受け止めてともに考えていく姿勢を示すほうが，後輩の教師が得るものは大きいだろう。筆者の経験からであるが，定年退職まで子どもたちに教えている教師は，柔軟な思考ができる方が多かったように思われる。

▷17　教員の定年退職年齢
満60歳であるが，退職日は3月31日に限るとされている。しかし。再任用では，満65歳で，今後は定年退職の年齢が徐々に引き上げられる可能性は高い。

4 さまざま教員研修

1 教員研修の実施体系

近年の時代の変化は著しく，次世代で活躍する子どもたちを育成していく教師は，時代の変化に対応していくために常に学び続けていかなければならない。文部科学省「我が国の教育経験について［教員研修制度］」（2002年）のなかでは，研修の必要性を「学校教育の成果は，その担い手である教員の資質能力に負うところが大きい。また，情報化，国際化，科学技術の高度化等の社会の変化に対応した学校教育を展開するとともにいじめの問題などの現下の教育課程を解決するうえで，研修の改善充実を図り，教員の資質能力の向上を図ることが益々重要になってくる。このため，各教員が教職の全期間を通じて必要な研修に参加する機会を確保することが必要であり，この観点から研修の体系的整備が図られているところである」と記している。現在，国や教育経験都道府県・指定都市・中核市教育委員会等は，研修の計画的な実施に努め，初任者

研修をはじめ各種研修の体系的な整備を図っている。

教員研修の実施体系は「行政が実施する研修」「校内研修」「教員個人が実施する研修」の三つに区分できる。それぞれの役割などを確認してみよう。

2　行政が実施する研修

行政が行う研修は，教育水準向上のための教員の資質向上のシステムとして整備され，国，都道府県（指定都市・中核市を含む），市町村，学校の各段階で資質確保のための研修を実施している。その際，(1)教育的愛情と子どもを理解する力，(2)豊かな人間性と高い倫理観，教職に対する情熱と使命感，(3)高い向上心と社会の変化に主体的に対応する力が，ベースとなる資質・能力である。

研修で磨く資質・能力は，確かな学力を身につけさせる専門的実践力，基本的な生活習慣・学習習慣を身につけさせる適切な指導力，郷土への愛着と誇りをもたせ，健康な心身をはぐくむ力，自らのコミュニケーション能力を高め，円滑な人間関係を構築する力，連携協力する社会や学校の一員としての意識である。教師の資質・能力を高めるための「研修」について，教育基本法では「法律に定める学校の教員は，自己の崇高な使命を自覚し，絶えず研究と修養に励み，その職責の遂行に努めなければならない」（第9条），また教育公務員特例法では，「教育公務員は，その職責を遂行するために，絶えず研究と修養に努めなければならない」（第21条）と定めている。さらに同法では，任命権者である都道府県の，研修機会設定の義務，研修計画作成，奨励の方途を講じる義務を規定するとともに，こうしたことは市町村教育委員会も実施できるとしている。

行政が行う教員研修の実施機関は，国，都道府県，市町村と三つに分けることができ，次のような役割がある。

① 国が行っている研修

国は，教育の方向性，指針を示す研修の実施と，各地方自治体に対して指導・助言・援助を行う。研修は独立行政法人教員研修センターが実施し，各都道府県において指導者となるべき人材の養成（リーダーを養成するための研修）を行う。また，国が直面している喫緊の課題やその解決のための取り組みについての情報発信，実践を促すための研修を実施している。さらに各都道府県等が行う，教職生活における重要な時期や学校管理の機関となる機能に応じた研修に対して助成も行っている。

② 都道府県（指定都市・中核市を含む）が行っている研修

国が法律で規定した初任者研修や中堅教諭等資質向上研修については，任命権者として，都道府県が主体となり実施する。都道府県の教育委員会は「教員研修センター」などの研修機関を設置し，そこに指導主事を置いて研修の企画・運営を行っている。各研修センターの指導主事の多くは，国の研修を受け

て指導者としての力量を高めているものが多い。各教育研修センターは，受講する教師の資質向上のためにライフステージにあわせた研修を計画的・継続的に実施し，教育の力量を高めると同時に，学校現場で広めていく役割がある。

都道府県（指定都市，中核市を含む）が実施する研修は，教職経験に応じた研修，職能に応じた研修，専門的な研修，その他長期研修に分けられる。

教職経験に応じた研修は，茨城県の場合は，初任者研修を含む若手研修，中堅教諭等資質向上研修（10年経験者研修），ベテラン教員研修（20年経験研修）がある。職能に応じた研修は，教務主任研修，教頭研修，校長研修がある。専門的な研修としては，教科指導，道徳，特別活動，生徒指導，進路指導，情報教育などである。そのほかに長期研修として，3～6か月の期間，教育研修センターや大学などで各自の研究課題について研修する，いわゆる内地留学と呼ばれる研修や，教育研修センターや各市町村の適応指導教室で行う「教育相談に関する臨床研修」がある。また，2年間県が連携する大学院で学べる大学院派遣や連携する企業で3か月の期間社員としてほかの職務を体験する企業等長期社会体験などがある。これらは，各都道府県で参加対象条件などが決まっており，選考によって決定されるので，希望者が必ず受けられるとは限らないが，意欲があれば挑戦してもらいたい。

③　市町村が行っている研修

学校の設置者である市町村は，地域の抱える教育的な課題の解決や学校独自の課題の解決のための研修を行っている。指導者として，国や都道府県の研修受講者などを活用しながら，現場に即した実践的な研修を提供している。

各市町村の指導主事は，地域や子どもの実態にあたった研修，つまり教師や学校のニーズにあった研修になるよう企画運営する。指導主事は，学校を訪問して研修を行うなど，学校と密着した形で直接的・具体的な指導をすることができる。

3　学校が行っている研修（校内研修）

学校で行っている研修（以下「校内研修」という）は，どの学校でも実施される。各学校では，校長の経営方針のもと，学校・子ども・地域の現状から各学校における「研究テーマ」が設定されて，課題解決に向けて研修が実施される。主として研修プランは，職務に関することを「教頭」，教育課程に関することを「教務主任や研究主任」が企画して実施する。都道府県の出前授業，市の要請訪問や学校独自で依頼した講師による訪問などがある。また，各訪問等で助言・指導を受けるまでに，学年や教科部会などで授業構成などを検討している。学校として「研修」する地盤があるかどうかは，校長等の管理職のマネジメント力により左右され，学校種によっても異なる。小学校は，部活動がな

く時間的な制約が少ないうえに担任が全教科を教えることが多いので研修のモチベーションが高く，校内研修の回数は中学校に比べて多い。「研修」の回数が多ければ成果が上がるわけではない。研修テーマにそった授業を構成し，その授業によって児童がどのように変容しているのかを分析し，効果があると思われる手立てはさらに定着させ，変容が見られなかった手立ては修正して対応していく。あくまでも子どものために「授業を工夫していく楽しさ」「学びの楽しさ」を伝える研修でありたい。校内研修は，主催は学校であり目の前にいる子どもたちの姿をもとにして各学校のニーズに応じた研修ができる。また，勤務場所を離れずに行うことができるので，子どもに対する支障がなく，すべての教員が研修できるのが利点である。教師としての経験によって，研修に向かう姿勢は，リードする側とされる側とがあるだろうが，教師の授業に向かう姿勢は，良きも悪しきも子どもたちに影響する。校内研修は，子どもたちの変容がわかり，反応が実感できるので楽しい。若い教師こそ「目指す児童生徒の姿」を求めて研修を楽しんでほしい。

4 教師個人が実施する研修

勤務時間外に行う任意に行う研修の自主研修があり，民間教育団体・企業・大学が行う研修への参加や，個人で任意に行う研究活動があたる。

2 から 4 の研修で，法律で定められ受けなければならない研修（法定研修）や学校において経営上必要な研修は，校長が承認すれば，「出張扱い」として研修を行うことができる。それ以外の研修は，「教員は，授業に支障のない限り，本属長（校長）の承認を受けて，勤務場所を離れて研修を行うことができる」（教育公務員特例法第22条第2項）とあるように，校長が承認すれば，勤務日であっても職専免研修[18]として実施できる。例えば，教員免許状更新講習や子どもの夏季休業中などで勤務校以外の場所で行う研修や民間の教育団体・企業などが主催する研修に参加することを校長が承認した場合である。

教員免許状更新講習制度は，2007（平成19）年6月の改正教育職員免許法の成立により，2009（平成21）年4月に導入された。目的は，「すべての教員が，社会状況や学校教育が抱える課題，子どもの変化等に対応して，その時々で必要とされる最新の知識・技能を確実に修得すること」（中央教育審議会，2008年）である。免許状に10年間の有効期間が付され，2年間で30時間以上の教員免許状更新講習の受講・修了が必要になる。その内訳は，必修領域（教育の最新事情（共通）の内容4領域，6時間以上），選択必修（教育の最新事情（現代の教育課題等），6時間以上），選択（幼児，児童又は生徒に対する教科指導及び生徒指導上の課題，18時間以上）である。受講料や研修で時間が拘束されてしまうことに対して，その制度に改善を求める声もあるが，10年ごとに最新の知識技能を身につ

▷18 職業に専念する義務が免除される。

ける研修の機会がすべての教師にあることは，教師の資質・能力の向上のために重要なことである。

それ以外の自主研修は，有料の場合が多く，個人の意欲や受講環境がさまざまなので，研修回数は個人差が出るが，1年を通して研究会や研修会は開催されているので，教師の都合があえば，いつでも学ぶことができる。

5 「学び続ける教師」になるということ

教師のライフサイクルについて職務面から変化を述べたが，人生のなかでの変化はほかにもある。一律的なものではないが，教師自身の結婚や子育てである。時代の流れで，育児のために気兼ねなく休める職場づくりなど，徐々に育児環境は整ってきているが，育児による時間的制約があり，仕事も家庭も双方を充実させようとするほど不満が募ることもある。さらに，一人では物事は予定通りに進まないことを痛感する。ゆとりと柔軟性が必要である。それは，教育に全般にもあてはまり，物事をなしえるには，本当に多くの人の力をかりていることを，自身や同僚や保護者の子育てからも学ぶことになるだろう。

人を育てる教育の結果はすぐに出るものではない。教師を続けて時が経ち，自分がかかわった子どもたちが社会を動かす世代となった時にみえてくる。社会人，同僚や保護者となった教え子と再会した時は，教師として彼らの成長に携われたことをうれしく思い，感慨深い。そして本人や保護者から感謝の一言をもらった瞬間に，今までの苦労が魔法のように消えて，それが教師のエネルギーとなるのである。

教師として子どもたちとかかわる時間は40年近くある。私たち教師は，常に先を見通していかなければならない。新しいことを学ぶのは，教師も子どもも楽しいものである。時代や子どもの変化を楽しみながら，ともに「学び続ける教師」でいよう。

▷19 育児環境
保育施設・勤務時間の形態については，「地方公務員の育児休業等に関する法律（育休法）」第10条による短時間勤務制度の利用などがある。また同第2条では，育児休暇の取得について，教員の場合，育児休業期間は子が満3歳になるまでで，女性でも男性でも育児休業は取得可となっている。

Exercise

① 現在の自分を分析して，教師になるために学生時代にどのようなことを心がけていくか，「特技として伸ばしたいこと」「強化したいところ」を省察してみよう。
② 教師の各期ステージについて，自分なりにイメージして40年の教師のライフサイクルを書いてみよう。
③ 教師にとって，研修することはなぜ必要なのかを考えてみよう。

📖 次への一冊

佐藤晴雄『教職概論――教師を目指す人のために　第5次改訂版』学陽書房，2018年。
　　教職全般について，とくに「教師の資質向上と研修」についてわかりやすく的確に解説されており，いま教職課程を受講している学生にとっては大いに参考になる一冊。

山﨑準二編著『教師という仕事・生き方――若手からベテランまで　教師としての悩みと喜び，そして成長』日本標準，2005年。
　　男女20名の現職教師のライフコース（師として歩んできた軌跡）について，教訓的にもまた説教的にも書かれることなく，それぞれの教師の格闘してきた姿とそこで思い願ってきたことが素直に述べられている。

稲垣忠彦・寺﨑昌男・松平信久編『教師のライフコース――昭和史を教師として生きて』東京大学出版会，1988年。
　　1931（昭和6）年に長野県師範学校を卒業し，戦前・戦時下・戦後のおよそ40年を教師として生きた同年齢集団を対象にして，そのライフサイクルを詳細な資料に基づいて深く考察した著作。

山﨑準二『教師のライフコース研究』創風社，2002年。
　　教師の資質・力量がいかなる場で，いかなる時に，どのように形成していくものかについて，学術的に詳細に解明した専門書である。初学者にとっては少し難しい。

引用・参考文献

新井保幸・江口勇治編著『教職論』培風館，2017年。
茨城県教育委員会「平成30年度 教員ハンドブック――信頼される教師を目指して」2018年。
茨城県教育研修センター「研修講座一覧」2018年。
茨城県教育庁学校教育部「コンプライアンスだより『信頼される教職員を目指して』」2015年。
教育養成ルネッサンス・HATO プロジェクト「教育の仕事と意識に関する調査」2016年。
国立教育政策研究所「生徒指導リーフ『中1ギャップの真実』」。
佐藤春雄『教職概論――教師を目指す人のために　第5次改訂版』学陽書房，2018年。
中央教育審議会「今後の教員養成・免許制度の在り方について（答申）」2008年。
文部科学省「公立学校の教職員の定年制度について」2009年。
文部科学省「初任者研修実施状況（平成28年度）調査結果〈確定値〉」2016年。
文部科学省「社会教育主事・社会教育主事補について」2018年。
文部科学省国際教育協力懇談会事務局「我が国の教育経験について［教員研修制度］」2002年。
文部科学省初等中等教育局初等中等教育企画課「学校や教育委員会の指導体制について」2015年a。
文部科学省初等中等教育局初等中等教育企画課「管理職や主幹教諭等の現状について」2015年b。

第12章
教師になるために
──教員採用試験に向けて──

〈この章のポイント〉

「教員免許状取得」イコール「一人前の教師」ではない。教師はそれぞれの自治体等に採用された後も，教師としてふさわしい資質・能力・態度を自ら磨き，「一人前の教師」とは何かを自問しながら，教師の職にある期間のすべてを通してその力量を磨いていくのである。そこで，本章では教師の資質能力向上に関するさまざまな制度や施策において「採用」の段階についてどのように論じられているか，そして「採用」の段階の中核に位置づく教員採用試験とは何か，さらに，そこで各自治体が求める「教師像」はどのようなものが示され，それをどのようにはかろうしているのかについて学ぶ。

1 教師に求められる資質・能力と「採用」段階での課題

　言わずもがな，学校教育において，児童生徒の教育をつかさどる教師の役割は非常に重要である。また，教師は，「自己の崇高な使命を深く自覚し，絶えず研究と修養に励み，その職責の遂行に努めなければならない」のである（教育基本法第9条）。このように，学校教育の成否を左右するともいうべき教師の資質・能力は，どのようにして磨いていくのだろうか。

　教師の資質・能力は，図12-1のように大きく「養成」「採用」「研修」の三つのステージで向上していくことが想定されている。なお，ここでいう「採用」の段階とは，これまでの政策文書などから「教科指導，生徒指導に関する『最小限必要な資質能力』を身に付けたものを『選考』する過程」と考えられる。

　現在の学校教育においては，グローバル化などの社会の急速な進展や変化を見据え，「基礎的汎用的能力」「情報活用能力」「思考・判断・表現力」といった力を児童生徒に育成するため，新たな学びに対応した指導力が，教師に求められている。

　教師に求められる資質・能力については，学校教育が直面する課題や時代によってさまざまに多くの文献や，答申などの政策文書において語られてきた。例えば，2012（平成24）年8月に出された中央教育審議会答申「教職生活の全体を通じた教員の資質能力の総合的な向上方策について」では，「これからの教員に求められる資質能力」として一節設けられ，以下のように示している。

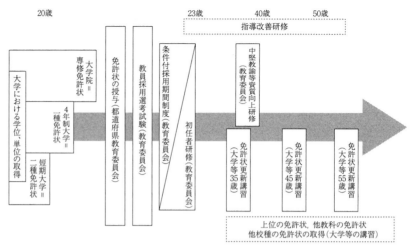

図12-1 現在の教員の資質能力向上のイメージ
出所:中央教育審議会(2012)参考資料1「Ⅰ-2現在の教員の資質向上等のイメージ」をもとに作成。

1. 教職に対する責任感,探求力,教職生活全体を通じて自主的に学び続ける力(使命感や責任感,教育的愛情)
2. 専門職としての高度な知識・技術
 ・教科や教職に関する高度な専門的知識(グローバル化,情報化,特別支援教育その他の新たな課題に対応できる知識・技能を含む)
 ・新たな学びを展開できる実践的指導力(基礎的・基本的な知識・技能の習得に加えて思考力・判断力・表現力等を育成するため,知識・技能を活用する学習活動や課題探求型の学習,協働的な学びなどをデザインできる指導力)
 ・教科指導,生徒指導,学級経営等を的確に実践できる力
3. 総合的な人間力(豊かな人間性や社会性,コミュニケーション力,同僚とチームで対応する力,地域や社会の多様な組織等と連携・協働できる力)

 また,2015(平成27)年12月に出された中央教育審議会答申「これからの学校教育を担う教員の資質能力の向上について――学び合い,高め合う教員養成コミュニティの構築に向けて」では,以下のように整理されている。

○これまで教員として不易とされてきた資質能力に加え,自律的に学ぶ姿勢を持ち,時代の変化や自らのキャリアステージに応じて求められる資質能力を生涯にわたって高めていくことのできる力や,情報を適切に収集し,選択し,活用する能力や知識を有機的に結びつけ構造化する力。
○アクティブ・ラーニングの視点からの授業改善,道徳教育の充実,小学校における外国語教育の早期化・教科化,ICT の活用,発達障害を含む特別な支援を必要とする児童生徒等への対応などの新たな課題に対応できる力量。
○「チーム学校」の考えの下,多様な専門性を持つ人材と効果的に連携・分担し,組織的・協働的に諸課題の解決に取り組む力。

 しかし,採用の段階では,前述のような社会の急速な進展や変化に対応できる実践的指導力の育成が十分ではないことが指摘されている。さらに,多様で

多面的な選考方法を促進することや，より高い専門性をもった人材を教師として確保することが課題としている。

　教師の資質・能力向上の一つのステージとして「採用」の段階を捉えた時，その前後にある「養成」「研修」の段階と一体的に，その資質・能力を向上することが求められている。採用の段階は，上記のような資質・能力が養成の段階でどの程度修得されているのか，将来性を含め採用側が確認し選考を行っている。採用された後はその資質・能力を新たに獲得，向上させていくため研修の段階に移行するのである。

　社会や学校を取り巻く状況が大きく変化する時代において，学校教育，とくに教師の役割は重要となる。そのような状況のなか，高い専門性を身に付けた「即戦力の教師」を各自治体，学校は求めている。それでは，次に，各自治体がどのような教師を採用したいと考えているのか整理したい。

2　各自治体が求める「教師像」

　各自治体の教育委員会のホームページでは，教員採用試験に関する情報が公開されている。そのなかで，どのような教師を採用したいと考えているのか，すなわち「求める教師像」を明示している自治体がいくつかある。以下では，どのような教師像を示しているのか，いくつかの自治体を例に確認したい。

▷1　本書の第4章もあわせて参照されたい。

```
東京都の教育に求められる教師像
・教育に対する熱意と使命感をもつ教師
　・子供に対する深い愛情
　・教育者としての責任感と誇り
　・高い倫理観と社会的常識
・豊かな人間性と思いやりのある教師
　・温かい心，柔軟な発想や思考
　・幅広いコミュニケーション能力
・子供のよさや可能性を引き出し伸ばすことができる教師
　・一人一人のよさや可能性を見抜く力
　・教科等に関する高い指導力
　・自己研さんに励む力
・組織人としての責任感，協調性を有し，互いに高めあう教師
　・より高い目標にチャレンジする意欲
　・若手教員を育てる能力
　・経営参加への意欲
　　　　　　　　　　　　　　　　　（東京都教育委員会，2008）
```

```
1　豊かな人間性
　何より子どもが好きで，子どもと共感でき，子どもに積極的に心を開いていくことができる人
```

> 2　実践的な専門性
>   幅広い識見や主体的・自律的に教育活動に当たる姿勢など，専門的知識・技能に裏打ちされた指導力を備えた人
> 3　開かれた社会性
>   保護者や地域の人々と相互連携を深めながら，信頼関係を築き，学校教育を通して家庭や地域に働きかけ，その思いを受け入れていく人
>
> （大阪府教育委員会，2010）

　都道府県・政令指定都市が実施する教員採用試験の募集要項などに記載される「求める教師像」をとりまとめると下記のとおりとなる。

> ■教科等に関する優れた専門性と指導力，広く豊かな教養など（66自治体中61自治体）
>   ・広く豊かな教養と教科等に優れた専門性と技能を身に付けた方（山形県）
>   ・豊かな人間性と社会性を持ち，学習指導に高い専門性を有する人（和歌山県）
> ■教育者としての使命感・責任感・情熱，子供に対する深い愛情など（66自治体中50自治体）
>   ・使命感に燃え，やる気と情熱をもって教育に当たることができる活力に満ちた教師（茨城県）
>   ・子どもへの愛情と教育に対する使命感を持つ人（岐阜県）
> ■豊かな人間性や社会人としての良識，保護者・地域からの信頼など（66自治体中44自治体）
>   ・職員，保護者，地域の人々と協力し合い，よりよい学校や地域社会を築こうとする（群馬県）
>   ・豊かな人間性と思いやりのある教師（東京都）
> ※その他に「心身ともに健康であること」「高い倫理観」「積極性やチャレンジ精神」「郷土愛」「社会や子供の変化を把握し，解決できる」などを教師像として示す自治体もある。

　「求める教師像」をまとめると，各自治体は非常に高く，かつ広い資質や能力をもった教師を求めていることが看取できる。つまり，各自治体は，先にも述べたとおり「即戦力の教師」を必要としているのである。

　現場経験の少ない大学生などは，講師経験者との実践経験の差を埋めることは難しい。しかし，必ずと言ってよいほど各自治体の教員採用試験で大学生が「現役合格」するのは，その将来性を含め評価されるからである。高い専門性を備えた即戦力の教師を求める一方で，教職に就いた後に自ら成長できるか，といった点も教員採用試験での重要な評価ポイントである。

3　教員採用試験の現在

　教員採用試験の平均倍率は，文部科学省調査「平成29年度公立学校教員採用選考試験の実施状況」（2018（平成30）年2月公表）によれば，10年間で緩やかに

低下している。

上記調査によれば受験者総数は16万6068人で，前年度に比較して4387人(2.6％)減少している。過去の推移をみると，1979（昭和54）年度から1992（平成4）年度までは一貫して減少を続けていたが，以後2005（平成17）年度までほぼ連続して増加，以後横ばい傾向の後，2010（平成22）年度から再び増加したが，2014（平成26）年度以降は微減傾向にあり，1987（昭和62）年度と同程度の水準となっている。

採用者の総数は3万1961人で，前年度に比較して511人(1.6％)減少している。1979（昭和54）年度以降最も少なかった2000（平成12）年度を最低値として，2016（平成28）年度まで連続して増加していたが，2017（平成29）年度は17年ぶりに微減した。1987（昭和62）年度と同程度の水準となっている。

採用者の学歴別の内訳を見ると，国立教員養成大学・学部出身者が8269人(25.9％)，大学院出身者が2908人(9.1％)，一般大学・学部出身者が2万31人(62.7％)となっている。学歴別の採用率は，国立教員養成大学・学部出身者が32.1％，大学院出身者が18.8％，一般大学・学部出身者が17.0％，短期大学等出身者が11.0％となっており，国立教員養成大学・学部出身者が他の出身者に比べ高い率で採用されている。

直近の，2018（平成30）年夏に実施された，平成31年度採用候補者の教員採用試験の全国平均倍率は時事通信社の調査によれば4.0倍となった。同試験の自治体・校種別選考倍率は表12－1，12－2のようになる。

表12－1　平成31年度教員採用試験　自治体・校種別最終選考倍率

自治体名	小学校	中学校	高等学校	特別支援学校	全体
北海道	1.2	2.5	3.4	2	2
札幌市	2.5	7.2	—	2.2	3.6
青森県	2.6	8.5	7.1	4.5	4.9
岩手県	2.7	4.4	7.6	2.4	3.7
宮城県	2.9	7.6	8.4	※	5.5
仙台市	1.9	4.2	5.3	※	3
秋田県	2.6	7.2	16.5	5.7	5
山形県	2.1	3	5.8	2.8	2.9
福島県	2.5	7	13.2	3.6	4.7
茨城県	2.2	3	4.5	2.6	3.1
栃木県	2.9	4.6	6.6	4.5	4
群馬県	5.3	3.3	14.7	4.4	4.9
埼玉県	3.1	6.2	5.5	2.7	4.3
さいたま市	3.3	4.1	—	5.6	3.9
千葉県	2.3	4.3		2.8	3.3
東京都	1.9	4.3	5.1	2.8	2.9

神奈川県	3.4	5.8	6.1	3	4.9
横浜市	2.7	7.4	—	3.5	3.8
川崎市	3.1	5	—	2.7	3.7
相模原市	5	6.4	—	—	5.8
新潟県	1.2	2.3	8.9	1.6	2
新潟市	1.8	3.6		2.6	2.4
富山県	2.1	3.5		3.1	2.9
石川県	3	5		2.4	4
福井県	3.3	5.5	5.1	7.2	4.3
山梨県	2.7	4.2	13.7	2.3	4
長野県	3.4	5.3	5.1	2.7	4.3
岐阜県	2.4	3.6	5.4	2.7	3.4
静岡県	2.7	3.6	6.1	3.2	3.8
静岡市	2.4	3.6	—	—	3
浜松市	2.9	4.1	—	—	3.4
愛知県	3.4	5.7	6.9	3.3	4.7
名古屋市	3.1	5.4		4.4	4.2
三重県	4.8	10.2	10.6	5.7	7.2
滋賀県	3.3	5.8	5.9	3.9	4.6
京都府	3.9	6.1	7.8	3.4	5.4
京都市	4.1	9.9	11.1	4.4	6.1
大阪府	3.6	6.4	9.8	4.1	5.6
大阪市	2.3	6	8.4	—	3.7
豊能地区	4.6	9	—	—	6
堺市	4.8	5.9	4.4	※	5.4
兵庫県	5.6	6.6	9.7	3.5	6.7
神戸市	4.1	8.2	15.5	3.7	5.4
奈良県	4.4	5.1	8.6	3.7	5.3
和歌山県	2.5	5.9	6.5	3.1	3.9
鳥取県	2.2	4.4	6.7	2.1	3.2
島根県	2.8	5.6	7.9	2.6	4.3
岡山県	2.4	4.6	8.6	2.8	4.2
岡山市	3	4.3	—	—	3.6
広島県	1.7	4.3	6.1	2.8	3.1
山口県	2	4.3	6.1	3.4	3.3
徳島県	3.5	5.5	9.1	2.6	5
香川県	3.2	4.7	8.8	6.3	4.8
愛媛県	1.7	3	7.1	2.3	2.9
高知県	5.6	9.8	11.3	4.1	7.3
福岡県	1.3	3.7	7.2	1.4	2.9
福岡市	4.6	13	10.7	2.9	6.2
北九州市	1.6	3.2	—	1.9	2.3
佐賀県	1.5	3.7	7.8	2.8	3

長崎県	1.7	5.6	6.4	2	3.1
熊本県	2.1	6.1	14.4	7.9	5
熊本市	3.1	6.9	9	—	4.3
大分県	2.1	4.1	7.6	2.8	3.7
宮崎県	1.8	5.3	11.3	5.6	3.8
鹿児島県	4.2	7.9	10.9	4.2	5.8
沖縄県	4.6	11	18.5	13.5	8.8

注:「※」は他校種に含む。
出所:時事通信社(2018)をもとに作成。

表12-2 平成31年度教員採用試験 校種別選考全国平均倍率の推移

	平成27年度	平成28年度	平成29年度	平成30年度	平成31年度
小学校	3.9	3.4	3.3	3	2.7
中学校	7.2	6.5	6.4	6	5.1
高等学校	7.2	7.9	7.4	7.7	6.6
特別支援学校	3.8	3.8	3.7	3.4	3.2

出所:時事通信社(2018)をもとに作成。

　表を見ると,ほとんどの自治体が3〜5倍であるとがわかる。なかでも,全体の倍率が3倍台の自治体が多く,6倍以上の自治体は数件にとどまる一方で,2倍台以下の自治体も散見される。

　校種別の全国平均倍率を見ると,小学校2.7倍(平成30年度3.0倍),中学校5.1倍(同6.0倍),高等学校6.6倍(同7.7倍),特別支援学校3.2倍(同3.4倍)と,栄養教諭を除くすべての校種で倍率が低下している。小学校に関して言えば,倍率が1倍台の自治体も12自治体あり,倍率の低下は平成31年度採用試験においても継続している。

　次に,教員採用試験の実施方法について整理したい。

　各自治体は教員採用試験を通して,教師の専門性を総合的,多面的に評価している。そのため,筆記のみならず,面接,実技,小論文などを実施する自治体が多く存在している。2次試験に個人面接,集団面接を実施している東京都では,面接試験の内容と評価の観点について表12-3のように説明しており,面接が人物評価に用いられることを改めて確認できる。

表12-3 東京都における面接試験の内容と評価の観点

	内　容	主な評価の観点
集団面接	指定された課題について,受験者間の話合いや質疑応答を行う。	教職への理解,教科等の指導力,対応力,将来性,心身の健康と人間的な魅力等を評価する。
個人面接	受験者があらかじめ作成し面接当日に提出する「面接票」及び「単元指導計画」等を基にして,質疑応答を行う。	

出所:東京都教育委員会(2018)。

評価方法として，面接以外にも，教師としての実践的指導力・課題把握・表現力等を評価する作文・小論文，実際の教科指導や生徒指導の場面を想定する模擬授業・場面指導がある。小学校の場合は水泳・体育実技，音楽（ピアノの弾き歌い）を実技試験として実施している自治体も多い。

　以上のように教員採用試験においては，多様な選考の方法が存在しており，自治体によってどの方法を採用するかは若干差異が見られる。さらに，教員採用試験は，大学卒業後教職に就く新卒者を含めた「一般選考」のほかにも「特別選考」の枠を設けている自治体が多い。この，「特別選考」について，例えば神奈川県では表12-4のように受験資格の要件を設定している。

　「採用」とひとくくりに言っても，自治体によって多様な選考の方法があ

表12-4　神奈川県「教員採用試験」における個別受験資格

選考区分		資格要件等
特別選考	①教職経験者	国公私立学校において，正規教員又は臨時的任用職員等（常勤と同様の勤務形態での任用）として，平成25年4月1日から平成29年3月31日までの4年間に通算1年以上（休職，育児休業等の期間を除く）の勤務経験（ただし，受験する校種等・教科の免許状を所有し，かつ同一の教職経験に限る。） 　なお，神奈川県内公立特別支援学校（県内政令指定都市立の学校を含む）の臨時的任用職員としての勤務経験に基づき特別支援学校を受験する場合，特別支援学校教諭（盲・聾・養護学校教諭）免許状の所有の有無を問わない。
	②臨時的任用職員経験者C	平成28年度実施の第2次試験における不合格者のうち，「不合格（臨時的任用職員候補者）」の通知を受け，平成29年4月に神奈川県内公立学校（県内政令指定都市立の学校を除く）の臨時的任用職員として任用されていること（ただし，任用された校種の受験に限る。）なお，特別支援学校を受験する場合に，特別支援学校教諭（盲・聾・養護学校教諭）免許状の所有の有無を問わない。
	③社会人経験者	（ア）法人格を有する民間企業，官公庁（原則として神奈川県教育委員会を除く）等で常勤社員・職員（教員を除く）として平成25年4月1日から平成30年3月31日までの5年間に通算3年以上の勤務経験 （イ）青年海外協力隊等，海外での2年以上の国際貢献活動経験 （ウ）教員普通免許状を所有していない人で，高等学校水産（機関・航海）を受験する場合は，別に定める特別免許状授与に関する基準を満たす実務経験
	④スポーツ・芸術実績者	○　中学校・高等学校（音楽，美術，保健体育）対象 ○　国際的又は全国的規模の競技会，コンクール，展覧会等における高等学校以降の特別に優秀な実績（平成21年4月1日以降の実績に限る）
	⑤英語資格所有者	○　中学校・高等学校（英語）対象 ○　TOEIC（IPテストは除く）730点以上 TOEFL-iBT（インターネット版 TOEFL）80点以上実用英語技能検定（公益財団法人日本英語検定協会）準1級以上のいずれか1つのスコアや級の取得者（出願時に要件を満たし，かつ第1次試験時に有効なものに限る）
	⑥かながわティーチャーズカレッジ（チャレンジコース）修了者	○　小学校・特別支援学校対象 ○　「かながわティーチャーズカレッジ（チャレンジコース）」の平成28年度修了者（以下「カレッジ修了者」という。）
身体障害者特別選考		○　募集人員は10人程度 ○　障害の程度が1級～6級で身体障害者手帳の交付を受けている人

出所：神奈川県教育委員会（2018）をもとに作成。

る。また，現在，いわゆる「団塊の世代」の退職にともない，各自治体の実施する教員採用試験の倍率は下がり，大量採用が行われている。しかし，これは採用側が求める教師の資質能力のハードルが下がった，という意味ではない。今後社会や学校が大きく変化していくことが予測される今日，多様な選考の方法を設け，高い専門性や個性をもった教師を広く募集している。それが，現在の「教員採用者選考試験」の形であると言えよう。

4　教員採用試験の内容と傾向

　教員採用試験は多様な選考方法によって実施されている。教員採用試験は，第一次試験において筆記試験，第二次試験において面接や模擬授業を実施するといった形態が一般的であろう。

　教員採用試験の形態を詳しく見ると，第一次試験では，筆記試験として一般教養，教職教養，教科専門，論作文等が実施される。一部の自治体では第一次試験に個人または集団面接，集団討論，実技等を実施する場合もある。そして，第二次試験では，個人面接，集団面接，集団討論，実技，模擬授業等が実施される。教員採用試験では，このような形態，内容をもってして，教員としての専門性や人間性等，教員としての適性を判断している。

　しかし，自治体によっては一般教養を実施しなかったり，後に詳述するが，教職教養の領域に偏りのある傾向が見られたりするため，全自治体が同じような内容で試験を実施しているとは言えない。受験生は，各自治体の教員採用試験の問題の傾向を分析すること，例えば一般教養が必要なのか否か，教職教養で毎年出題されている領域は何か，といった点について，最初に整理をすることが必要かつ重要である。各自治体の出題傾向を分析することを怠ると，教員採用試験に向けて準備する時間を大きくロスしてしまうことになるだろう。それでは，具体的に試験の内容について，例をあげながら見ていきたい。

　第一次試験で実施される筆記試験では，主に「一般教養」「教職教養」「教科専門教養」について試験が実施される。一般教養については，実施しない自治体もいくつか存在するが，教職教養と教科専門教養については全学校種，全自治体で実施されている。

　表12-5は，一般教養の人文科学，社会科学，自然科学の三つの領域と，その領域ごとの内容についてまとめたものである。なお，人文科学の領域については，一部自治体では音楽，保健・体育，技術・家庭等に関して出題されることもある。

　一方，教職教養については，「教育原理」「教育法規」「教育史」「教育心理」「教育時事」の5領域に分けて学ぶことが効率的である。

表12-5　教員採用試験，一般教養の領域とその内容

人文科学	社会科学	自然科学
現代文	日本史	数　学
古　文	世界史	物　理
漢　文	地　理	化　学
英　語	政　治	生　物
倫　理	経　済	地　学
		情　報

出所：筆者作成。

表12-6　教員採用試験，教職教養の領域とその内容

領　域	内　容
教育原理	学習指導や生徒指導に関する理論，学習指導要領，教育課程，学校・学級経営に関する理論，人権教育，環境教育，情報教育等
教育法規	教育の目的・目標，日本国憲法，学校・教師・児童・生徒に関する様々な法規，等
教育史	西洋教育史，日本教育史，教育史の重要人物の名言や著作，等
教育心理	学習，発達，教育評価，性格と適応，カウンセリング，等
教育時事	教育改革，重要答申，各自治体の近年の施策，等

出所：筆者作成。

　表12-6では，それぞれの領域とその内容にまとめているが，先述したように，各自治体これらの領域をまんべんなく出題しているわけではない。つまり，「自治体差」があることを意味する。数年間「教育史」について出題していない自治体もあれば，その半数を「教育法規」が占める自治体も存在する。しかし，第一希望の自治体が，例えば「教育史」が出題されにくいからといって，教師に不要な知識というわけではない。教師の資質・能力を向上させる一つの通過点として「採用」の段階を捉え，広く，深く，教師に必要な知識・技能を高めていくことが必要であろう。

　教員採用試験に向けた準備として，こうした筆記試験の対策を暗記で乗り切ろうとする受験生は多い。しかし，教員採用試験は教師に必要な知識・技能を測るものであるから，教職に就いた後，どこかでその知識・技能を必要とする場面がある。そのため，単に暗記するのではなく，「教壇に立った時いつこの知識を活かすことができるか」を念頭に置き，教員採用試験に向けて準備をしたい。また，教職教養と教科専門教養に関してのみ言えば，そのような準備をすることは，筆記試験だけでなく，面接や論作文の対策にもなっている。

　教員採用試験，つまり「採用」の段階は教師の資質能力を向上させていく一つのステージに過ぎない。大学の教職課程の授業で扱う内容がそのまま教員採用試験に直結する場合はそれほど多くない。教員採用試験に向けた準備は，大学の授業で教えてくれない，教師に必要な知識・技能，ないしは資質・能力を

育成する過程だと捉えることが重要である。

Exercise

①各自治体が求める「教師像」をまとめ，自分に足りない資質・能力は何か，振り返ってみよう。
②受験する自治体の，過去数年分の教員採用試験の問題を確認して，どのような問題が出題されるのか整理してみよう。

📖次への一冊

ハモンド, L. D.・スノーデン, J. B., 秋田喜代美・藤田慶子訳『よい教師を全ての教室へ――専門職の教師として必須の知識とその習得』新曜社，2009年。
　本書は全米教育アカデミーによる教師教育改革のための報告書，『変動する世界に応じた教員養成』の要約版である。専門職としての教師は教壇に立つ前に何を学ばなければならないのかまとめられている。
時事通信出版局『月刊教員養成セミナー』時事通信社。
　教員採用試験に向けた勉強法や，最新の教員採用試験や施策の動向まで，教員採用試験に向けた情報が掲載される月刊誌。

引用・参考文献

大阪府教育委員会「大阪府教育委員会が求める人物像」2010年。
神奈川県教育委員会『平成30年度実施神奈川県公立学校教員採用候補者選考試験実施要項』2018年。
時事通信出版局『教員養成セミナー』41(6)，通巻528号，時事通信社，2018年。
中央教育審議会答申「教職生活の全体を通じた教員の資質能力の総合的な向上方策について」2012年。
中央教育審議会答申「これからの学校教育を担う教員の資質能力の向上について――学び合い，高め合う教員養成コミュニティの構築に向けて」2015年。
東京都教育委員会「東京都の教育に求められる教師像」『東京都教員人材育成方針』2008年。
東京都教育委員会『平成30年度東京都公立学校教員採用候補者選考（平成31年度採用）実施要綱』2018年。

第13章
教師からの転職

〈この章のポイント〉
　教師が転職する際に最も困るのは，企業文化への無理解あるいは自己キャリア観の不在である。教職課程においてはこれらを学ぶことができず，教育現場しか知らない者には大きな難関となってしまう。多くの企業人が「教師は世間を知らない」「教師にはお客様意識がない」と厳しく批判する理由はここにある。しかし恐れることはない。解決法は求める者に等しく与えられるからである。本章では，現実的に相談する先のない「教師の転職」について，筆者が教師の転職コンサルタントとしてのキャリアカウンセリング業務のなかで得た経験的な実践知を生かしながら解説するとともに，ハローワークや転職サイトでも語られない意識転換法と必要な知識を提示する。

1　教師の勤労の現状

1　離職教員の実情

　「教師を辞めるなんてもったいない」という言葉は，教職を知らない多くの人々によって転職を考える教師に投げつけられる。本人が何に苦しみ，どんな思いで転職に向き合おうとしているかはお構いなしである。
　もちろん彼らが言うことにも一理あるが，それでも転職を考えるからには，それ相当の理由があり，抱えている苦渋がある。しかし，そこが企業人にはなかなか理解し難いのであろう。「社会的に恵まれた身分なのに，なぜ自らそれを投げ捨てるのか」というわけである。
　ところが校内ではなかなか教師の離職という話を聞かないが，現実的には「少ない」とは言えない実情がある。2016（平成28）年度における離職者の状況を見ると，定年以外の理由による離職が多いことに驚く（表13-1）。

表13-1　教師の離職の理由（定年以外）　（％）

	定年以外	うち精神疾患による離職
公立小学校	およそ34.0	およそ5.5
公立中学校	およそ41.8	およそ6.2
公立高等学校	およそ33.2	およそ4.2

出所：文部科学省（2018）をもとに作成。

なかでも心配なのが、何らかの精神疾患による離職である。定年を除く離職者全体に占める割合は表13-1の通りとなっている。

昨今では精神疾患による教師の離職に関する報道が増えており、社会問題の一つとして扱われる場面も増えつつある。かつてはモンスターペアレント問題が多く取り沙汰されたが、ここ数年間は規定時間外労働の多さや業務の複雑化による教師のメンタルヘルス不全が多く語られるようになっている。

2 休職教員の実情

長く勤めていると何らかの事由で休職せざるをえない場面も想定できる。筆者自身もかつて、死病の妻の看護・介護による休職を体験している。そもそも病気やケガなどによる休職ならば多分に想定可能であり、「自分には関係ない」とは言い切れないものである。

2013（平成25）発表の資料によると、病気休職する教職員の意外な事実が見えてくる。それは精神疾患を理由とする者の比率の多さである。平成20年代（2008年以降）では、精神疾患による教職員の病気休職者数は毎年約5000人を数え続けている。

昨今では時間外労働・休日出勤の多さや業務の量の増加ならびに質の困難化が要因とされているようである。強い使命感と目的意識がなければ、精神的な悪影響を受けやすい仕事の一つであるとも言える。もちろん政府もこの実情を放置しているわけではなく、さまざまな対策に取り組んでいる。

3 ミスマッチが生じる理由

ここまで公立学校について語ってきたが、私立学校も含めれば、万に届く数の教師が程度の差はあれ精神疾患に苦しんでいる可能性を否定できない。章の冒頭から厳しい現実を提示してきたが、しかしもちろん、意欲とやりがいをもって生き生きと活躍している教師が多数を占めている。それならば、両者の違いはどこから生まれてくるのであろうか。

この違いが生じる理由は、大きく分けて次の3点に分類できると考える。

① 使命感を明確化していない

簡単に言ってしまえば使命感が必要だという事実に気づいていなかったからであろう。過去の経験から、あるいは専門性から「できそうな仕事」として教職を選んだ可能性が高い。それ自体が問題なのではないが、就職する際に使命感の重要性を誰からも教授されなかったことが不幸なのである。また、自分自身でもその大切さに気づく必要があったということである。

自分は教育界においてどのような貢献をしたいのか、自分の教育によって子どもたちはどのように幸せになっていくのか。こうした意識をもつことから使

▷1 文部科学省（2015）「教職員のメンタルヘルス対策について（最終まとめ）」によれば、その比率は在職者の約0.6％（平成20年度～平成22年度）であり、病気休職者中に占める比率は平成20年以降、毎年60％前後という深刻な状況にある。年齢的には40歳代が多く、学校種別では中学校と特別支援学校で比率が高い。また、精神疾患による休職教員の約半数は、所属校配置後2年以内に休職している。

▷2 これについては、章末の「次への一冊」で紹介した教育開発研究所編『教育の最新事情がよくわかる本3——これだけは知っておきたい 教員としての最新知識！（教職研修総合特集）』をぜひ読んでもらいたい。

命感が明確化されていく。退職の日まで常に考え続けていくべきことである。

当然のことであるが、現下の教育界において何が問題となっており、自分はどの要素に解決の可能性をつくり出すことができるのか、これを考えておくことも重要な準備であろう。

② 自己評価の指標が不明瞭

「職務において自分が達成すべきこと」が不明瞭であった可能性が高い。教職は定常的に授業をこなすこと、前例通りにイベントをこなすこと、形式通りに書類を発行することばかりではない。生身の人間たちと向き合い続ける仕事であり、イレギュラーな対応が想像をはるかに超えて多い。

また、子どもたちが卒業して何年も過ぎなければ教育成果を確信できない要素もある。それでも成長と成功を信じて教育を施すのが教師である。子どもたちの小さな変化を見逃さず、その機会を子どもたちと自分自身の成果として捉える視点をもっておくことが大切である。判断基準となる指標を明確化しておくべきであろう。

③ 教職への適性の有無の追求

受け身な姿勢のまま教師になる者も少なくない。「人から向いていると言われたから」という他者基準(判断の依存)で教職を選んでしまうと、職務において自己評価の視点をもてなくなったり、将来へとつながるキャリア観が不足したりする事態を招いてしまう。

心配はもう一つある。「あこがれのあの先生のようになりたい」という気持ちだけでは、自分らしく働く意識が二の次となり、特定教師の模倣に終始してしまう。しかし、もともと人格の違う他人になり切ることは不可能であり、目標や手法の一部を共有することはできても、その人になることはできない。▷3

2 転職が脳裏をよぎったら

1 本当に転職すべきなのか

転職が適切な人もいれば、そうではない人もいる。自分がどちらなのかを冷静に判断する必要があるが、その判断基準をもたない人はあまりにも多い。転職を決断すべきかどうかは多分に環境的要素によることとなる。つまり不可抗力的な要因の多さ、または強度によるわけである。

したがって、ここで一つ大切なことを述べておきたい。すなわち、「転職しないのも重要な選択肢の一つである」と。つまり、本人の責によらない状況悪化ならば、改善の余地はある。むしろ勤め続けるのが危険なパターンは、以下の三つの場合ではないだろうか。

▷3 人にはそれぞれ、向き・不向きというものがある。このことは職業や個々の業務の選択についても言えるのだが、学習や訓練によって適性を改善・獲得できることに気づいている人は少ない。そして残念ながら、その必要性に気づく人は、なおさらに少ないのである。「自分が自分らしく働く」とはどういうことなのか、熟考に熟考を重ねていく必要があるのではないだろうか。

① 精神疾患またはそれに準ずる場合

昨今，教職員の精神疾患による長期休職や退職あるいは自殺が問題となっている。まじめで我慢強く成長心の強い人ほど罹患しやすい傾向にあり，自己嫌悪や自己否定を感じ始めたら要注意である。

② 物理的に職務処理が不可能

大きく分けて三つの理由が考えられる。職場または業界構造的な問題による業務の飽和・崩壊，介護・看護や育児など家庭に関する問題，職務能力の不足あるいは過重な業務命令による限界の超過である。

③ 適性がない，または変化した

もし職務適性を考えないまま教職を選んだならば，勤め続けるほどに違和感が強くなることは十分に考えられる。多くは結婚や出産または子育ての終了など，人生の大きな変わり目にその違和感が爆発しやすいようである。

なかには経験の蓄積によって職務適性が変化していくこともある。事実，筆者自身は現場教師のなかの現場教師を目指して教職に就いたが，学校改革を進めるうちに，いつしか一教師ではなく日本全国の教育改革を目指す心境に変化していった。これは知見の蓄積や成長の結果であり，自然なことと言えるだろう。

2　キャリアビジョン四つのタイプ

「キャリア」とは何か。多くの人々は単純に「職業」や「役職・出世」と同一視してしまい，解釈を誤っているのではないか。「キャリア」を簡潔に定義しておきたい。

「キャリアとは，職業を軸とする人生全体の捉え方・作り方のこと」。

したがって，家族との関係や各ライフステージにおけるイベント，多様な趣味なども合わせた自己実現なども重視することとなる。ここにキャリアビジョンの四つの姿を解説しておく（図13-1）。

① 成り行き型

キャリアビジョンならびに目標到達戦略が不明確で意志強固ではない人物。いわば自身のキャリア形成に関する問題意識が希薄な人である。他者の発言や判断基準に流されやすく，壮年になってから取り返しのつかない後悔に身を沈めることとなる。

② 分散型

目標到達戦略が明確で意志強固であるが，キャリアビジョンが定まらない人物。思考に主軸がなく多様な分野に意識を奪われ，もてるパワーを一点集中しきれない。したがって多くに手を付けながらも達成感は得られにくい。

第13章 教師からの転職

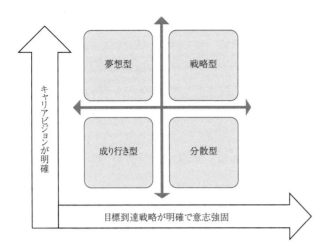

図13-1 キャリアビジョン四つのタイプ
出所：NPO日本プロフェッショナル・キャリア・カウンセラー協会
ホームページ。http://careerbrain.net/caconjugate/index.html（2019年2月25日閲覧）

③ 夢想型

　キャリアビジョンは明確であるが，目標到達戦略がなく意志強固ではない人物。理想は高いが現実感がなく，ファンタジックな成功感を追い求め，計画性がない。「できること」と「やりたいこと」の区別がないのが特徴である。豪胆に見えるが，実際には無鉄砲なタイプである。

④ 戦略型

　キャリアビジョンも目標到達戦略も明確で，意志強固な人物。人生におけるゴールと，そこまでの到達プロセスを考察できている人である。「なぜ，何を，どのように実現していくのか」を語ることができる。人生における最終的な自己実現をイメージしており，働く理由も定義されている人。

　もちろん目指してほしいのは「戦略型」となる。なぜ教職を目指すのか。教師として何を実現したいのか。それをどのような方法で実践していくのか。こうしたことを考え続けてほしい。

3　能力開発と自己投資

　世間の教師のなかには「専門性さえ高めれば仕事はうまくいく」と思い込んでいる困った人々も多い。しかし教職では総合性の高い業務が集積されていく。したがって，まず順序としてはゼネラリストとして広く実力を獲得し，そのうえでスペシャリストとしての専門性を高めていく方が順当と言える。▷4

　次に，「ポータブルスキル」という言葉についてであるが，パソコンスキルや事務能力など，業界をまたいで活用できるスキルのことを言う。コーチングやカウンセリングのスキルなど，対人関係の改善・発展に活用できるスキルも▷5

▷4　児童生徒が相談に来る時，必ずしも自分の専門性に合った質問が飛んで来るとは限らない。広く学校全般に関する質問が飛んでくるに違いない。それどころか学校外のこと，すなわち家庭問題や恋愛，地元での交友関係に関する質問さえ考えられる。それならば，どのような教育観やスキルを身につけておくべきであると言えるだろうか。

▷5　コーチング
多義的な意味で使用されているために明確な定義は困難であるが，端的に言えば，双方向的なコミュニケーションを通して，相手が必要とするスキルや知識の学習能力を高めて自発的な行動を促進する手法である。

ある。こうしたスキルは昇進した時や転職する際にも自分自身の武器となる。総合的な能力を高めることは，将来的にも多様なプラス効果をもたらす。

しかしこのことに気づいている教師は少なく，総合的な能力の蓄積に時間やお金をかけようとしない。好きなこと，つまり専門分野のみに目を向けて，教師は自己投資をしない。その結果，教師は定年後のセカンドライフを構築しにくくなったり，必要な時に転職できなくなったりしているのである。

そもそも自己投資を意識していない教師も多い。研修や勉強会など，教育委員会や上司から言われる学習だけでよいと考えているようである。こうした受け身な姿勢で自己成長の機会を捉えていると，他の教師と比較して成長が著しく遅くなってしまう。もちろん同年代の異業種の人々と比べれば，ほとんど世間知らずの状態になってしまいやすいとも言える。

実際に，転職の際によく言われてしまうのが，次の言葉である。
「授業する以外に，いったい何ができるんですか？」
この質問に苦しみたくないならば，能力開発と自己投資を真剣に考えておかなければならない。もし管理職になったら何が必要か。もし転職することになったら何が必要か。若いうちからイメージを組み立てておくべきであろう。

3　社会が求める力とは

1　なぜビジネスは存在するのか

ひとつ考えてほしいことがある。あらゆるビジネスはなぜ世の中に存在するのだろうかと。どんなビジネスであれ，必要なければ世の中には存在していないはずである。逆に言えば，存在しているビジネスは何かしら世の中の役に立っているということになるだろう。

そこでまず，ビジネスが成立する条件を定義しておきたい。どうなれば「ビジネスが成立した」と言えるのか。あなたはどう考えるだろうか。

先に答えを述べておこう。
「ビジネスが成立するのは，代金を受け取った時である」。
したがってビジネスを成立させるためには，お客様に「お金を払ってでも依頼したい」と思わせる必要がある。このことは公立学校についても同じことが言える。税金を支払っている市民たちは，学校教育を公共サービスとして消費者の立場から見つめている。「支払った税金に見合わず，市民の役に立っていない」と判断すれば，学校へのクレームに発展することも珍しくない。

上記の現実から，次に考えなければならないことは鮮明である。なぜ人々はお金を払ってでも商品やサービスを買おうと考えるのかということである。こ

こで重要なもう一つの事実に気づいてほしい。

「ビジネスとは、人々の悩みまたは欲求を解決することである」。

世界中のどんなビジネスであれ、この条件に合致しないものはない。それ以外の内容に対しては、お金を支払う理由がないからである。民間企業に限った話ではなく、教育機関においてもこのことは熟知されるべきである。

2　国が求める力，民が求める力

① 国が求める力

わが国では国家の求める人材要件が明確に示されている。それは経済産業省が提唱した「社会人基礎力」である。三つの能力群に分類された12の能力要素から構成されている。ここに概観しておこう。

【社会人基礎力】

(1)前に踏み出す力（アクション）
　　○一歩前に踏み出し，失敗しても粘り強く取り組む力
　　　・主体性＝物事に進んで取り組む力
　　　・働きかけ力＝他人に働きかけ巻き込む力
　　　・実行力＝目的を設定し確実に行動する力
(2)考え抜く力（シンキング）
　　○疑問を持ち，考え抜く力
　　　・課題発見力＝現状を分析し目的や課題を明らかにする力
　　　・計画力＝課題の解決に向けたプロセスを明らかにし準備する力
　　　・創造力＝新しい価値を生み出す力
(3)チームで働く力（チームワーク）
　　○多様な人々とともに，目標に向けて協力する力
　　　・発信力＝自分の意見をわかりやすく伝える力
　　　・傾聴力＝相手の意見を丁寧に聴く力
　　　・柔軟性＝意見の違いや立場の違いを理解する力
　　　・情況把握力＝自分と周囲の人々や物事との関係性を理解する力
　　　・規律性＝社会のルールや人との約束を守る力
　　　・ストレスコントロール力＝ストレスの発生源に対応する力

▷6　この「社会人基礎力」を文部科学省ではなく経済産業省が提唱したことに注目してほしい。学力レベルが高いだけでは人材とはなり得ないことを意味している。「勉強しかできない」ようでは価値創造につながらないということだ。とくに重視されるのがチームワークであることもわかる。集団規範を体得し，他者を，あるいは組織をエンパワーできる力が求められているのである。その根底にあるのは「仁」や「義」のような，他者の立場に立ち，その気持ちを理解して正しい対応が取れることと言えるだろう。

② 民が求める力

市民社会において求められる力は，顧客との関係構築や職域にかかわる専門性など，いわばビジネスを推進するための問題解決能力となる。先述の通り，ビジネスとは人々の悩みまたは欲求を解決することである。広く実施されてい

る資格試験や検定などはこれらの領域にかかわるものが多い。

　転職を考える際，重要なのは業界分析である。さらに，希望する企業のマーケティングの仕組み[47]を知ることである。それはすなわち，その業界・企業のお客様の，「救済されたい」という心理を読み解くこととなる。どのような原因で不安や不満を持ち，どのように解決されれば幸せになれるのか。この点を理解できていなければビジネスを推進することはできず，したがって転職の面接を通過できるはずもないのである。

3　持ち味を活かす

　キャリアカウンセリングをしていると，何度もこんな言葉を耳にする。
　「私はダメな人間で，他の人のようには働けないんです」。
　こうした自己否定や自己嫌悪に走る人は，根本的に自己評価を誤っている。他者と自分とを比較して「差」があると思い込んでいるのだ。この捉え方は誤っており，「差」ではなく「違い」ととらえるべきなのである。その他者との違いこそ，自分らしい働き方の軸となる「持ち味」である。

　持ち味は多くの知識・能力・経験によって形成されており，長期的に変化し続けていく。また，置かれた環境や人間関係によっても大きく変化していくこととなる。つまり成長させることが可能な資産だとも言え，戦略的・計画的に増やしたり拡大したり深めたりできるものなのである。

　持ち味があることで，転職市場においては他者との差別化や棲み分けを実現できることとなる。自分自身の「強み」としても披露できるため，自己PRや面接の回答などでは積極的に活用してほしい。

4　不幸を繰り返さない転職

1　現職とのミスマッチを振り返る

　転職を考える教師たちには，一定の共通する傾向が見られる。それは就職または着任した初年度に転職を考え始めていることである。もう一つは役職付きとなった時，あるいは子どもの成人など子育てが一段落した壮年期にも件数が増える傾向が見られる。これらの傾向は何を意味するのか。

　第一に考えられるのは，キャリア観が明確ではなかった可能性である。全人生的な教職へのキャリア観を構築できないまま着任したかも知れず，現場に入ってから想像していた教職観と現実とのギャップに苦しんでいることが想定できる。

　第二には，予期せぬトラブルや状況の激変に遭遇した可能性があげられる。

▷7　「marketing」＝「market＋ing」。すなわちマーケティングとは，市場を創出することを言う。それは「お客様から求められていることは何か」を知り，人々の悩みや欲求を解決していくことを意味する。好きなこと，やりたいこと，得意なことを提供するだけでは，ビジネスが成立することはないのだ。趣味や研究対象のままでは誰も代金を支払ってはくれない。「問題解決」という価値創造を実現しなければならないのである。さらに言えば，ビジネス上の競争優位を確立するために，他社あるいは他者との差別化も考えなければならないことを忘れないでほしい。

政策・社会変化による業務内容の激変や、パワハラ・事件・事故・病気・モンスターペアレントなどとの遭遇などが考えられるだろう。

こうしたミスマッチはなぜ起きるのか。理由は大きく3種類に分類できる。

(1) 教職への職務適性の考察が不足していた。
(2) 教職に対するキャリア開発の考察が不足していた。
(3) 社会の変化に対するリスクの考察が不足していた。

不安を感じるかもしれないが、これらは他職についても同じことが言えるであろう。また、あらかじめ対処することが可能であり、考察を深めておけば恐れる必要はないのである。◁8

① 教職への職務適性の考察が不足していた

よく耳にするのが、他者からの勧めや特定教師へのあこがれから教職を選択したケースである。教師は授業や部活動、行事の運営をしているだけではない。数多くの事務的な作業があり、目に見えにくい裏方の努力を積み重ねている。あらかじめ複数の現場教師に職務内容を尋ねておくなど、すぐできる準備には余念なく時間と手間をかけておきたいものである。

② 教職に対するキャリア開発の考察が不足していた

職業は人生の主軸の一つであり、自分自身の職業適性をよく踏まえ、長期的な自己実現の道程として捉える必要がある。職務への社会的な要求と「なぜその仕事を選ぶのか」という内発的な動機とを合致させておくことが重要だと言えるだろう。「言われた仕事だけできればよい」という自主性の欠如した受け身な姿勢では、自己成長は期待できない。教育というステージを通した社会貢献の目的と自分ならではの方法論を考察しておくことが大切である。

③ 社会の変化に対するリスクの考察が不足していた

世の中は教育界に何を求めているのか。この先、何が求められるようになっていくのか。それらの要求に応えられる自分になるために、どのような自己開発を進めていけばよいのか。こうした考察を深めるためには社会の変化に対するアンテナを立てておくことが重要となる。◁9

2　キャリア選択の3要件

キャリア選択というと難しく聞こえるかもしれない。

「キャリアとは、職業を軸とした人生そのもの」であり、単なる職業選択ではなく、人生における自己実現の道程だと考えてほしい。

キャリアの考察には三つの切り口が必要である。「できること」「やりたいこと」「やるべきこと」の集合の和となるように考察するのだ。「できること」は

▷8　これら3件を十分に考察できていたとするならば、ミスマッチは一定程度において起こしにくいと言える。キャリア観が明確になっていれば、職業選択を誤る可能性は低減されるからだ。また、予想に反して転職を考えることになったとしても、それまでの考察が強力に自分自身を後押ししてくれることになるだろう。社会貢献が人生における自己実現の目標であり、職業はその手法あるいは方法論の一つとして捉えることが可能となるはずである。

▷9　世相は常に変化を続けており、人材育成の根底を担う教育界に対しては、その変化にともなって要求も移り変わっていくこととなる。その点を考慮しているだろうか。社会変化の先読みは、よりよい教育をすばやく的確に実現させる下地ともなるものである。

能力や経験を,「やりたいこと」は興味や関心を表している。「やるべきこと」はいわゆる「世の中から求められること」,すなわち使命感のもととなるビジョンを表している（図13-2）。

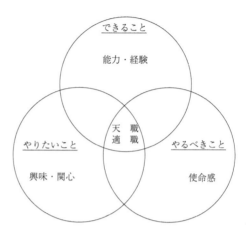

図13-2　天職適職の構成要素
出所：筆者作成。

多くの人が「できること」と「やりたいこと」だけで職業を選ぼうとする。しかしビジネスは人々の悩みと欲求の解決であり,「やるべきこと」,すなわち世の中から求められることでなければ顧客が存在しないことになる。あるいは顧客の要求を無視する形となってしまう。

専門性だけに固執する教師が児童生徒とよい人間関係を構築できない理由はここにある。同様に,転職活動で面接にさえ呼んでもらえないケースの多くがこの形に該当する。

3　転職に必須な「顧客の想定」

ビジネスの推進においては,「ペルソナ」と呼ばれる理想の顧客像を定め,その人物の悩みと欲求を考察するところから仕事が始まる。住んでいる町,年齢や性別,勤務先,家族構成,ペットの名前,購読雑誌や新聞,愛車の車種やその車体色まで,具体的に想定しながら理想の顧客像を作り込んでいく。そのように特定個人が思い浮かべられるほどにまで顧客像を明確化したうえで,商品やサービスの詳細を企画していくのである。

ここまで努力するからこそ価値の高い商品・サービスを生み出すことができるのであり,「お役に立てた」という喜びも最大化することができるのである。

▷10　「できること」と「やりたいこと」だけの組み合わせは世の中から求められないため趣味でしかなく,「やりたいこと」と「やるべきこと」の組み合わせはまだ実践できないので研究対象でしかない。問題は「できること」と「やるべきこと」の組み合わせである。このケースは自分も実践でき,周囲からも求められる領域だが,やりたくない気持ちが明確である。そのまま働き続けていると心の負担が増大し,いわゆる「燃え尽き症候群」となることが知られている。無理を続けるとうつ病などを発症しやすいため,とくに厳重な警戒が必要である。

▷11　転職活動の面接で回答に窮してしまう人の多くは,こうした顧客像を想定していない場合が多い。その業界,その企業がどんなお客様と向き合っているかを考えていないのである。

第13章 教師からの転職

5　売り込まなくても売れていく私

1　人々はどうであれば幸せなのか

　ここまでの内容を理解でき，価値創造を実践する方法を確立できたならば，すでに「ほしい人材」との評価を受け取ることができるだろう。望む業界に転職して価値創造を実現するために必要なのは，「人々はどうであれば幸せなのか」と自問自答し続け，その方法を考案し続けることである。

　転職市場において「売り込まなくても売れていく私」となるためには，その業界，その企業のお客様の立場になり切り，「あなたから買いたい」と思っていただくことが必須である。

　良い商品だから売れるわけでもないし，盛りだくさんのサービスだから売れるというわけでもない。「この人なら私の悩みや欲求を解決してくれる」と確信できれば，お客様は自ら契約を成立させてくださるのである。「問題が解決されて幸せになれる」と実感してもらえるかどうかがカギである。▷12

▷12　ビジネス観を強化するために，忘れずにいてほしい言葉がある。「マーケティングの理想は，販売を不要にすること」（ドラッカー，2001）。セールス（営業）しなくても商品やサービスが売れていく状況を作り出す。これこそがビジネスのあるべき姿だということである。一つは人々の悩みを解決すること，もう一つは人々の欲求を解決すること。その仕組みを作って見込み客を顧客化するのがマーケティングであり，これがビジネスの基盤となる。

2　どんな働きが求められるのか

　企業の経営者がとくに重視する特性がある。それはコミュニケーション能力・協調性・基本的生活態度である。中年以上の年齢の場合，加えて「即戦力」たりうるかどうかが重要となる。一定程度のチーム管理力のほか，問題解決，顧客創造，リスク回避，人材育成能力などが例としてあげられる。幸いにしてこれらのテーマについては，さまざまなセミナーや勉強会が開かれており，やる気さえあれば，いくらでも実力を伸ばすことが可能である。

　世の経営者たちが目指しているのは人々の救済を通してよりよい社会を築くことであり，それを実現できるシステムの構築である。この点を理解し，実践できる人材は，いつの時代も強く求められるのである。また，経営者は常に孤独である。社内において経営者の理想・心情を100％理解している社員はほぼ皆無と言えるだろう。そのため，よき理解者を求めている傾向も強い。ましてや，その具現化に貢献し得る人材ともし出会えたならば，喜びもひとしおと言えるであろう。

3　転職活動の留意点

　特定非営利活動法人日本プロフェッショナル・キャリア・カウンセラー協会の理事長・白根陸夫によれば，転職活動には破るべき五つの壁があるという。世間一般では無理だと考えられていることであるが，白根は世間の一般論を明

瞭に打ち消している。

「転職は一番力のある者が勝つのではない，一番準備をした者が勝つのだ」（白根, 2011）。

この言葉は現実であり，周到な準備を進めておけば，多くの人が不可能と考えている転職の壁を突破することができるのではないだろうか。

① 年齢の無視

「年齢制限を超えているから転職できない」。

これは誤りである。なぜなら，経験・実績の豊富な人材ほど役に立つ人材になっているからである。年齢制限を設けるのは，経営者が年齢相当の給与を支払える自信をもっていないからである。「その差額以上の売上を自分で作り出します」と言えばよいだけの話である。もちろんコストダウンを話題にしてもよいだろう。マネジメント力（チーム構築と管理，人材育成，リスク回避，渉外など）を明示して経営者の悩みに寄り添える回答を用意しておくことである。

② 性別の無視

「募集している性別ではないから転職できない」。

これも誤りである。適正な情熱と能力を有していることが証明できれば，性別の壁を越えられる可能性は高い。ただし自分が男性でお客様が女性に限定される場合は，職種によっては不可能なケースも考えられるので注意しよう。

③ 学歴の無視

「一流大学出身ではないから転職できない」。

これも大きな誤りである。たとえ一流大学出身でも，花形の学部出身でも，転職できない人はできない。肝心なのは求められる人格・能力を有しているかいないかである。また，経営者の悩みを理解しているかどうかなのである。

④ 職歴（経験）の無視

「この仕事の経験がないから転職できない」。

これもまた誤りである。経営者の多くは未経験の業種にすでに挑んでおり，あるいはその体験をしている。深い情熱と目指す理由が明確であれば，「チャンスを与えたい」と考える経営者は少なくないのである。

⑤ 募集の無視

「その企業が募集をしていないから転職できない」。

これも多くの場合，誤りだと言える。なぜなら，業績の悪い会社ほど良い人材を求めており，すべての会社が常に良い人材を求めているからである。

多くの企業が転職サイトなどに求人情報を出していることはみなさんも知っていることと思う。この件についてはとくに注意してほしいことがある。「転職サイトは求人機関ではない」ということである。月額80万円〜120万円程度の広告費を取る「求人広告」屋さんである。この金額を毎月支払い続けるには

強い体力が必要なため，1か月弱で求人情報を取り下げる企業が多い。

また，転職から半年以内に再転職する人も多く，マッチングについて専門家から疑念も呈されている。求人企業から紹介ノルマや紹介フィーが支払われているため，マッチングよりも成約を優先してしまうエージェントもいると言われている。▷13

4 転職と向き合う際の注意点

転職は人生のステージアップを実現していく最大のチャンスとも言える。またそうした意識で活用すべき機会だとも言えるだろう。もし教職が向いていなかったと感じても，それはけっして人生の失敗とは言えない。なぜなら，より大きな価値を創り出すための，世の中を幸せにする力を発揮するための新たな機会を発見したことになるからである。

自分が積極的にかかわるべき新たなステージを発見したのであれば，その領域に踏み込む意義は十分にある。「子どもたちを見捨てることになるのでは」と思い悩む必要はない。もっと大きな舞台から，もっと広く深く，人々を救済することができると考えればよいのである。また，自信をもってそう言えるステージをぜひとも選んでもらいたい。努力と忍耐によって教職で鍛え上げた実力を，さらに大きな価値の創造につなげてほしい。

Exercise

① 教師を職業として選ぶことの社会的な意義は何か考えてみよう。
② 他職でも通用するポータブルスキルに何を選び，どう入手していけばよいか考えてみよう。
③ 他者評価に振り回されないため，どんな自己評価の指標があるか考えてみよう。

▷13　世間では公共機関や転職サイトを過信する風潮がある。だが，ハローワークの指導員や転職エージェントがキャリアの専門家であるとは限らない。ハローワークの指導員は人事部出身の人が多く，所属した企業の基準でしか物事を判断できない人も目立つ。転職エージェントには社内研修だけで資格を名乗る人が多く，その資格も単なる社内資格でしかないことが多いのだ。ハローワークでは自分を売り込むセルフマーケティングの指導までは期待できないことが多い。転職エージェントはマッチングを優先する意識が薄く，書類作成も紋切り型のフォームを提供され，その結果，「その他大勢」としての書類しか作成できなくなるケースも多い。こうした点には注意しておきたい。

📖 次への一冊

野津卓也『キャリアノートで会社を辞めても一生困らない人になる』東洋経済新報社，2010年。
　　キャリアリッチの道を歩むための方策を具体的なワークで実践する内容となっている。
白根陸夫監修『再就職支援テキスト第5版』キャリア・ブレーン出版事業部，2011年。
　　特定非営利活動法人「日本プロフェッショナル・キャリア・カウンセラー協会」の生みの親が監修する転職実践ワーク集。キャリアの再構築に関する詳細な解説も施

している。

教育開発研究所編『教育の最新事情がよくわかる本3——これだけは知っておきたい教員としての最新知識！（教職研修総合特集）』教育開発研究所，2016年。

　教育界を取り巻くさまざまな問題について内容の解説とこれまでの経緯を簡潔にまとめてあり，職務遂行への準備段階のみならず，正しいトラブル対応を考える一助となる一冊である。

ドラッカー，P. F. 上田惇生訳『マネジメント』エッセンシャル版，ダイヤモンド社，2001年。

　ドラッカーのマネジメント論を体系化した『マネジメント』の要点をコンパクトにまとめた入門書。マネジメントの機能と課題などについて解説している。「転換期にあって重要なことは，変わらざるもの，すなわち基本と原則を確認することである」（著者メッセージより）。

引用・参考文献

教育開発研究所編『教育の最新事情がよくわかる本3——これだけは知っておきたい教員としての最新知識！（教職研修総合特集）』教育開発研究所，2016年。
白根陸夫監修『再就職支援テキスト第5版』キャリア・ブレーン出版事業部，2011年。
ドラッカー，P. F. 上田惇生訳『マネジメント』エッセンシャル版，ダイヤモンド社，2001年。
文部科学省「教職員のメンタルヘルス対策について（最終まとめ）」2013年。
文部科学省「平成28年度学校教員統計調査（確定値）の公表について」2018年。

付　録

- 日本国憲法［抄］ ……………………………………………… *186*
- 教育基本法 ……………………………………………………… *187*
- 教育基本法［旧］ ……………………………………………… *189*
- 学校教育法［抄］ ……………………………………………… *191*
- 教育職員免許法［抄］ ………………………………………… *192*
- 教育職員免許法施行規則［抄］ ……………………………… *195*
- 地方公務員法［抄］ …………………………………………… *195*
- 教育公務員特例法［抄］ ……………………………………… *199*
- 地方教育行政の組織及び運営に関する法律［抄］ ………… *200*

日本国憲法 〔抄〕

昭和21年11月3日公布

　日本国民は，正当に選挙された国会における代表者を通じて行動し，われらとわれらの子孫のために，諸国民との協和による成果と，わが国全土にわたつて自由のもたらす恵沢を確保し，政府の行為によつて再び戦争の惨禍が起ることのないやうにすることを決意し，ここに主権が国民に存することを宣言し，この憲法を確定する。そもそも国政は，国民の厳粛な信託によるものであつて，その権威は国民に由来し，その権力は国民の代表者がこれを行使し，その福利は国民がこれを享受する。これは人類普遍の原理であり，この憲法は，かかる原理に基くものである。われらは，これに反する一切の憲法，法令及び詔勅を排除する。

　日本国民は，恒久の平和を念願し，人間相互の関係を支配する崇高な理想を深く自覚するのであつて，平和を愛する諸国民の公正と信義に信頼して，われらの安全と生存を保持しようと決意した。われらは，平和を維持し，専制と隷従，圧迫と偏狭を地上から永遠に除去しようと努めてゐる国際社会において，名誉ある地位を占めたいと思ふ。われらは，全世界の国民が，ひとしく恐怖と欠乏から免かれ，平和のうちに生存する権利を有することを確認する。

　われらは，いづれの国家も，自国のことのみに専念して他国を無視してはならないのであつて，政治道徳の法則は，普遍的なものであり，この法則に従ふことは，自国の主権を維持し，他国と対等関係に立たうとする各国の責務であると信ずる。

　日本国民は，国家の名誉にかけ，全力をあげてこの崇高な理想と目的を達成することを誓ふ。

〔基本的人権〕
第十一条　国民は，すべての基本的人権の享有を妨げられない。この憲法が国民に保障する基本的人権は，侵すことのできない永久の権利として，現在及び将来の国民に与へられる。

〔自由及び権利の保持義務と公共福祉性〕
第十二条　この憲法が国民に保障する自由及び権利は，国民の不断の努力によつて，これを保持しなければならない。又，国民は，これを濫用してはならないのであつて，常に公共の福祉のためにこれを利用する責任を負ふ。

〔個人の尊重と公共の福祉〕
第十三条　すべて国民は，個人として尊重される。生命，自由及び幸福追求に対する国民の権利については，公共の福祉に反しない限り，立法その他の国政の上で，最大の尊重を必要とする。

〔平等原則，貴族制度の否認及び栄典の限界〕
第十四条　すべて国民は，法の下に平等であつて，人種，信条，性別，社会的身分又は門地により，政治的，経済的又は社会的関係において，差別されない。

2　華族その他の貴族の制度は，これを認めない。

3　栄誉，勲章その他の栄典の授与は，いかなる特権も伴はない。栄典の授与は，現にこれを有し，又は将来これを受ける者の一代に限り，その効力を有する。

〔公務員の選定罷免権，公務員の本質，普通選挙の保障及び投票秘密の保障〕
第十五条　公務員を選定し，及びこれを罷免することは，国民固有の権利である。

2　すべて公務員は，全体の奉仕者であつて，一部の奉仕者ではない。

3　公務員の選挙については，成年者による普通選挙を保障する。

4　すべて選挙における投票の秘密は，これを侵してはならない。選挙人は，その選択に関し公的にも私的にも責任を問はれない。

〔請願権〕
第十六条　何人も，損害の救済，公務員の罷免，法律，命令又は規則の制定，廃止又は改正その他の事項に関し，平穏に請願する権利を有し，何人も，かかる請願をしたためにいかなる差別待遇も受けない。

〔公務員の不法行為による損害の賠償〕
第十七条　何人も，公務員の不法行為により，損害を受けたときは，法律の定めるところにより，国又は公共団体に，その賠償を求めることができる。

〔奴隷的拘束及び苦役の禁止〕
第十八条　何人も，いかなる奴隷的拘束も受けない。

又，犯罪に因る処罰の場合を除いては，その意に反する苦役に服させられない。

〔思想及び良心の自由〕

第十九条　思想及び良心の自由は，これを侵してはならない。

〔信教の自由〕

第二十条　信教の自由は，何人に対してもこれを保障する。いかなる宗教団体も，国から特権を受け，又は政治上の権力を行使してはならない。

2　何人も，宗教上の行為，祝典，儀式又は行事に参加することを強制されない。

3　国及びその機関は，宗教教育その他いかなる宗教的活動もしてはならない。

〔集会，結社及び表現の自由と通信秘密の保護〕

第二十一条　集会，結社及び言論，出版その他一切の表現の自由は，これを保障する。

2　検閲は，これをしてはならない。通信の秘密は，これを侵してはならない。

〔居住，移転，職業選択，外国移住及び国籍離脱の自由〕

第二十二条　何人も，公共の福祉に反しない限り，居住，移転及び職業選択の自由を有する。

2　何人も，外国に移住し，又は国籍を離脱する自由を侵されない。

〔学問の自由〕

第二十三条　学問の自由は，これを保障する。

〔家族関係における個人の尊厳と両性の平等〕

第二十四条　婚姻は，両性の合意のみに基いて成立し，夫婦が同等の権利を有することを基本として，相互の協力により，維持されなければならない。

2　配偶者の選択，財産権，相続，住居の選定，離婚並びに婚姻及び家族に関するその他の事項に関しては，法律は，個人の尊厳と両性の本質的平等に立脚して，制定されなければならない。

〔生存権及び国民生活の社会的進歩向上に努める国の義務〕

第二十五条　すべて国民は，健康で文化的な最低限度の生活を営む権利を有する。

2　国は，すべての生活部面について，社会福祉，社会保障及び公衆衛生の向上及び増進に努めなければならない。

〔教育を受ける権利と受けさせる義務〕

第二十六条　すべて国民は，法律の定めるところにより，その能力に応じて，ひとしく教育を受ける権利を有する。

2　すべて国民は，法律の定めるところにより，その保護する子女に普通教育を受けさせる義務を負ふ。義務教育は，これを無償とする。

〔勤労の権利と義務，勤労条件の基準及び児童酷使の禁止〕

第二十七条　すべて国民は，勤労の権利を有し，義務を負ふ。

2　賃金，就業時間，休息その他の勤労条件に関する基準は，法律でこれを定める。

3　児童は，これを酷使してはならない。

教育基本法

平成18年12月22日法律第120号

　我々日本国民は，たゆまぬ努力によって築いてきた民主的で文化的な国家を更に発展させるとともに，世界の平和と人類の福祉の向上に貢献することを願うものである。

　我々は，この理想を実現するため，個人の尊厳を重んじ，真理と正義を希求し，公共の精神を尊び，豊かな人間性と創造性を備えた人間の育成を期するとともに，伝統を継承し，新しい文化の創造を目指す教育を推進する。

　ここに，我々は，日本国憲法の精神にのっとり，我が国の未来を切り拓く教育の基本を確立し，その振興を図るため，この法律を制定する。

（教育の目的）

第一条　教育は，人格の完成を目指し，平和で民主的な国家及び社会の形成者として必要な資質を備えた心身ともに健康な国民の育成を期して行われなければならない。

（教育の目標）

第二条　教育は，その目的を実現するため，学問の自由を尊重しつつ，次に掲げる目標を達成するよう行われるものとする。
一　幅広い知識と教養を身に付け，真理を求める態度を養い，豊かな情操と道徳心を培うとともに，健やかな身体を養うこと。
二　個人の価値を尊重して，その能力を伸ばし，創造性を培い，自主及び自律の精神を養うとともに，職業及び生活との関連を重視し，勤労を重んずる態度を養うこと。
三　正義と責任，男女の平等，自他の敬愛と協力を重んずるとともに，公共の精神に基づき，主体的に社会の形成に参画し，その発展に寄与する態度を養うこと。
四　生命を尊び，自然を大切にし，環境の保全に寄与する態度を養うこと。
五　伝統と文化を尊重し，それらをはぐくんできた我が国と郷土を愛するとともに，他国を尊重し，国際社会の平和と発展に寄与する態度を養うこと。

（生涯学習の理念）
第三条　国民一人一人が，自己の人格を磨き，豊かな人生を送ることができるよう，その生涯にわたって，あらゆる機会に，あらゆる場所において学習することができ，その成果を適切に生かすことのできる社会の実現が図られなければならない。

（教育の機会均等）
第四条　すべて国民は，ひとしく，その能力に応じた教育を受ける機会を与えられなければならず，人種，信条，性別，社会的身分，経済的地位又は門地によって，教育上差別されない。
2　国及び地方公共団体は，障害のある者が，その障害の状態に応じ，十分な教育を受けられるよう，教育上必要な支援を講じなければならない。
3　国及び地方公共団体は，能力があるにもかかわらず，経済的理由によって修学が困難な者に対して，奨学の措置を講じなければならない。

（義務教育）
第五条　国民は，その保護する子に，別に法律で定めるところにより，普通教育を受けさせる義務を負う。
2　義務教育として行われる普通教育は，各個人の有する能力を伸ばしつつ社会において自立的に生きる基礎を培い，また，国家及び社会の形成者として必要とされる基本的な資質を養うことを目的として行われるものとする。
3　国及び地方公共団体は，義務教育の機会を保障し，その水準を確保するため，適切な役割分担及び相互の協力の下，その実施に責任を負う。
4　国又は地方公共団体の設置する学校における義務教育については，授業料を徴収しない。

（学校教育）
第六条　法律に定める学校は，公の性質を有するものであって，国，地方公共団体及び法律に定める法人のみが，これを設置することができる。
2　前項の学校においては，教育の目標が達成されるよう，教育を受ける者の心身の発達に応じて，体系的な教育が組織的に行われなければならない。この場合において，教育を受ける者が，学校生活を営む上で必要な規律を重んずるとともに，自ら進んで学習に取り組む意欲を高めることを重視して行われなければならない。

（大学）
第七条　大学は，学術の中心として，高い教養と専門的能力を培うとともに，深く真理を探究して新たな知見を創造し，これらの成果を広く社会に提供することにより，社会の発展に寄与するものとする。
2　大学については，自主性，自律性その他の大学における教育及び研究の特性が尊重されなければならない。

（私立学校）
第八条　私立学校の有する公の性質及び学校教育において果たす重要な役割にかんがみ，国及び地方公共団体は，その自主性を尊重しつつ，助成その他の適当な方法によって私立学校教育の振興に努めなければならない。

（教員）
第九条　法律に定める学校の教員は，自己の崇高な使命を深く自覚し，絶えず研究と修養に励み，その職責の遂行に努めなければならない。
2　前項の教員については，その使命と職責の重要性にかんがみ，その身分は尊重され，待遇の適正が期せられるとともに，養成と研修の充実が図られなければならない。

（家庭教育）
第十条　父母その他の保護者は，子の教育について第一義的責任を有するものであって，生活のために必要な習慣を身に付けさせるとともに，自立心を育成

し，心身の調和のとれた発達を図るよう努めるものとする。
2　国及び地方公共団体は，家庭教育の自主性を尊重しつつ，保護者に対する学習の機会及び情報の提供その他の家庭教育を支援するために必要な施策を講ずるよう努めなければならない。
（幼児期の教育）
第十一条　幼児期の教育は，生涯にわたる人格形成の基礎を培う重要なものであることにかんがみ，国及び地方公共団体は，幼児の健やかな成長に資する良好な環境の整備その他適当な方法によって，その振興に努めなければならない。
（社会教育）
第十二条　個人の要望や社会の要請にこたえ，社会において行われる教育は，国及び地方公共団体によって奨励されなければならない。
2　国及び地方公共団体は，図書館，博物館，公民館その他の社会教育施設の設置，学校の施設の利用，学習の機会及び情報の提供その他の適当な方法によって社会教育の振興に努めなければならない。
（学校，家庭及び地域住民等の相互の連携協力）
第十三条　学校，家庭及び地域住民その他の関係者は，教育におけるそれぞれの役割と責任を自覚するとともに，相互の連携及び協力に努めるものとする。
（政治教育）
第十四条　良識ある公民として必要な政治的教養は，教育上尊重されなければならない。
2　法律に定める学校は，特定の政党を支持し，又はこれに反対するための政治教育その他政治的活動をしてはならない。
（宗教教育）
第十五条　宗教に関する寛容の態度，宗教に関する一般的な教養及び宗教の社会生活における地位は，教育上尊重されなければならない。

2　国及び地方公共団体が設置する学校は，特定の宗教のための宗教教育その他宗教的活動をしてはならない。
（教育行政）
第十六条　教育は，不当な支配に服することなく，この法律及び他の法律の定めるところにより行われるべきものであり，教育行政は，国と地方公共団体との適切な役割分担及び相互の協力の下，公正かつ適正に行われなければならない。
2　国は，全国的な教育の機会均等と教育水準の維持向上を図るため，教育に関する施策を総合的に策定し，実施しなければならない。
3　地方公共団体は，その地域における教育の振興を図るため，その実情に応じた教育に関する施策を策定し，実施しなければならない。
4　国及び地方公共団体は，教育が円滑かつ継続的に実施されるよう，必要な財政上の措置を講じなければならない。
（教育振興基本計画）
第十七条　政府は，教育の振興に関する施策の総合的かつ計画的な推進を図るため，教育の振興に関する施策についての基本的な方針及び講ずべき施策その他必要な事項について，基本的な計画を定め，これを国会に報告するとともに，公表しなければならない。
2　地方公共団体は，前項の計画を参酌し，その地域の実情に応じ，当該地方公共団体における教育の振興のための施策に関する基本的な計画を定めるよう努めなければならない。
第十八条　この法律に規定する諸条項を実施するため，必要な法令が制定されなければならない。
附　則　抄
（施行期日）
1　この法律は，公布の日から施行する。

教育基本法 ［旧］

昭和22年3月31日法律第25号

われらは，さきに，日本国憲法を確定し，民主的で文化的な国家を建設して，世界の平和と人類の福祉に貢献しようとする決意を示した。この理想の実現は，根本において教育の力にまつべきものである。

われらは，個人の尊厳を重んじ，真理と平和を希求する人間の育成を期するとともに，普遍的にしてしかも個性ゆたかな文化の創造をめざす教育を普及徹底しなければならない。

　ここに，日本国憲法の精神に則り，教育の目的を明示して，新しい日本の教育の基本を確立するため，この法律を制定する。

（教育の目的）

第一条　教育は，人格の完成をめざし，平和的な国家及び社会の形成者として，真理と正義を愛し，個人の価値をたつとび，勤労と責任を重んじ，自主的精神に充ちた心身ともに健康な国民の育成を期して行われなければならない。

（教育の方針）

第二条　教育の目的は，あらゆる機会に，あらゆる場所において実現されなければならない。この目的を達成するためには，学問の自由を尊重し，実際生活に即し，自発的精神を養い，自他の敬愛と協力によつて，文化の創造と発展に貢献するように努めなければならない。

（教育の機会均等）

第三条　すべて国民は，ひとしく，その能力に応ずる教育を受ける機会を与えられなければならないものであつて，人種，信条，性別，社会的身分，経済的地位又は門地によつて，教育上差別されない。

②　国及び地方公共団体は，能力があるにもかかわらず，経済的理由によつて修学困難な者に対して，奨学の方法を講じなければならない。

（義務教育）

第四条　国民は，その保護する子女に，九年の普通教育を受けさせる義務を負う。

②　国又は地方公共団体の設置する学校における義務教育については，授業料は，これを徴収しない。

（男女共学）

第五条　男女は，互に敬重し，協力し合わなければならないものであつて，教育上男女の共学は，認められなければならない。

（学校教育）

第六条　法律に定める学校は，公の性質をもつものであつて，国又は地方公共団体の外，法律に定める法人のみが，これを設置することができる。

②　法律に定める学校の教員は，全体の奉仕者であつて，自己の使命を自覚し，その職責の遂行に努めなければならない。このためには，教員の身分は，尊重され，その待遇の適正が，期せられなければならない。

（社会教育）

第七条　家庭教育及び勤労の場所その他社会において行われる教育は，国及び地方公共団体によつて奨励されなければならない。

②　国及び地方公共団体は，図書館，博物館，公民館等の施設の設置，学校の施設の利用その他適当な方法によつて教育の目的の実現に努めなければならない。

（政治教育）

第八条　良識ある公民たるに必要な政治的教養は，教育上これを尊重しなければならない。

②　法律に定める学校は，特定の政党を支持し，又はこれに反対するための政治教育その他政治的活動をしてはならない。

（宗教教育）

第九条　宗教に関する寛容の態度及び宗教の社会生活における地位は，教育上これを尊重しなければならない。

②　国及び地方公共団体が設置する学校は，特定の宗教のための宗教教育その他宗教的活動をしてはならない。

（教育行政）

第十条　教育は，不当な支配に服することなく，国民全体に対し直接に責任を負つて行われるべきものである。

②　教育行政は，この自覚のもとに，教育の目的を遂行するに必要な諸条件の整備確立を目標として行われなければならない。

（補則）

第十一条　この法律に掲げる諸条項を実施するために必要がある場合には，適当な法令が制定されなければならない。

附　則

この法律は，公布の日から，これを施行する。

学校教育法 ［抄］

昭和22年3月31日法律第26号（平成30年6月1日公布（平成30年法律第39号）改正）

第一条　この法律で，学校とは，幼稚園，小学校，中学校，義務教育学校，高等学校，中等教育学校，特別支援学校，大学及び高等専門学校とする。

第六条　学校においては，授業料を徴収することができる。ただし，国立又は公立の小学校及び中学校，義務教育学校，中等教育学校の前期課程又は特別支援学校の小学部及び中学部における義務教育については，これを徴収することができない。

第九条　次の各号のいずれかに該当する者は，校長又は教員となることができない。

一　成年被後見人又は被保佐人
二　禁錮以上の刑に処せられた者
三　教育職員免許法第十条第一項第二号又は第三号に該当することにより免許状がその効力を失い，当該失効の日から三年を経過しない者
四　教育職員免許法第十一条第一項から第三項までの規定により免許状取上げの処分を受け，三年を経過しない者
五　日本国憲法施行の日以後において，日本国憲法又はその下に成立した政府を暴力で破壊することを主張する政党その他の団体を結成し，又はこれに加入した者

第十六条　保護者（子に対して親権を行う者（親権を行う者のないときは，未成年後見人）をいう。以下同じ。）は，次条に定めるところにより，子に九年の普通教育を受けさせる義務を負う。

第二十一条　義務教育として行われる普通教育は，教育基本法（平成十八年法律第百二十号）第五条第二項に規定する目的を実現するため，次に掲げる目標を達成するよう行われるものとする。

一　学校内外における社会的活動を促進し，自主，自律及び協同の精神，規範意識，公正な判断力並びに公共の精神に基づき主体的に社会の形成に参画し，その発展に寄与する態度を養うこと。
二　学校内外における自然体験活動を促進し，生命及び自然を尊重する精神並びに環境の保全に寄与する態度を養うこと。
三　我が国と郷土の現状と歴史について，正しい理解に導き，伝統と文化を尊重し，それらをはぐくんできた我が国と郷土を愛する態度を養うとともに，進んで外国の文化の理解を通じて，他国を尊重し，国際社会の平和と発展に寄与する態度を養うこと。
四　家族と家庭の役割，生活に必要な衣，食，住，情報，産業その他の事項について基礎的な理解と技能を養うこと。
五　読書に親しませ，生活に必要な国語を正しく理解し，使用する基礎的な能力を養うこと。
六　生活に必要な数量的な関係を正しく理解し，処理する基礎的な能力を養うこと。
七　生活にかかわる自然現象について，観察及び実験を通じて，科学的に理解し，処理する基礎的な能力を養うこと。
八　健康，安全で幸福な生活のために必要な習慣を養うとともに，運動を通じて体力を養い，心身の調和的発達を図ること。
九　生活を明るく豊かにする音楽，美術，文芸その他の芸術について基礎的な理解と技能を養うこと。
十　職業についての基礎的な知識と技能，勤労を重んずる態度及び個性に応じて将来の進路を選択する能力を養うこと。

第二十二条　幼稚園は，義務教育及びその後の教育の基礎を培うものとして，幼児を保育し，幼児の健やかな成長のために適当な環境を与えて，その心身の発達を助長することを目的とする。

第二十九条　小学校は，心身の発達に応じて，義務教育として行われる普通教育のうち基礎的なものを施すことを目的とする。

第三十五条　市町村の教育委員会は，次に掲げる行為の一又は二以上を繰り返し行う等性行不良であつて他の児童の教育に妨げがあると認める児童があるときは，その保護者に対して，児童の出席停止を命ずることができる。

一　他の児童に傷害，心身の苦痛又は財産上の損失を与える行為
二　職員に傷害又は心身の苦痛を与える行為

三　施設又は設備を損壊する行為
　四　授業その他の教育活動の実施を妨げる行為
②　市町村の教育委員会は，前項の規定により出席停止を命ずる場合には，あらかじめ保護者の意見を聴取するとともに，理由及び期間を記載した文書を交付しなければならない。
③　前項に規定するもののほか，出席停止の命令の手続に関し必要な事項は，教育委員会規則で定めるものとする。
④　市町村の教育委員会は，出席停止の命令に係る児童の出席停止の期間における学習に対する支援その他の教育上必要な措置を講ずるものとする。
第四十五条　中学校は，小学校における教育の基礎の上に，心身の発達に応じて，義務教育として行われる普通教育を施すことを目的とする。
第五十条　高等学校は，中学校における教育の基礎の上に，心身の発達及び進路に応じて，高度な普通教育及び専門教育を施すことを目的とする。
第六十三条　中等教育学校は，小学校における教育の基礎の上に，心身の発達及び進路に応じて，義務教育として行われる普通教育並びに高度な普通教育及び専門教育を一貫して施すことを目的とする。
第七十二条　特別支援学校は，視覚障害者，聴覚障害者，知的障害者，肢体不自由者又は病弱者（身体虚弱者を含む。以下同じ。）に対して，幼稚園，小学校，中学校又は高等学校に準ずる教育を施すとともに，障害による学習上又は生活上の困難を克服し自立を図るために必要な知識技能を授けることを目的とする。
第八十三条　大学は，学術の中心として，広く知識を授けるとともに，深く専門の学芸を教授研究し，知的，道徳的及び応用的能力を展開させることを目的とする。
②　大学は，その目的を実現するための教育研究を行い，その成果を広く社会に提供することにより，社会の発展に寄与するものとする。
第百十五条　高等専門学校は，深く専門の学芸を教授し，職業に必要な能力を育成することを目的とする。
②　高等専門学校は，その目的を実現するための教育を行い，その成果を広く社会に提供することにより，社会の発展に寄与するものとする。
第百二十四条　第一条に掲げるもの以外の教育施設で，職業若しくは実際生活に必要な能力を育成し，又は教養の向上を図ることを目的として次の各号に該当する組織的な教育を行うもの（当該教育を行うにつき他の法律に特別の規定があるもの及び我が国に居住する外国人を専ら対象とするものを除く。）は，専修学校とする。
　一　修業年限が一年以上であること。
　二　授業時数が文部科学大臣の定める授業時数以上であること。
　三　教育を受ける者が常時四十人以上であること。

教育職員免許法［抄］

昭和24年5月31日法律第147号（平成29年5月31日公布（平成29年法律第41号）改正）

第二条　この法律において「教育職員」とは，学校（学校教育法（昭和二十二年法律第二十六号）第一条に規定する幼稚園，小学校，中学校，義務教育学校，高等学校，中等教育学校及び特別支援学校（第三項において「第一条学校」という。）並びに就学前の子どもに関する教育，保育等の総合的な提供の推進に関する法律（平成十八年法律第七十七号）第二条第七項に規定する幼保連携型認定こども園（以下「幼保連携型認定こども園」という。）をいう。以下同じ。）の主幹教諭（幼保連携型認定こども園の主幹養護教諭及び主幹栄養教諭を含む。以下同じ。），指導教諭，教諭，助教諭，養護教諭，養護助教諭，栄養教諭，主幹保育教諭，指導保育教諭，保育教諭，助保育教諭及び講師（以下「教員」という。）をいう。
2　この法律で「免許管理者」とは，免許状を有する者が教育職員及び文部科学省令で定める教育の職にある者である場合にあつてはその者の勤務地の都道府県の教育委員会，これらの者以外の者である場合にあつてはその者の住所地の都道府県の教育委員会

をいう。

3　この法律において「所轄庁」とは，大学附置の国立学校（国（国立大学法人法（平成十五年法律第百十二号）第二条第一項に規定する国立大学法人を含む。以下この項において同じ。）が設置する学校をいう。以下同じ。）又は公立学校（地方公共団体（地方独立行政法人法（平成十五年法律第百十八号）第六十八条第一項に規定する公立大学法人（以下単に「公立大学法人」という。）を含む。）が設置する学校をいう。以下同じ。）の教員にあつてはその大学の学長，大学附置の学校以外の公立学校（第一条学校に限る。）の教員にあつてはその学校を所管する教育委員会，大学附置の学校以外の公立学校（幼保連携型認定こども園に限る。）の教員にあつてはその学校を所管する地方公共団体の長，私立学校（国及び地方公共団体（公立大学法人を含む。）以外の者が設置する学校をいう。以下同じ。）の教員にあつては都道府県知事（地方自治法（昭和二十二年法律第六十七号）第二百五十二条の十九第一項の指定都市又は同法第二百五十二条の二十二第一項の中核市（以下この項において「指定都市等」という。）の区域内の幼保連携型認定こども園の教員にあつては，当該指定都市等の長）をいう。

4　この法律で「自立教科等」とは，理療（あん摩，マツサージ，指圧等に関する基礎的な知識技能の修得を目標とした教科をいう。），理学療法，理容その他の職業についての知識技能の修得に関する教科及び学習上又は生活上の困難を克服し自立を図るために必要な知識技能の修得を目的とする教育に係る活動（以下「自立活動」という。）をいう。

5　この法律で「特別支援教育領域」とは，学校教育法第七十二条に規定する視覚障害者，聴覚障害者，知的障害者，肢体不自由者又は病弱者（身体虚弱者を含む。）に関するいずれかの教育の領域をいう。

第三条　教育職員は，この法律により授与する各相当の免許状を有する者でなければならない。

2　前項の規定にかかわらず，主幹教諭（養護又は栄養の指導及び管理をつかさどる主幹教諭を除く。）及び指導教諭については各相当学校の教諭の免許状を有する者を，養護をつかさどる主幹教諭については養護教諭の免許状を有する者を，栄養の指導及び管理をつかさどる主幹教諭については栄養教諭の免許状を有する者を，講師については各相当学校の教員の相当免許状を有する者を，それぞれ充てるものとする。

3　特別支援学校の教員（養護又は栄養の指導及び管理をつかさどる主幹教諭，養護教諭，養護助教諭，栄養教諭並びに特別支援学校において自立教科等の教授を担任する教員を除く。）については，第一項の規定にかかわらず，特別支援学校の教員の免許状のほか，特別支援学校の各部に相当する学校の教員の免許状を有する者でなければならない。

4　義務教育学校の教員（養護又は栄養の指導及び管理をつかさどる主幹教諭，養護教諭，養護助教諭並びに栄養教諭を除く。）については，第一項の規定にかかわらず，小学校の教員の免許状及び中学校の教員の免許状を有する者でなければならない。

5　中等教育学校の教員（養護又は栄養の指導及び管理をつかさどる主幹教諭，養護教諭，養護助教諭並びに栄養教諭を除く。）については，第一項の規定にかかわらず，中学校の教員の免許状及び高等学校の教員の免許状を有する者でなければならない。

6　幼保連携型認定こども園の教員の免許については，第一項の規定にかかわらず，就学前の子どもに関する教育，保育等の総合的な提供の推進に関する法律の定めるところによる。

第四条　免許状は，普通免許状，特別免許状及び臨時免許状とする。

2　普通免許状は，学校（義務教育学校，中等教育学校及び幼保連携型認定こども園を除く。）の種類ごとの教諭の免許状，養護教諭の免許状及び栄養教諭の免許状とし，それぞれ専修免許状，一種免許状及び二種免許状（高等学校教諭の免許状にあつては，専修免許状及び一種免許状）に区分する。

3　特別免許状は，学校（幼稚園，義務教育学校，中等教育学校及び幼保連携型認定こども園を除く。）の種類ごとの教諭の免許状とする。

4　臨時免許状は，学校（義務教育学校，中等教育学校及び幼保連携型認定こども園を除く。）の種類ごとの助教諭の免許状及び養護助教諭の免許状とする。

5　中学校及び高等学校の教員の普通免許状及び臨時免許状は，次に掲げる各教科について授与するものとする。

一　中学校の教員にあつては，国語，社会，数学，理科，音楽，美術，保健体育，保健，技術，家庭，職業（職業指導及び職業実習（農業，工業，商業，水産及び商船のうちいずれか一以上

の実習とする。以下同じ。）を含む。），職業指導，職業実習，外国語（英語，ドイツ語，フランス語その他の各外国語に分ける。）及び宗教
二　高等学校の教員にあつては，国語，地理歴史，公民，数学，理科，音楽，美術，工芸，書道，保健体育，保健，看護，看護実習，家庭，家庭実習，情報，情報実習，農業，農業実習，工業，工業実習，商業，商業実習，水産，水産実習，福祉，福祉実習，商船，商船実習，職業指導，外国語（英語，ドイツ語，フランス語その他の各外国語に分ける。）及び宗教
6　小学校教諭，中学校教諭及び高等学校教諭の特別免許状は，次に掲げる教科又は事項について授与するものとする。
一　小学校教諭にあつては，国語，社会，算数，理科，生活，音楽，図画工作，家庭，体育及び外国語（英語，ドイツ語，フランス語その他の各外国語に分ける。）
二　中学校教諭にあつては，前項第一号に掲げる各教科及び第十六条の三第一項の文部科学省令で定める教科
三　高等学校教諭にあつては，前項第二号に掲げる各教科及びこれらの教科の領域の一部に係る事項で第十六条の四第一項の文部科学省令で定めるもの並びに第十六条の三第一項の文部科学省令で定める教科

第五条　普通免許状は，別表第一，別表第二若しくは別表第二の二に定める基礎資格を有し，かつ，大学若しくは文部科学大臣の指定する養護教諭養成機関において別表第一，別表第二若しくは別表第二の二に定める単位を修得した者又はその免許状を授与するため行う教育職員検定に合格した者に授与する。ただし，次の各号のいずれかに該当する者には，授与しない。
一　十八歳未満の者
二　高等学校を卒業しない者（通常の課程以外の課程におけるこれに相当するものを修了しない者を含む。）。ただし，文部科学大臣において高等学校を卒業した者と同等以上の資格を有すると認めた者を除く。
三　成年被後見人又は被保佐人
四　禁錮こ以上の刑に処せられた者
五　第十条第一項第二号又は第三号に該当することにより免許状がその効力を失い，当該失効の日から三年を経過しない者
六　第十一条第一項から第三項までの規定により免許状取上げの処分を受け，当該処分の日から三年を経過しない者
七　日本国憲法施行の日以後において，日本国憲法又はその下に成立した政府を暴力で破壊することを主張する政党その他の団体を結成し，又はこれに加入した者
2　前項本文の規定にかかわらず，別表第一から別表第二の二までに規定する普通免許状に係る所要資格を得た日の翌日から起算して十年を経過する日の属する年度の末日を経過した者に対する普通免許状の授与は，その者が免許状更新講習（第九条の三第一項に規定する免許状更新講習をいう。以下第九条の二までにおいて同じ。）の課程を修了した後文部科学省令で定める二年以上の期間内にある場合に限り，行うものとする。
3　特別免許状は，教育職員検定に合格した者に授与する。ただし，第一項各号のいずれかに該当する者には，授与しない。
4　前項の教育職員検定は，次の各号のいずれにも該当する者について，教育職員に任命し，又は雇用しようとする者が，学校教育の効果的な実施に特に必要があると認める場合において行う推薦に基づいて行うものとする。
一　担当する教科に関する専門的な知識経験又は技能を有する者
二　社会的信望があり，かつ，教員の職務を行うのに必要な熱意と識見を持っている者
5　第七項で定める授与権者は，第三項の教育職員検定において合格の決定をしようとするときは，あらかじめ，学校教育に関し学識経験を有する者その他の文部科学省令で定める者の意見を聴かなければならない。
6　臨時免許状は，普通免許状を有する者を採用することができない場合に限り，第一項各号のいずれにも該当しない者で教育職員検定に合格したものに授与する。ただし，高等学校助教諭の臨時免許状は，次の各号のいずれかに該当する者以外の者には授与しない。
一　短期大学士の学位又は準学士の称号を有する者
二　文部科学大臣が前号に掲げる者と同等以上の資格を有すると認めた者
7　免許状は，都道府県の教育委員会（以下「授与権

者」という。）が授与する。
第九条　普通免許状は，その授与の日の翌日から起算して十年を経過する日の属する年度の末日まで，すべての都道府県（中学校及び高等学校の教員の宗教の教科についての免許状にあつては，国立学校又は公立学校の場合を除く。次項及び第三項において同じ。）において効力を有する。
2　特別免許状は，その授与の日の翌日から起算して十年を経過する日の属する年度の末日まで，その免許状を授与した授与権者の置かれる都道府県においてのみ効力を有する。
3　臨時免許状は，その免許状を授与したときから三年間，その免許状を授与した授与権者の置かれる都道府県においてのみ効力を有する。
4　第一項の規定にかかわらず，その免許状に係る別表第一から別表第八までに規定する所要資格を得た日，第十六条の二第一項に規定する教員資格認定試験に合格した日又は第十六条の三第二項若しくは第十七条第一項に規定する文部科学省令で定める資格を有することとなつた日の属する年度の翌年度の初日以後，同日から起算して十年を経過する日までの間に授与された普通免許状（免許状更新講習の課程を修了した後文部科学省令で定める二年以上の期間内に授与されたものを除く。）の有効期間は，当該十年を経過する日までとする。
5　普通免許状又は特別免許状を二以上有する者の当該二以上の免許状の有効期間は，第一項，第二項及び前項並びに次条第四項及び第五項の規定にかかわらず，それぞれの免許状に係るこれらの規定による有効期間の満了の日のうち最も遅い日までとする。

教育職員免許法施行規則［抄］

昭和29年10月27日文部省令第26号（平成30年3月30日公布（平成30年文令12号）改正）

第六十一条の四　免許管理者は，免許法第九条の二第一項の規定による申請をした者（免許法第九条の三第三項各号に掲げる者に限る。）が次の各号のいずれかに該当する者（第一号，第二号及び第五号に掲げる者については，最新の知識技能を十分に有していないと免許管理者が認める者を除く。）であるときは，免許法第九条の二第三項の規定により，免許状更新講習を受ける必要がないものとして認めるものとする。
一　校長，副校長，教頭，主幹教諭（幼保連携型認定こども園の主幹養護教諭及び主幹栄養教諭を含む。），指導教諭，主幹保育教諭又は指導保育教諭
二　指導主事，社会教育主事その他教育委員会において学校教育又は社会教育に関する専門的事項の指導等に関する事務に従事している者として免許管理者が定める者
三　免許状更新講習の講師
五　学校における学習指導，生徒指導等に関し，特に顕著な功績があつた者に対する表彰等であつて免許管理者が指定したものを受けた者

地方公務員法［抄］

昭和25年12月13日法律第261号（平成30年7月6日公布（平成30年法律第71号）改正）

第三十条　すべて職員は，全体の奉仕者として公共の利益のために勤務し，且つ，職務の遂行に当つては，全力を挙げてこれに専念しなければならない。
第三十一条　職員は，条例の定めるところにより，服務の宣誓をしなければならない。
第三十二条　職員は，その職務を遂行するに当つて，法令，条例，地方公共団体の規則及び地方公共団体の機関の定める規程に従い，且つ，上司の職務上の

命令に忠実に従わなければならない。

第三十三条　職員は，その職の信用を傷つけ，又は職員の職全体の不名誉となるような行為をしてはならない。

第三十四条　職員は，職務上知り得た秘密を漏らしてはならない。その職を退いた後も，また，同様とする。

2　法令による証人，鑑定人等となり，職務上の秘密に属する事項を発表する場合においては，任命権者（退職者については，その退職した職又はこれに相当する職に係る任命権者）の許可を受けなければならない。

3　前項の許可は，法律に特別の定がある場合を除く外，拒むことができない。

第三十五条　職員は，法律又は条例に特別の定がある場合を除く外，その勤務時間及び職務上の注意力のすべてをその職責遂行のために用い，当該地方公共団体がなすべき責を有する職務にのみ従事しなければならない。

第三十六条　職員は，政党その他の政治的団体の結成に関与し，若しくはこれらの団体の役員となつてはならず，又はこれらの団体の構成員となるように，若しくはならないように勧誘運動をしてはならない。

2　職員は，特定の政党その他の政治的団体又は特定の内閣若しくは地方公共団体の執行機関を支持し，又はこれに反対する目的をもつて，あるいは公の選挙又は投票において特定の人又は事件を支持し，又はこれに反対する目的をもつて，次に掲げる政治的行為をしてはならない。ただし，当該職員の属する地方公共団体の区域（当該職員が都道府県の支庁若しくは地方事務所又は地方自治法第二百五十二条の十九第一項の指定都市の区若しくは総合区に勤務する者であるときは，当該支庁若しくは地方事務所又は区若しくは総合区の所管区域）外において，第一号から第三号まで及び第五号に掲げる政治的行為をすることができる。

一　公の選挙又は投票において投票をするように，又はしないように勧誘運動をすること。

二　署名運動を企画し，又は主宰する等これに積極的に関与すること。

三　寄附金その他の金品の募集に関与すること。

四　文書又は図画を地方公共団体又は特定地方独立行政法人の庁舎（特定地方独立行政法人にあつては，事務所。以下この号において同じ。），施設等に掲示し，又は掲示させ，その他地方公共団体又は特定地方独立行政法人の庁舎，施設，資材又は資金を利用し，又は利用させること。

五　前各号に定めるものを除く外，条例で定める政治的行為

3　何人も前二項に規定する政治的行為を行うよう職員に求め，職員をそそのかし，若しくはあおつてはならず，又は職員が前二項に規定する政治的行為をなし，若しくはなさないことに対する代償若しくは報復として，任用，職務，給与その他職員の地位に関してなんらかの利益若しくは不利益を与え，与えようと企て，若しくは約束してはならない。

4　職員は，前項に規定する違法な行為に応じなかつたことの故をもつて不利益な取扱を受けることはない。

5　本条の規定は，職員の政治的中立性を保障することにより，地方公共団体の行政及び特定地方独立行政法人の業務の公正な運営を確保するとともに職員の利益を保護することを目的とするものであるという趣旨において解釈され，及び運用されなければならない。

第三十七条　職員は，地方公共団体の機関が代表する使用者としての住民に対して同盟罷業，怠業その他の争議行為をし，又は地方公共団体の機関の活動能率を低下させる怠業的行為をしてはならない。又，何人も，このような違法な行為を企て，又はその遂行を共謀し，そそのかし，若しくはあおつてはならない。

2　職員で前項の規定に違反する行為をしたものは，その行為の開始とともに，地方公共団体に対し，法令又は条例，地方公共団体の規則若しくは地方公共団体の機関の定める規程に基いて保有する任命上又は雇用上の権利をもつて対抗することができなくなるものとする。

第三十八条　職員は，任命権者の許可を受けなければ，商業，工業又は金融業その他営利を目的とする私企業（以下この項及び次条第一項において「営利企業」という。）を営むことを目的とする会社その他の団体の役員その他人事委員会規則（人事委員会を置かない地方公共団体においては，地方公共団体の規則）で定める地位を兼ね，若しくは自ら営利企業を営み，又は報酬を得ていかなる事業若しくは事務にも従事してはならない。

2　人事委員会は，人事委員会規則により前項の場合における任命権者の許可の基準を定めることができる。

第三十八条の二　職員（臨時的に任用された職員，条件付採用期間中の職員及び非常勤職員（第二十八条の五第一項に規定する短時間勤務の職を占める職員を除く。）を除く。以下この節，第六十条及び第六十三条において同じ。）であつた者であつて離職後に営利企業等（営利企業及び営利企業以外の法人（国，国際機関，地方公共団体，独立行政法人通則法（平成十一年法律第百三号）第二条第四項に規定する行政執行法人及び特定地方独立行政法人を除く。）をいう。以下同じ。）の地位に就いている者（退職手当通算予定職員であつた者であつて引き続いて退職手当通算法人の地位に就いている者及び公益的法人等への一般職の地方公務員の派遣等に関する法律（平成十二年法律第五十号）第十条第二項に規定する退職派遣者を除く。以下「再就職者」という。）は，離職前五年間に在職していた地方公共団体の執行機関の組織（当該執行機関（当該執行機関の附属機関を含む。）の補助機関及び当該執行機関の管理に属する機関の総体をいう。第三十八条の七において同じ。）若しくは議会の事務局（事務局を置かない場合にあつては，これに準ずる組織。同条において同じ。）若しくは特定地方独立行政法人（以下「地方公共団体の執行機関の組織等」という。）の職員若しくは特定地方独立行政法人の役員（以下「役職員」という。）又はこれらに類する者として人事委員会規則（人事委員会を置かない地方公共団体においては，地方公共団体の規則。以下この条（第七項を除く。），第三十八条の七，第六十条及び第六十四条において同じ。）で定めるものに対し，当該地方公共団体若しくは当該特定地方独立行政法人と当該営利企業等若しくはその子法人（国家公務員法（昭和二十二年法律第百二十号）第百六条の二第一項に規定する子法人の例を基準として人事委員会規則で定めるものをいう。以下同じ。）との間で締結される売買，貸借，請負その他の契約又は当該営利企業等若しくはその子法人に対して行われる行政手続法（平成五年法律第八十八号）第二条第二号に規定する処分に関する事務（以下「契約等事務」という。）であつて離職前五年間の職務に属するものに関し，離職後二年間，職務上の行為をするように，又はしないように要求し，又は依頼してはならない。

2　前項の「退職手当通算法人」とは，地方独立行政法人法第二条第一項に規定する地方独立行政法人その他その業務が地方公共団体又は国の事務又は事業と密接な関連を有する法人のうち人事委員会規則で定めるもの（退職手当（これに相当する給付を含む。）に関する規程において，職員が任命権者又はその委任を受けた者の要請に応じ，引き続いて当該法人の役員又は当該法人に使用される者となつた場合に，職員としての勤続期間を当該法人の役員又は当該法人に使用される者としての勤続期間に通算することと定められており，かつ，当該地方公共団体の条例において，当該法人の役員又は当該法人に使用される者として在職した後引き続いて再び職員となつた者の当該法人の役員又は当該法人に使用される者としての勤続期間を当該職員となつた者の職員としての勤続期間に通算することと定められている法人に限る。）をいう。

3　第一項の「退職手当通算予定職員」とは，任命権者又はその委任を受けた者の要請に応じ，引き続いて退職手当通算法人（前項に規定する退職手当通算法人をいう。以下同じ。）の役員又は退職手当通算法人に使用される者となるため退職することとなる職員であつて，当該退職手当通算法人に在職した後，特別の事情がない限り引き続いて選考による採用が予定されている者のうち人事委員会規則で定めるものをいう。

4　第一項の規定によるもののほか，再就職者のうち，地方自治法第百五十八条第一項に規定する普通地方公共団体の長の直近下位の内部組織の長又はこれに準ずる職であつて人事委員会規則で定めるものに離職した日の五年前の日より前に就いていた者は，当該職に就いていた時に在職していた地方公共団体の執行機関の組織等の役職員又はこれに類する者として人事委員会規則で定めるものに対し，契約等事務であつて離職した日の五年前の日より前の職務（当該職に就いていたときの職務に限る。）に属するものに関し，離職後二年間，職務上の行為をするように，又はしないように要求し，又は依頼してはならない。

5　第一項及び前項の規定によるもののほか，再就職者は，在職していた地方公共団体の執行機関の組織等の役職員又はこれに類する者として人事委員会規則で定めるものに対し，当該地方公共団体若しくは

当該特定地方独立行政法人と営利企業等（当該再就職者が現にその地位に就いているものに限る。）若しくはその子法人との間の契約であつて当該地方公共団体若しくは当該特定地方独立行政法人においてその締結について自らが決定したもの又は当該地方公共団体若しくは当該特定地方独立行政法人による当該営利企業等若しくはその子法人に対する行政手続法第二条第二号に規定する処分であつて自らが決定したものに関し，職務上の行為をするように，又はしないように要求し，又は依頼してはならない。

6　第一項及び前二項の規定（第八項の規定に基づく条例が定められているときは，当該条例の規定を含む。）は，次に掲げる場合には適用しない。

一　試験，検査，検定その他の行政上の事務であつて，法律の規定に基づく行政庁による指定若しくは登録その他の処分（以下「指定等」という。）を受けた者が行う当該指定等に係るもの若しくは行政庁から委託を受けた者が行う当該委託に係るものを遂行するために必要な場合，又は地方公共団体若しくは国の事務若しくは事業と密接な関連を有する業務として人事委員会規則で定めるものを行うために必要な場合

二　行政庁に対する権利若しくは義務を定めている法令の規定若しくは地方公共団体若しくは特定地方独立行政法人との間で締結された契約に基づき，権利を行使し，若しくは義務を履行する場合，行政庁の処分により課された義務を履行する場合又はこれらに類する場合として人事委員会規則で定める場合

三　行政手続法第二条第三号に規定する申請又は同条第七号に規定する届出を行う場合

四　地方自治法第二百三十四条第一項に規定する一般競争入札若しくはせり売りの手続又は特定地方独立行政法人が公告して申込みをさせることによる競争の手続に従い，売買，貸借，請負その他の契約を締結するために必要な場合

五　法令の規定により又は慣行として公にされ，又は公にすることが予定されている情報の提供を求める場合（一定の日以降に公にすることが予定されている情報を同日前に開示するよう求める場合を除く。）

六　再就職者が役職員（これに類する者を含む。以下この号において同じ。）に対し，契約等事務に関し，職務上の行為をするように，又はしないように要求し，又は依頼することにより公務の公正性の確保に支障が生じないと認められる場合として人事委員会規則で定める場合において，人事委員会規則で定める手続により任命権者の承認を得て，再就職者が当該承認に係る役職員に対し，当該承認に係る契約等事務に関し，職務上の行為をするように，又はしないように要求し，又は依頼する場合

7　職員は，前項各号に掲げる場合を除き，再就職者から第一項，第四項又は第五項の規定（次項の規定に基づく条例が定められているときは，当該条例の規定を含む。）により禁止される要求又は依頼を受けたとき（地方独立行政法人法第五十条の二において準用する第一項，第四項又は第五項の規定（同条において準用する次項の規定に基づく条例が定められているときは，当該条例の規定を含む。）により禁止される要求又は依頼を受けたときを含む。）は，人事委員会規則又は公平委員会規則で定めるところにより，人事委員会又は公平委員会にその旨を届け出なければならない。

8　地方公共団体は，その組織の規模その他の事情に照らして必要があると認めるときは，再就職者のうち，国家行政組織法（昭和二十三年法律第百二十号）第二十一条第一項に規定する部長又は課長の職に相当する職として人事委員会規則で定めるものに離職した日の五年前の日より前に就いていた者について，当該職に就いていた時に在職していた地方公共団体の執行機関の組織等の役職員又はこれに類する者として人事委員会規則で定めるものに対し，契約等事務であつて離職した日の五年前の日より前の職務（当該職に就いていたときの職務に限る。）に属するものに関し，離職後二年間，職務上の行為をするように，又はしないように要求し，又は依頼してはならないことを条例により定めることができる。

第三十八条の三　任命権者は，職員又は職員であつた者に前条の規定（同条第八項の規定に基づく条例が定められているときは，当該条例の規定を含む。）に違反する行為（以下「規制違反行為」という。）を行つた疑いがあると思料するときは，その旨を人事委員会又は公平委員会に報告しなければならない。

第三十八条の四　任命権者は，職員又は職員であつた者に規制違反行為を行つた疑いがあると思料して当

該規制違反行為に関して調査を行おうとするときは，人事委員会又は公平委員会にその旨を通知しなければならない。

2　人事委員会又は公平委員会は，任命権者が行う前項の調査の経過について，報告を求め，又は意見を述べることができる。

3　任命権者は，第一項の調査を終了したときは，遅滞なく，人事委員会又は公平委員会に対し，当該調査の結果を報告しなければならない。

第三十八条の五　人事委員会又は公平委員会は，第三十八条の二第七項の届出，第三十八条の三の報告又はその他の事由により職員又は職員であつた者に規制違反行為を行つた疑いがあると思料するときは，任命権者に対し，当該規制違反行為に関する調査を行うよう求めることができる。

2　前条第二項及び第三項の規定は，前項の規定により行われる調査について準用する。

第三十八条の六　地方公共団体は，国家公務員法中退職管理に関する規定の趣旨及び当該地方公共団体の職員の離職後の就職の状況を勘案し，退職管理の適正を確保するために必要と認められる措置を講ずるものとする。

2　地方公共団体は，第三十八条の二の規定の円滑な実施を図り，又は前項の規定による措置を講ずるため必要と認めるときは，条例で定めるところにより，職員であつた者で条例で定めるものが，条例で定める法人の役員その他の地位であつて条例で定めるものに就こうとする場合又は就いた場合には，離職後条例で定める期間，条例で定める事項を条例で定める者に届け出させることができる。

第三十八条の七　職員であつた者が在職していた地方公共団体（この条の規定により当該職員であつた者が在職していた地方公共団体とみなされる地方公共団体を含む。）の廃置分合により当該職員であつた者が在職していた地方公共団体（以下この条において「元在職団体」という。）の事務が他の地方公共団体に承継された場合には，当該他の地方公共団体を当該元在職団体と，当該他の地方公共団体の執行機関の組織若しくは議会の事務局で当該元在職団体の執行機関の組織若しくは議会の事務局に相当するものの職員又はこれに類する者として当該他の地方公共団体の人事委員会規則で定めるものを当該元在職団体の執行機関の組織若しくは議会の事務局の職員又はこれに類する者として当該元在職団体の人事委員会規則で定めるものと，それぞれみなして，第三十八条の二から前条までの規定（第三十八条の二第八項の規定に基づく条例が定められているときは当該条例の規定を含み，これらの規定に係る罰則を含む。）並びに第六十条第四号から第八号まで及び第六十三条の規定を適用する。

第三十九条　職員には，その勤務能率の発揮及び増進のために，研修を受ける機会が与えられなければならない。

2　前項の研修は，任命権者が行うものとする。

3　地方公共団体は，研修の目標，研修に関する計画の指針となるべき事項その他研修に関する基本的な方針を定めるものとする。

4　人事委員会は，研修に関する計画の立案その他研修の方法について任命権者に勧告することができる。

教育公務員特例法［抄］

昭和24年1月12日法律第1号（平成29年5月17日公布（平成29年法律第29号）改正）

第十一条　公立学校の校長の採用（現に校長の職以外の職に任命されている者を校長の職に任命する場合を含む。）並びに教員の採用（現に教員の職以外の職に任命されている者を教員の職に任命する場合を含む。以下この条において同じ。）及び昇任（採用に該当するものを除く。）は，選考によるものとし，その選考は，大学附置の学校にあつては当該大学の学長が，大学附置の学校以外の公立学校（幼保連携型認定こども園を除く。）にあつてはその校長及び教員の任命権者である教育委員会の教育長が，大学附置の学校以外の公立学校（幼保連携型認定こども園に限る。）にあつてはその校長及び教員の任命権者である地方公共団体の長が行う。

第十二条　公立の小学校，中学校，義務教育学校，高

等学校，中等教育学校，特別支援学校，幼稚園及び幼保連携型認定こども園（以下「小学校等」という。）の教諭，助教諭，保育教諭，助保育教諭及び講師（以下「教諭等」という。）に係る地方公務員法第二十二条第一項に規定する採用については，同項中「六月」とあるのは「一年」として同項の規定を適用する。
2　地方教育行政の組織及び運営に関する法律（昭和三十一年法律第百六十二号）第四十条に定める場合のほか，公立の小学校等の校長又は教員で地方公務員法第二十二条第一項（前項の規定において読み替えて適用する場合を含む。）の規定により正式任用になつている者が，引き続き同一都道府県内の公立の小学校等の校長又は教員に任用された場合には，その任用については，同条同項の規定は適用しない。
第十七条　教育公務員は，教育に関する他の職を兼ね，又は教育に関する他の事業若しくは事務に従事することが本務の遂行に支障がないと任命権者（地方教育行政の組織及び運営に関する法律第三十七条第一項に規定する県費負担教職員については，市町村（特別区を含む。以下同じ。）の教育委員会。第二十三条第二項及び第二十四条第二項において同じ。）において認める場合には，給与を受け，又は受けないで，その職を兼ね，又はその事業若しくは事務に従事することができる。
2　前項の場合においては，地方公務員法第三十八条第二項の規定により人事委員会が定める許可の基準によることを要しない。
第二十一条　教育公務員は，その職責を遂行するために，絶えず研究と修養に努めなければならない。

2　教育公務員の任命権者は，教育公務員（公立の小学校等の校長及び教員（臨時的に任用された者その他の政令で定める者を除く。以下この章において同じ。）を除く。）の研修について，それに要する施設，研修を奨励するための方途その他研修に関する計画を樹立し，その実施に努めなければならない。
第二十二条　教育公務員には，研修を受ける機会が与えられなければならない。
2　教員は，授業に支障のない限り，本属長の承認を受けて，勤務場所を離れて研修を行うことができる。
3　教育公務員は，任命権者の定めるところにより，現職のままで，長期にわたる研修を受けることができる。
第二十三条　公立の小学校等の教諭等の任命権者は，当該教諭等（臨時的に任用された者その他の政令で定める者を除く。）に対して，その採用（現に教諭等の職以外の職に任命されている者を教諭等の職に任命する場合を含む。附則第五条第一項において同じ。）の日から一年間の教諭又は保育教諭の職務の遂行に必要な事項に関する実践的な研修（以下「初任者研修」という。）を実施しなければならない。
2　任命権者は，初任者研修を受ける者（次項において「初任者」という。）の所属する学校の副校長，教頭，主幹教諭（養護又は栄養の指導及び管理をつかさどる主幹教諭を除く。），指導教諭，教諭，主幹保育教諭，指導保育教諭，保育教諭又は講師のうちから，指導教員を命じるものとする。
3　指導教員は，初任者に対して教諭又は保育教諭の職務の遂行に必要な事項について指導及び助言を行うものとする。

地方教育行政の組織及び運営に関する法律［抄］

昭和31年6月30日法律第162号（平成29年6月8日公布（平成30年法律第42号）改正）

第一条　この法律は，教育委員会の設置，学校その他の教育機関の職員の身分取扱その他地方公共団体における教育行政の組織及び運営の基本を定めることを目的とする。
第一条の二　地方公共団体における教育行政は，教育基本法（平成十八年法律第百二十号）の趣旨にのつとり，教育の機会均等，教育水準の維持向上及び地域の実情に応じた教育の振興が図られるよう，国との適切な役割分担及び相互の協力の下，公正かつ適正に行われなければならない。
第二十一条　教育委員会は，当該地方公共団体が処理する教育に関する事務で，次に掲げるものを管理

し，及び執行する。
一　教育委員会の所管に属する第三十条に規定する学校その他の教育機関（以下「学校その他の教育機関」という。）の設置，管理及び廃止に関すること。
二　教育委員会の所管に属する学校その他の教育機関の用に供する財産（以下「教育財産」という。）の管理に関すること。
三　教育委員会及び教育委員会の所管に属する学校その他の教育機関の職員の任免その他の人事に関すること。
四　学齢生徒及び学齢児童の就学並びに生徒，児童及び幼児の入学，転学及び退学に関すること。
五　教育委員会の所管に属する学校の組織編制，教育課程，学習指導，生徒指導及び職業指導に関すること。
六　教科書その他の教材の取扱いに関すること。
七　校舎その他の施設及び教具その他の設備の整備に関すること。
八　校長，教員その他の教育関係職員の研修に関すること。
九　校長，教員その他の教育関係職員並びに生徒，児童及び幼児の保健，安全，厚生及び福利に関すること。
十　教育委員会の所管に属する学校その他の教育機関の環境衛生に関すること。
十一　学校給食に関すること。
十二　青少年教育，女性教育及び公民館の事業その他社会教育に関すること。
十三　スポーツに関すること。
十四　文化財の保護に関すること。
十五　ユネスコ活動に関すること。
十六　教育に関する法人に関すること。
十七　教育に係る調査及び基幹統計その他の統計に関すること。
十八　所掌事務に係る広報及び所掌事務に係る教育行政に関する相談に関すること。
十九　前各号に掲げるもののほか，当該地方公共団体の区域内における教育に関する事務に関すること。
第三十条　地方公共団体は，法律で定めるところにより，学校，図書館，博物館，公民館その他の教育機関を設置するほか，条例で，教育に関する専門的，技術的事項の研究又は教育関係職員の研修，保健若しくは福利厚生に関する施設その他の必要な教育機関を設置することができる。
第三十三条　教育委員会は，法令又は条例に違反しない限度において，その所管に属する学校その他の教育機関の施設，設備，組織編制，教育課程，教材の取扱その他学校その他の教育機関の管理運営の基本的事項について，必要な教育委員会規則を定めるものとする。この場合において，当該教育委員会規則で定めようとする事項のうち，その実施のためには新たに予算を伴うこととなるものについては，教育委員会は，あらかじめ当該地方公共団体の長に協議しなければならない。
2　前項の場合において，教育委員会は，学校における教科書以外の教材の使用について，あらかじめ，教育委員会に届け出させ，又は教育委員会の承認を受けさせることとする定を設けるものとする。
第三十四条　教育委員会の所管に属する学校その他の教育機関の校長，園長，教員，事務職員，技術職員その他の職員は，この法律に特別の定めがある場合を除き，教育委員会が任命する。
第四十七条の六　教育委員会は，教育委員会規則で定めるところにより，その所管に属する学校ごとに，当該学校の運営及び当該運営への必要な支援に関して協議する機関として，学校運営協議会を置くように努めなければならない。ただし，二以上の学校の運営に関し相互に密接な連携を図る必要がある場合として文部科学省令で定める場合には，二以上の学校について一の学校運営協議会を置くことができる。
2　学校運営協議会の委員は，次に掲げる者について，教育委員会が任命する。
一　対象学校（当該学校運営協議会が，その運営及び当該運営への必要な支援に関して協議する学校をいう。以下この条において同じ。）の所在する地域の住民
二　対象学校に在籍する生徒，児童又は幼児の保護者
三　社会教育法（昭和二十四年法律第二百七号）第九条の七第一項に規定する地域学校協働活動推進員その他の対象学校の運営に資する活動を行う者
四　その他当該教育委員会が必要と認める者
3　対象学校の校長は，前項の委員の任命に関する意見を教育委員会に申し出ることができる。

4 対象学校の校長は，当該対象学校の運営に関して，教育課程の編成その他教育委員会規則で定める事項について基本的な方針を作成し，当該対象学校の学校運営協議会の承認を得なければならない。

5 学校運営協議会は，前項に規定する基本的な方針に基づく対象学校の運営及び当該運営への必要な支援に関し，対象学校の所在する地域の住民，対象学校に在籍する生徒，児童又は幼児の保護者その他の関係者の理解を深めるとともに，対象学校とこれらの者との連携及び協力の推進に資するため，対象学校の運営及び当該運営への必要な支援に関する協議の結果に関する情報を積極的に提供するよう努めるものとする。

6 学校運営協議会は，対象学校の運営に関する事項（次項に規定する事項を除く。）について，教育委員会又は校長に対して，意見を述べることができる。

7 学校運営協議会は，対象学校の職員の採用その他の任用に関して教育委員会規則で定める事項について，当該職員の任命権者に対して意見を述べることができる。この場合において，当該職員が県費負担教職員（第五十五条第一項又は第六十一条第一項の規定により市町村委員会がその任用に関する事務を行う職員を除く。）であるときは，市町村委員会を経由するものとする。

8 対象学校の職員の任命権者は，当該職員の任用に当たつては，前項の規定により述べられた意見を尊重するものとする。

9 教育委員会は，学校運営協議会の運営が適正を欠くことにより，対象学校の運営に現に支障が生じ，又は生ずるおそれがあると認められる場合においては，当該学校運営協議会の適正な運営を確保するために必要な措置を講じなければならない。

10 学校運営協議会の委員の任免の手続及び任期，学校運営協議会の議事の手続その他学校運営協議会の運営に関し必要な事項については，教育委員会規則で定める。

索　引

あ行

ILO　6, 26, 47, 60
アクティブ・ラーニング　36, 68, 69
『アメリカ教育使節団報告書』　23
一種免許状　27, 31
一斉授業法　17
ヴィゴツキー, L. S.　103
上田薫　48-50
梅根悟　48
SBCD　91, 92
エマーソン, R. W.　102
エンパワメント　109
大村はま　53-55
小原國芳　46

か行

改正教育令　18, 20
開放制（の原則）　2, 23, 24, 38, 66
家学　1
学習障害（LD）　129
学制　1, 16, 17, 45
学年主任　150
隠れたカリキュラム　89
学校インターンシップ　36, 73
学校基本調査　40
学校教育法　23
学校教員品行検定規則　18
学校支援員　14
学校ボランティア　13, 73
課程認定大学　36, 144
カリキュラム・マネジメント　36, 68, 69, 87, 88, 123, 124
考え抜く力　177
観点別評価　119, 125
キー・コンピテンシー　122
企業等長期社会体験　154
キャリアカウンセリング　178
キャリア教育　36
教育課程特例校　92
教育基本法　23, 79, 130
教育公務員特例法　24, 27, 80, 81
教育刷新委員会　23
教育指導者講習　25
教育職員免許法　2, 3, 23, 24, 27, 34
教育勅語　18-20, 46
教育令　17
教員採用試験　162, 163, 165-168

教員の地位に関する勧告　26, 47, 60
教員評価制度　148
教員免許状更新講習　3, 155
教学聖旨　17
教師塾　42
教師専門職論　26
教職課程コアカリキュラム　67
教職実践演習　35, 44, 143
教職大学院　31, 33, 34, 39, 65
教師労働者論　21
勤務評定　12
倉橋惣三　46
啓明会　21
郷学　17
校長のリーダーシップ　97
高等師範学校　18-20, 24, 45
校内研修　25, 154, 155
校務分掌　40, 74, 150
コーチング　175
国際教員指導環境調査（TALIS）　13, 61, 63
国民学校　22
国民学校令　22

さ行

斎藤喜博　52, 53
佐藤学　6
澤柳政太郎　46
サン＝テグジュペリ　104
CIE（民間情報教育局）　25
自己実現　175, 179
四者悟入　7, 8
私塾　17
自主研修　155, 156
実学　1
実務家教員　39
指導教諭　151
指導主事　150, 151, 154
師範学校　1, 17-20, 23, 24, 45, 46
師範学校令　18-20, 45
師範教育令　20, 22
師範タイプ　19
事務支援員　83, 84
下中弥三郎　21
社会人基礎力　177
社会教育主事　150

社会に開かれた教育課程　68
主幹教諭　150, 151
主体的・対話的で深い学び　4, 116, 123, 124
準専門職　26, 61-63, 65
障害者権利条約　130
障害を理由とする差別の解消の推進に関する法律　131
小学校教員心得　18
小学校令　18
庠序　1
職専免研修　155
女子高等師範学校　19, 20
初任者研修（制度）　35, 147, 152, 154
ジレンマ・マネージャー　76
人材確保法　27
尋常師範学校　18
スキルベック, M.　91
スクールカウンセラー（SC）　10, 13, 69
スクールソーシャルワーカー（SSW）　10, 13, 69
スコット, M. M.　17
生活綴方教育運動　21
青年師範学校　22, 23
セクシュアル・マイノリティ　112
ゼロトレランス　111
ゼロ免課程　31-33
潜在的カリキュラム　89
専修免許状　27, 31, 39
専門職学位　39
専門職大学院　38, 39, 65

た行

第一次アメリカ教育使節団　23
大学院派遣　154
大正新教育運動　21, 46
チームで働く力　177
チームとしての学校（チーム学校）　11, 13, 36, 68, 69, 71
地方教育行政の組織及び運営に関する法律（地教行法）　25-27
地方公務員法　78-80
注意欠陥多動性障害（ADHD）　129
中1ギャップ　149

中学校令　18
中等学校令　22
通級指導教室　133
通常学級　131
帝国大学令　18
寺子屋　17
東井義雄　55-57
東京教育大学　45
東京高等師範学校　21, 45
東京師範学校　20
東京女子高等師範学校　46
東京女子師範学校　20
特別活動　98
特別支援学級　131, 133
特別支援学校　131, 133
特別支援教育　129-132, 141
特別支援教育コーディネーター　133, 134
特別非常勤講師　3
特別免許状　3

な行

内地留学　154
二種免許状　27, 31
日本教職員組合（日教組）　26, 46, 60
野口援太郎　46

は行

発達障害　112, 129
林竹二　50
藩校　17
PDCA サイクル　87, 131
PISA 型リテラシー　123
PISA 調査　122
非正規教師　41
部活動指導員　84
普通免許状　3
フルガム, R.　103
ペスタロッチ, J. H.　21

法定研修　145, 155
ホリスティック　13

ま行

マーケティング　178, 181
前に踏み出す力　177
元田永孚　17
森有礼　18, 45, 46
モンスターペアレント　11, 172

や・ら・わ行

UNESCO　6, 26, 47, 60
吉本二郎　5
ランパート, M.　76
リーバーマン, M.　60
履修カルテ　35, 36
臨時教育会議　20
臨時教育審議会　27, 35
臨時的任用教師　40
ルソー, J. J.　21

《監修者紹介》
吉田武男（筑波大学名誉教授／関西外国語大学短期大学部教学担当顧問・教授）

《執筆者紹介》（所属，分担，執筆順，＊は編著者）

＊吉田武男（編著者紹介参照：はじめに・第1章）

村松遼太（元 独立行政法人教職員支援機構研修特別研究員：第2章）

鞍馬裕美（明治学院大学心理学部准教授：第3章）

星野真澄（明治学院大学文学部専任講師：第4章）

福野裕美（聖徳大学教育学部准教授：第5章）

德岡慶一（京都教育大学教育学部教授：第6章）

末松裕基（東京学芸大学教育学部准教授：第7章）

渡辺雅之（大東文化大学文学部特任教授：第8章）

下田好行（東洋大学文学部教授：第9章）

松本末男（元 筑波大学附属学校教育局教授：第10章）

奥谷雅恵（元 つくば市立吾妻小学校校長：第11章）

田邉良祐（流通科学大学商学部准教授：第12章）

藤井秀一（近未来教育変革研究所所長：第13章）

《編著者紹介》

吉田武男（よしだ・たけお／1954年生まれ）
　筑波大学名誉教授，関西外国語大学短期大学部教学担当顧問・教授
　『シュタイナー教育を学びたい人のために――シュタイナー教育研究入門』（協同出版，1997年）
　『シュタイナーの教育名言』（学事出版，2001年）
　『カウンセラーは学校を救えるか――「心理主義化する学校」の病理と変革』（共著，昭和堂，2003年）
　『シュタイナーの人間形成論』（学文社，2008年）
　『「心の教育」からの脱却と道徳教育――「心」から「絆」へ，そして「魂」へ』（学文社，2013年）（那楽・樊天訳『却脱「心霊教育」的道徳教育』（人民出版社，2016年））

	MINERVA はじめて学ぶ教職②
	教職論

2019年4月30日　初版第1刷発行　　〈検印省略〉
2024年2月10日　初版第5刷発行

定価はカバーに表示しています

編著者	吉　田　武　男
発行者	杉　田　啓　三
印刷者	藤　森　英　夫

発行所　株式会社　ミネルヴァ書房
607-8494　京都市山科区日ノ岡堤谷町1
電話代表　(075)581-5191
振替口座　01020-0-8076

©吉田武男ほか，2019　　亜細亜印刷

ISBN978-4-623-08588-0
Printed in Japan

MINERVA はじめて学ぶ教職

監修　吉田武男

「教職課程コアカリキュラム」に準拠　　　全20巻＋別巻1

◆　B5判／美装カバー／各巻180～230頁／各巻予価2200円(税別)　◆

① 教育学原論
　滝沢和彦　編著

② 教職論
　吉田武男　編著

③ 西洋教育史
　尾上雅信　編著

④ 日本教育史
　平田諭治　編著

⑤ 教育心理学
　濱口佳和　編著

⑥ 教育社会学
　飯田浩之・岡本智周　編著

⑦ 社会教育・生涯学習
　手打明敏・上田孝典　編著

⑧ 教育の法と制度
　藤井穂高　編著

⑨ 学校経営
　浜田博文　編著

⑩ 教育課程
　根津朋実　編著

⑪ 教育の方法と技術
　樋口直宏　編著

⑫ 道徳教育
　田中マリア　編著

⑬ 総合的な学習の時間
　佐藤　真・安藤福光・緩利　誠　編著

⑭ 特別活動
　吉田武男・京免徹雄　編著

⑮ 生徒指導
　花屋哲郎・吉田武男　編著

⑯ 教育相談
　高柳真人・前田基成・服部　環・吉田武男　編著

⑰ 教育実習
　三田部勇・吉田武男　編著

⑱ 特別支援教育
　小林秀之・米田宏樹・安藤隆男　編著

⑲ キャリア教育
　藤田晃之　編著

⑳ 幼児教育
　小玉亮子　編著

＊＊＊

別 現代の教育改革
　吉田武男　企画／德永　保　編著

【姉妹編】
MINERVA はじめて学ぶ教科教育　全10巻＋別巻1

監修　吉田武男　　B5判美装カバー／各巻予価2200円(税別)～

① 初等国語科教育　　塚田泰彦・甲斐雄一郎・長田友紀　編著
② 初等算数科教育　　清水美憲　編著
③ 初等社会科教育　　井田仁康・唐木清志　編著
④ 初等理科教育　　　大髙　泉　編著
⑤ 初等外国語教育　　卯城祐司　編著
⑥ 初等図画工作科教育　石崎和宏・直江俊雄　編著
⑦ 初等音楽科教育　　笹野恵理子　編著
⑧ 初等家庭科教育　　河村美穂　編著
⑨ 初等体育科教育　　岡出美則　編著
⑩ 初等生活科教育　　片平克弘・唐木清志　編著
別 現代の学力観と評価　樋口直宏・根津朋実・吉田武男　編著

ミネルヴァ書房
https://www.minervashobo.co.jp/